아레오파지티카

존 밀턴의 언론 · 출판 자유에 대한 선언

나남
nanam

옮긴이 약력

임 상 원
서울대 철학과 졸업
미국 UCLA 언론학 석사
미국 미주리대학 언론학 박사
고려대 정경대학 학장, 언론대학원 초대원장
한국언론학회 회장 역임
고려대 신문방송학과 명예교수

■ 저서 및 논문
《커뮤니케이션 모델》(역)
"자유주의와 언론"

나남신서 651

아레오파지티카

존 밀턴의 언론 · 출판 자유에 대한 선언

1998년 12월 20일 발행
2021년 12월 10일 5쇄

지은이	존 밀턴
옮긴이	임상원
발행자	趙相浩
발행처	(주) 나남
주소	10881 경기도 파주시 회동길 193
전화	(031) 955-4601(代)
FAX	(031) 955-4555
등록	제 1-71호(1979.5.12)
홈페이지	http://www.nanam.net
전자우편	post@nanam.net

ISBN 978-89-300-3651-1

책값은 뒤표지에 있습니다.

나남신서 651

아레오파지티카

존 밀턴의 언론 · 출판 자유에 대한 선언

임상원 역주

나남
nanam

가장 친한 친구인

아내 啇妊에게

머리말

이 책은 존 밀턴(John Milton)의 〈아레오파지티카〉(Areopagitica) 전문(全文)을 우리말로 옮긴 것이다. 오늘날 〈아레오파지티카〉는 언론사상사(言論思想史)에서 가장 흔히 언급되는 글의 하나지만, 역설적으로 사람들이 가장 읽지 않은 글이기도 하다. 여러 가지 이유가 있겠지만 이는 진실이고 또 이러한 현상은 우리 한국의 경우에도 진실일 것이다.

밀턴의 수많은 저술들 가운데 〈아레오파지티카〉는 출판 당시에는 별로 관심을 끌지 못했던 것으로 알려져 있다. 그러나 오늘날에는 밀(J. S. Mill)의 《자유론》(*On Liberty*)과 함께 언론의 고전적 자유주의의 경전으로 간주되고 있다. 우리는 〈아레오파지티카〉에서 고전적 자유주의의 대명제인 '사상의 자유롭고 공개적인 시장'(*free and open market place of ideas*)이란 관념을 발견할 수 있고, 또 '진리의 발견'을 위해서는 표현의 자유가 허용되어야 한다는 언론자유를 정당화하는 전통적 논리의 하나를 읽을 수 있다.

그러나 〈아레오파지티카〉 전체를 주의 깊게 읽으면 우리는 밀턴의 자유가 결코 아나키적 자유는 아니라는 것을 알게 된다. 그러나 죽은 자의 말은 살아 있는 자의 장(腸) 속에서 수정된다는 말이 있다. 밀턴의 〈아레오파지티카〉도 그런 말의 하나이다. 다시 말하면 언론의 자유주의자로서의 그의 위상은 그 후에 전개된 고전적 자유주의 시대에 그리고 그 시대를 이끈 자유주의자들의 해석에 힘입은 바 크다는 것이다. 일단 그의 위상이 이렇게 정립되고 나서는 일반적으로 사람들은 〈아레오파지티카〉를 읽지 않고 이를 언급하거나 혹은 읽더라도 제한된 부분만을 선택적으로 읽고 해석함으로써 과장과 왜곡을 낳고 있다는 평가를 역자는 의미있는 것으로 생각한다.

역자가 〈아레오파지티카〉를 우리말로 옮긴 이유를 굳이 말하자면 무엇보다 먼저 역자 스스로 그 전문을 주의를 기울이면서 한 번 철저하게 읽기 위한 것이었다. 그리고 언론학을 공부하는 학생들에게 우리말로 된 〈아레오파지티카〉의 전문을 소개하고 싶었다. 〈아레오파지티카〉는 문장구조나 어휘 그리고 그 안에 담긴 내용이 복잡하고 난해하다. 때문에 읽겠다는 생각을 누구나 쉽게 할 수 있는 글이 아니다. 하지만 이를 우리말로 옮기면 다소 접근하기 용이하리라고 생각했다. 둘째로는 위에서도 말했지만 언론사상사 분야에서 〈아레오파지티카〉는 고전적 문헌 중의 하나이다. 서가에 우리말로 옮긴 고전 하나를 보태는 것도 작지만 좋은 일이라는 것이 역자의 생각이었다. 작은 것이라 하더라도 있어야 할 것은 있어야 하는 것이 아닌가 한다. 역자는 언론사상을 공부하면서 학생들에게 작은 일에서나마 도움되는 일이 무엇일까 하는 생각을 나름대로 하면서 이 작업을 하였다.

〈아레오파지티카〉를 우리말로 옮기는 작업은 약 2년 전인 1996년 대학원 언론사상 강좌에서 학생들과 함께 읽으면서 시작되었다. 분명히 그들이 없었더라면 이 작업은 훨씬 지루하고 힘들었을 것이다. 이들의 이름을 밝혀 고마운 마음을 표시한다. 그들은 박사과정의 유훈, 석사과정의 이주옥, 조성은, 김선호, 민진기, 임지경이다. 그리고 후에 박사과정의 유훈, 이윤진, 홍성구와 석사과정의 신승윤 등이 교정과 색인작성에 수고를 하였다. 역출(譯出)에 앞서 역자는 4, 5차례 다시 읽으면서 최선을 다했지만 역자가 워낙 천학비재하여 잘못된 부분이 많을 것이다. 다시 읽을 때마다 수정하고 싶은 곳이 발견되곤 하였지만 여기서 일단 마무리하였다. 다시 말하지만 〈아레오파지티카〉는 17세기의 고문(古文)으로 그 속에 인용된 역사적 사실뿐만 아니라 사용된 단어나 용어, 문장 등이 참으로 복잡하고 그 의미를 한 마디로 옮기기 힘든 것이 많았다. 때문에 이를 우리말로 옮기는 과정에서 불가피하게 의역을 한 부분이 적지 않다. 또 역자는 〈아레오파지티카〉를 지나치게 현대적인 문장으로 옮기는 것도 바람직하지 않다고 생각했다. 때문에 우리말로 옮긴 문장이 어느 정도는 고문체여야 한다고 생각하고 그렇게 되도록 노력하였지만 부족한 것투성이가 되었다.

이 책을 내면서 밀턴의 언론사상에 대한 역자의 글 한 편을 함께 묶었다. 이 글은 〈아레오파지티카〉에 대한 해제(解題)의 성격도 있지만 별도의 연구논문이다. 〈아레오파지티카〉 본문에 앞서 읽어두면 본문 전체를 조감하고 그 의미를 해석하는 데 도움이 될 것으로 생각한다. 그리고 〈아레오파지티카〉 역문에는 모두 350여 개의 주석을 붙였다. 주석의 수가 너무 많은 것 같기도 하였으나 독자들이 내용을 좀더 용이하게 이해하기 위해서는 필수적이라고 생각한다. 독자는 이 주석들을 본문과 함께 읽을 것을 권한다.

이 번역은 다음의 네 가지 책에 의존하였다. 그들은 ① 헤일스(John W. Hales)가 주석을 달고 편집한 *Milton Areopagitica*, Oxford Univ. Press, London, 1875(1954년의 재쇄본), ② 써럭(Ernest Sirluck)이 편집한 *Complete Prose Works of John Milton*, Vol.II, Yale Univ. Press, New Heaven, 1959에 실린 〈Areopagitica〉, ③ 록우드(Laura E. Lockwood)의 *Selected Essays of Education, Areopagitica the Commonwealth by John Milton*, Houghton Mifflin Company, Boston, 1911, ④ *Areopagitica in The Harvard Classics*, edited by Charles E. Eliot, Collier & Son, 1961들이다. 이상 네 권의 책 중 주로 의존한 것은 헤일스, 써럭 그리고 록우드의 것들이다. 끝으로 마지막 순간에 번역된 원고를 읽어준 전남대학교 신문방송학과의 유종원 교수에게 해야 하는 감사의 말을 잊을 뻔했다. 또 이 연구는 고려대학교의 특별연구비와 한국학술진흥재단의 연구지원금을 받아 이루어진 것임을 밝힌다. 이 어려운 시기에 탈고까지 인내를 갖고 기다려 준 나남출판의 조상호 사장님 그리고 까다로운 작업을 담당해 준 방순영 님 등 편집진에게 특별한 감사의 말을 한다.

1998年 11月

北漢山麓 밑에서

임 상 원

나남신서 651

아레오파지티카

존 밀턴의 언론 · 출판 자유에 대한 선언

차 례

제1부

아레오파지티카

허가없는 출판의 자유를 위한
잉글랜드 의회에 대한 연설

존 밀턴

일러두기

이 글의 주석은 대부분 번역의 원본으로 사용한 헤일스(J. W. Hales)의 옥스퍼드대학 판(1875), 그리고 록우드(L. E. Lockwood)의 판(1911), 써럭(E. Sirluck)의 예일대학 판(1959)에 있는 주석을 역자가 보완 혹은 축소하면서 종합한 것이다. 이들 3개 판의 주석내용은 상당수가 동일하거나 유사하지만, 일부의 경우는 다른 것도 있다. 이들 주석이 서로 다르거나 어느 한두 판에만 있는 경우는 주석의 원전을 밝히기도 하였지만, 그렇지 않은 대부분의 경우에는 원전을 명기하지 않았다. 따라서 주석의 원전이 별도로 명기되어 있지 않은 경우 그들 주석은 많은 경우 위 세 책의 주석으로 간주해도 좋다. 이외에 위의 책들에 없는 것으로 우리 독자를 위하여 역자가 문헌을 찾아 붙인 주석들이 다수 있다. 특히 성경내용의 인용은 대한성공회 공동번역본에 의존하여 부연한 것이다. 주석과 관련하여 평가한다면 써럭판의 주석은 사회과학적이고, 헤일스판은 인문학적이라고 할 수 있다. 써럭판의 경우 내용 중심이고, 헤일스판의 경우 문장에 대한 문법 및 어휘가 다른 판들보다 상세하다는 의미이다. 록우드판의 주해는 좀더 간략하게 정리되어 있다는 특징을 갖고 있다.

의회에서 연설하는 의원들이나 혹은 평민 신분이라 그런 곳에서 연설할 기회가 없는 일반인이라 하더라도 누구나 국가수반과 통치자를 대상으로 말할 때는 그들이 생각하기에 공공선(公共善)을 증진시킬 것이라고 판단하는 바의 것에 대해 발언하는 것이다.[1] 추측건대 이들은 처음에는 깊은 연구없이

---

* 밀턴에 의해 1644년 11월 24일 발표된 글로 아레오파지티카(Areopagitica)란 명칭은 아테네의 이소크라테스(Isocrates : B. C. 436~338)가 기원전 335년(추정) 쓴 "Areopagitic Discourse" 혹은 "Areopagiticus"라는 그의 연설문에서 따온 이름이다. Areopagitica라는 말의 어원은 그리스 시대의 법정인 '아레오파고스'(Areopagus)에 론(論)이란 'ca'가 합쳐진 것이다. 아레오파고스는 그리스어로는 '전쟁의 신' '아레스'(Ares)와 '지역'이나 '구역'이란 의미의 '파고스'(Pagus)의 합성어로 말을 통해 다투는 곳, 즉 법정을 의미한다. 이소크라테스는 고대 그리스 아테네(Athens)의 유명한 논객이고 연설가였다. 그러나 공중을 모아 놓고 그들 앞에서 연설을 하기에는 육체적으로 허약했고 또 신경도 예민해 그는 그의 주장을 글로 내놓곤 하였다. 밀턴의 "Areopagitica"와 이소크라테스의 "Areopagitic Discourse"간의 유사성은 주로 그 스타일, 즉 연설을 말 대신 글로 썼다는 점과 글이 나온 상황이다. 상황이 유사하다는 것은 이소크라테스나 밀턴 모두가 한 일반 시민으로서 밀턴은 영국의 의회에 대해, 그리고 이소크라테스는 아테네의 원로회의에 대해 정책의 변경을 요구하는 연설문을 작성하였다는 점이 비슷했다는 의미이다. 그러나 이들 두 사람이 연설문을 작성한 목적은 상당히 다르다. 밀턴의 연설문은 출판의 허가제를 반대하는, 즉 자유를 주창하는 것이었고 이소크라테스의 연설문은 아테네 법원의 기능을 회복하여 자유보다는 법원의 통제를 요구하는 것이었

단순하게 생각하기 시작하여 점차로 내적인 깊은 성찰을 하게 되고, 그러면서 어떤 사람들은 자신의 연설이 어떤 결과를 낳을까 하는 의구심을 갖기도 하고, 또 다른 사람들은 어떤 평(評)[2]이 나올까 하는 데 대한 두려움을 갖기도 한다고 생각한

다. 이소크라테스의 "Areopagitic Discourse"는 아테네 시민들이 고귀한 품행을 유지하도록 호소하면서 이를 위해 아테네의 고등법정이었던 아레오파고스의 기능회복을 요구한 것이었다. 아레오파고스에서는 원래 살인과 같은 극악한 범죄의 재판은 물론 종교문제에 대한 정책이 결정되곤 하였다. 또 아레오파고스는 다른 종류의 법정들에 대한 감독, 청소년의 교육과 공중도덕 문제의 검열을 관장하는 곳이었다. 한때 아레오파고스는 원로들과 민사법정의 판사들로 구성되어 있었다. 그러나 당시는 그 기능이 많이 약화된 상태였다. 이소크라테스는 특별히 이 회의가 그 기능을 회복하고 교육과 도덕성을 통제해야 한다고 주장하였다. 이러한 양자의 차이를 볼 때 밀턴이 이와 같은 제목을 차용한 것은 몹시 이상한 일이라고 써럭(Sirluck)은 말하고 있다. 이와 함께 써럭은 밀턴이 다른 아레오파고스를 의미한 것일 수도 있다고 말하고 있다. 다른 아레오파고스란 성경의 사도행전 17장 18~34절에 나오는 바울이 아테네에서 토론을 벌인 장소를 말하는 것이다. 이에 대해서는 Ernest Sirluck, *Complete Prose Works of John Milton*, Vol. II, Yale Univ. Press, New Heaven, 1959, p. 486 n. 1 참조.

1) 원문의 문장은 문법적으로는 불완전문장이다. 그러나 그리스의 수사학에서는 이런 불완전한 문장을 감탄문에서 흔히 사용하였다. 번역은 완전한 문장으로 하였다. Laura E. Lockwood, *Selected Essays of Education, Areopagitica, The Commonwealth by John Milton*, The Riverside Press, Cambridge, Mass., 1911, p. 32 n. 1 참조.

2) 원문은 'censure'임. 현재 이 단어의 뜻은 '비난', '혹평' 등이지만

다. 어떤 사람들은 희망을 갖고 연설하기도 하고, 또 다른 사람들은 자기의 확신 때문에 말하기도 한다. 지난날 내가 어떤 주제에 대해 글을 썼을 때도 이런 류(類)의 온갖 생각들이 나에게 여러 가지로 영향을 미쳤을 수 있다.[3] 마찬가지로 지금 쓰고 있는 바로 이 글에도 이런저런 많은 생각들 속에서 씌어진 흔적이 있을는지 모른다. 그러나 내가 이 연설을 해야겠다고 결심한 것은 나의 마음속에서 솟구치는 열정을 어쩔 수 없었기 때문이며, 나는 또 그런 열정을 갖고 나의 생각을 펼치고자 한다. 그래서 이 글은 흔히 있는 서론 이상의 것으로 받아들여져야 한다.

누가 묻기 전에 서둘러 고백하는 것이지만 만일 이 글이 그들 나라의 자유를 희구하고 이를 증대시키려는 모든 이들에게 기쁨과 만족을 줄 수만 있다면 나는 책임을 다한 것으로 생각할 것이다. 그리고 이 글이 전승기념물은 못된다 하더라도 적어도 하나의 증언은 될 것이다.[4] 우리가 희구하는 자유는 한

밀턴 당시의 뜻은 부정적인 것만은 아니었다. 여기서는 '평'(評)으로 번역하였다. John W. Hales, ed., *Milton Areopagitica*, 1st ed., Oxford Univ. Press, London, 1875, p. 62 n. 8 참조.

3) 밀턴은 이 글을 쓰기 전 교회의 개혁과 관련하여 모두 5편의 글을 쓴 바 있고 이들 외에 한 편의 교육론과 두 편의 이혼 문제를 다룬 팸플릿을 쓴 바 있다. 밀턴이 여기서 말하는 것은 그들 팸플릿을 쓸 때 위에서 말한 의혹, 두려움, 희망, 확신 등의 여러 가지 생각을 갖게 되었다는 것을 말하는 것으로 보인다.

4) 만일 이 글이 출판 자유의 승리를 낳게 하지는 못한다 하더라도 적어도 출판 자유에 대한 밀턴의 태도를 밝히는 글이라는 의미이다.

국가에서 전혀 어떠한 불평도 없는 그런 자유가 아니다. 누구도 이 세상에서는 그런 자유를 기대할 수 없다. 때문에 불만이 자유롭게 청취되고 깊이 고려되며 그리고 신속히 개선되는 그런 자유가 현인(賢人)들이 추구하고 획득할 수 있는 가장 최고 수준의 시민적 자유인 것이다. 만일 지금 내가 한 가지 밝혀야 할 것이 있다면 그것은 우리가 이미 많은 부분에서 훌륭한 상태에 이르렀고, 더 나아가 우리는 우리들의 원리들 속에 자리하고 있는 전제(專制)와 미신(迷神)의 해악으로부터 벗어났으며, 그 어려움을 극복하지 못한 로마인들보다는 우리가 더 낫다는 것이다.[5] 우리가 이렇게 어려움을 극복할 수 있었던 이유는, 첫째로 우리를 만드신 하나님의 강력한 도움이 있었고, 다음으로는 영국의 상원과 하원의 성실한 지도와 용기있는 지혜 덕분이었다.[6]

훌륭한 사람들 그리고 존경할 만한 행정관들을 명예스럽게

즉, 이 글을 통해 밀턴은 출판의 자유를 승리하게 하려고 하는데 그렇지 못한 경우라 할지라도 이 글은 최소한 출판의 자유에 대한 밀턴의 입장을 밝히는 것은 될 것이라는 의미이다. Lockwood, p. 33 n. 5 및 Hales, p. 62 n. 22 참조.

5) 원문의 "… a Roman recovery"를 의역한 것임. 이 구절의 의미는 스튜어트 왕조 시대 영국인의 상태가 전제적인 황제들 하의 로마인들의 상태와 같았는데, 영국인은 이를 극복할 수 있는 능력을 갖고 있고 로마인은 그렇지 못했다는 의미이다. Lockwood, p. 94 n. 2 및 Hales, p. 62 n. 7 참조.

6) 밀턴은 기본적으로 의회를 지지하였고 영국의 종교개혁의 강력한 지지자였다. 때문에 그는 의회에 대한 찬사를 아낌없이 하고 있다.

말하는 것은 하나님의 평가를 욕되게 하는 것이 아니다. 당신들의 훌륭한 업적이 이렇게 온당하게 발전된 지금, 이 글을 시작하기 전 한 가지 밝혀두고자 하는 것이 있다. 그것은 당신들의 지칠 줄 모르는 덕행(德行) 전체에 대해, 그리고 오랫동안 지녀온 당신들의 도덕적 의무감에 대해 찬사를 보내야 할 것이 많은 데도 불구하고, 그런 것은 제쳐두고 이 글은 당신들이 수행한 일들 가운데 유독 가장 잘못한 그리고 가장 내키지 않은 채 한 일을 언급하는 것일 수 있다는 것이다.

그렇다. 하지만 찬사를 하는 데는 세 가지 원칙이 있는데 이들 원칙에 의하지 않은 찬사는 모두 아부나 아첨이 된다. 그들 원칙은 첫째로 오직 확실하게 칭찬받을 만한 것만이 찬양되는 것이다. 다음으로는 진실로 그리고 참으로 찬양되어야 할 행위를 수행한 진실되고 실질적인 사람이 찬양을 받을 때 가장 진정한 찬사가 된다. 다른 또 하나는 칭찬을 하는 사람이 그가 찬양하는 대상에 대한 그의 글이 아부하는 것이 아니라는 것을 설득력있게 보여줄 수 있을 때이다. 내가 지금까지 말한 원칙들 가운데 앞의 두 가지는 진부하고 악성적인 찬사로 당신들의 덕목(德目)들을 훼손한 그의 아부에 사로잡혀 있는 당신들을 깨우치게 하는 원칙들이다.[7] 세 번째 원칙은 내

7) 여기서 '그'란 조셉 홀(Joseph Hall : 1574~1656)을 지칭한 것이다. 홀은 영국국교회의 엑스터(Exter) 관구 그리고 후에는 노리치(Norwich) 관구의 주교로 "Comtemplations upon the New Testament, of Christian Meditation and of Satires"의 저자로 유명하다. 그는 제임스 1세 신하로 왕자 헨리(Henry)의 보호자로 임명

가 관련된 것이기도 한데 이번과 같은 적절한 계기를 위해 밝히기를 미루어온 것으로 지난날 내가 당신들을 그토록 칭찬했던 찬사들은 아부가 아니었으며 그와는 무관하다는 사실을 밝히기를 요구하는 원칙이다. 고귀하게 행해진 것에 대해 자유롭게 찬미하고 그리고 좀더 잘 될 수도 있는 길을 밝히는 것을 두려워하지 않는 그런 사람이 당신들에게 그의 성실성을 최고로 바치는 것이며, 그런 그의 충성스러운 애정과 희망은 당신들의 처분만을 기대하고 있다. 그의 최고 찬사는 아부가 아니며 그의 솔직한 충고야말로 하나의 찬양이다.[8] 내가 당

되었다. 그는 왕당파였지만 왕당파의 실력자 로드(Laud)에 의해 의심을 받고 제임스 앞에서 세 번이나 무릎을 꿇고 죄가 없음을 호소해야 했다. 그는 로드의 요청에 의해 1640년 "Episcopacy by Divine Right Absurd"라는 글을 써서 자신을 정당화하였다. 이 글은 국교를 거부하고 칼뱅주의의 장로교가 된 스코틀랜드에 대한 답신이었다. 1641년 제한된 감독제와 급진적 개혁(*Root and Brach Reform*)이 의회에서 논쟁거리가 되었을 때 그는 "Humble Remonstrance to the High Court of Parliament"를 썼다. 이 팸플릿은 스멕팀누우스(Smectymnuus)와 관련된 유명한 논쟁을 출발시킨 글이다. 스멕팀누우스란 5명의 퓨리턴 저자들 이름의 첫 글자를 따서 만든 합성어로 홀의 글에 대한 반론을 쓴 저자들의 이름이다. 밀턴은 이들간의 논쟁에서 퓨리턴을 옹호하는 두 편의 팸플릿을 저술한 바 있다. 홀은 "A Short Answer to the Tedious Vindication of Smectymnuus"에서 밀턴을 개인적인 문제로 상스럽게 비난하였다. 밀턴은 홀의 의회에 대한 칭찬을 '진부하고 악의적'인 것으로 평가한 것이다. 다시 말하면 밀턴은 홀의 의회에 대한 칭찬은 아부라고 말한 것이다. 왜냐하면 그의 주장은 의회를 왕권으로부터 분리될 수 없는 것으로 전제하고 있었기 때문이다.

신들이 공포한 명령들 가운데 하나를 문제삼는 이유는 그렇게 하는 것이 진리와 학문 그리고 국가를 위해 더욱 바람직한 일이라고 확신하고 있기 때문이며, 이를 논증에 의해 증명하고자 하기 때문이다. 동시에 당신들은 나쁜 정치인들과는 달리 아첨보다 공개적인 충고를 더욱더 선호한다는 사실을 일반 국민들은 알고 이에 고무되어 있으며 이런 때 이렇게 충고하는 것이 오직 당신들의 관대하고 훌륭한 정부의 영광에 기여하는 것이라고 생각하기 때문이다. 그리고 이를 통해 국민들은 관대한 3년의회[9]와 요즘의 시기심 많고 오만스러운 고위성직자 및 내각자문위원회[10] 간의 차이를 알게 될 것이다. 고위성직자와 내각자문위원회는 그 동안 기억할 만한 가치가 있는 것

---

8) 여기서의 '그'란 밀턴 자신을 의미한다. 다시 말하면 밀턴이 의회에 충성심을 갖고 충고하는 것이라는 것이다.

9) 찰스 1세는 1629년부터 1640년까지 의회없이 통치하였다. 그래서 1641년 의회가 소집되자 의회는 즉각 왕의 전제를 견제하는 법을 만들었는데, 그 중의 하나가 최소한 3년마다 의회를 반드시 소집해야 한다는 법이었다. 이 법은 1641년 2월 15일 통과되었다. 이렇게 의회가 적대적인 조처를 취하자 찰스는 3개월 만에 의회를 해산한다. 이것이 단기 의회이다. 여기서 3년의회란 이 법을 의미하는 것이다. 이와 유사한 1694년의 The Trinnial Bill — 의회의원의 임기는 3년을 넘길 수 없다는 법 — 과는 전혀 다른 것이다.

10) '고위성직자'와 '내각자문위원회'란 대권법원인 성청 법원(the Court of Star Chamber)과 내각 위원회(Cabinet Council)를 지칭한 것임. 당시 내각이 있었던 것은 아니지만 찰스 1세는 대신을 임명한 후 그의 사저에서 회의를 운영하였다. 이들은 당시 국민들의 많은 비난을 받고 있었다.

이라곤 아무것도 남긴 바 없이 오직 부의 허세만을 부렸고 그들이 내놓은 긴급포고와 궁정 명령은 언제나 혐오감을 낳는 것뿐이었다. 그러나 당신들은 그들과는 달리 투표에 의해 명령을 내리고 이에 서면으로 이의(異意)를 제기하는 식의 더욱 점잖고 인내하면서 승리와 성공을 성취하는 모습을 보여주었으며, 국민들은 이 글을 통해 그러한 당신들의 모습을 볼 수 있을 것이다.

깨끗하고 온화하며 위대함을 지닌 당신들의 온유한 품성에 비추어 추정해 볼 때, 상·하원의 여러분, 여러분의 의회가 공포한 명령이 직접적으로 언급한 바에 대하여 나는 이를 반대하는 나의 주장을 어렵지 않게 정당화할 수 있다. 만일 누가 나를 생소하고 이상한 일을 한다고 책망하는 사람들이 있다면 그런 사람들은 당신들이[11] 훈족[12]이나 노르웨이인의 야만적인 성품보다 그리스인[13]의 노련하고 고상한 인간성을 얼마나 더 높이 존경하고 있는가 하는 것을 내가 알기 때문에 이런 일을 하고 있음을 알아야 한다.[14] 우리가 아직 고트

11) 여기서 '당신들'이란 상·하원 의원을 지칭하는 말이다.

12) 4~5세기 유럽에 침입했던 중앙아시아의 유목민으로 이 이름은 문명 파괴자라는 경멸적인 의미로 사용되었다.

13) 밀턴은 고대 그리스의 문학과 문화를 존중하였다. 그는 이러한 존경심을 시에 자주 표현하고 있다.

14) 이 문장은 헤일스판 및 써럭판과 록우드판 및 엘리어트의 하버드판 사이에는 원문에 차이가 있다. 즉, 앞의 두 판에는 '… the old and elegant humanity of Greece, then the barbaric pride of a Hunnish and Norwegian …'인데, 후자는 'then'이 아니라 'than'이

인[15]이나 유트랜드(Jutland)인[16]이 되지 않은 것은 그리스 시대의 겸허한 지혜와 학문을 지녔던 사람의 덕분인데 나는 그 사람에 대해 말할 수 있다. 그는[17] 사저에서 아테네 의회에 보내는 연설문을 써서 당시 시행되고 있던 민주주의의 양식을 바꾸도록 설득한 사람이다. 그 시대에 지혜와 수사학 연구를 직업으로 삼고 있던 사람들[18]은 그 자신의 나라에서뿐만 아니라 다른 도시나 지방에 가서도 공적인 문제에 대해 그들 국가에 훈계하였으며 그것은 사람들이 기꺼이 그들의 이야기에 존경심을 갖고 귀를 기울이는 영예로운 일이었다. 그래서 이방인이며 관직을 갖지 않은 평민 웅변가이었던 디온 프루쇠우스(Dion Prusoeus)는 앞서 내린 칙령에 반대하는 자문을 로드인(Rhodians)들에게 한 바 있으며,[19] 이와 유사한 예를 많이 열

다. 이의 번역은 의미상 해석이 가능한 후자를 따랐다.

15) 3~5세기 로마제국에 침입했던 튜턴족으로 교양없는 야만인이라는 뜻임.

16) 덴마크의 주요 부분을 이루는 지역에 살던 야만인.

17) 이소크라테스(Isocrates)를 의미한다.

18) 여기서 밀턴이 말하는 '지혜를 연구하는 전문직업인'들은 고대 그리스의 소피스트들을 지칭한다. 이소크라테스도 그 중의 하나였다.

19) 웅변가로서 기원전 50년경 비티니아(Bithynia)의 푸르사(Prusa)에서 태어났다. 그의 연설문은 80개가 전해 내려온다. 밀턴이 말한 연설문은 그의 *Rhodian Discourse*를 지칭한 것이다. 그 내용은 디온(Dion)이 로드인(Rhodians)들에게 공공기념물에 새겨져 있는 그들 선조들의 이름 대신 현재 권력을 잡고 있는 권력자들의 이름을 새겨 넣도록 하는 새로운 법을 만들지 않도록 설득한 연설을 한 일이 있다. 밀턴은 이를 말한 것이다.

거할 수 있지만 여기서 더 이상 거론하는 것은 불필요한 일이다. 그러나 만일 신중한 노고로 전생애를 바치며 근면하게 살아온 사람이고 아마 북위 52도[20] 지대 못지않은 나쁜 자연조건에서 이 글을 쓴 나를 위에서 예로 든 특별한 사람들 누구와도 동등하게 평가해 주지 않는다면, 이는 나의 명예를 크게 훼손하는 것이 될 것이고 그렇지 않아야 내가 열등하게 평가받지 않는 것이고 그렇게 된다면 그들의 자문을 받아들인 대부분의 사람들이 우수한 만큼 여러분도 우수한 의원들이 되는 것이다.[21] 단언컨대 상·하원의 여러분, 여러분이 그들보다 얼마나 더 우수한지를 보여주는 것으로 여러분들이 분별력을 갖고 확실하게 들려오는 이성의 목소리를 인지하고 이에 복종하여 여러분의 선임자들이 만든 법을 고치는 것과 마찬가지로

---

20) 밀턴은 자주 한랭지대는 저작물이 창조되는 데 불리하다는 의견을 표명하곤 하였다. 그는 시 "Mansus"에서 그의 뮤즈(Muse)는 얼음이 덮고 있는 북쪽에서는 거의 자랄 수 없다고 쓰고 있다. 그는 또 《실낙원》에서 "태양은 과일과 마찬가지로 지혜를 여물게 한다"라고 쓰고 있다. 그는 그리스인의 지혜를 태양이 항상 빛나고 기후가 따뜻한 환경 때문이라고 말했다. 더욱 상세한 내용은 Hales, p. 66 n. 14 및 Sirluck, p. 490 n. 14 참조.

21) 이 부분을 의역하면 "이 글은 대단히 어렵게 씌어진 것이고 때문에 위에서 언급한 소피스트들의 웅변과 마찬가지로 나의 이 글을 높이 평가해야지 그렇지 않다면 나의 명예를 크게 해치는 것이 된다. 그리고 그러한 자문을 받고 이를 받아들인 대부분의 사람들이 우수한 사람들로 평가되는 것과 마찬가지로 귀하들도 이 글이 주장한 자문을 받아들일 때 우수한 자가 되는 것이다"라고 요약할 수 있다.

당신들이 만든 법이라 할지라도 당신들 스스로 이를 고치는 것보다 더 확실한 증거는 없을 것이다.

그래서 만일 당신들을 우수하지 않다고 생각하는 것이 당신들을 잘못 평가하는 것이라면, 그리고 당신들이 그 동안 공언해온 것처럼 당신들이 진리를 특별히 사랑하고 있다는 점을 보여주고 또 당신들이 의도적으로는 아니라 할지라도 잘못 결정한 일을 바로잡을 수 있는 적합한 예 하나를 나는 감추지 않고 말하고자 한다. 그것은 당신들이 인쇄를 규제하기 위해 내린 명령,[22] 즉 "책이나 팸플릿 또는 문서는 앞으로 허가관 또는 적어도 이 법에 따라 지명받은 자 가운데 하나에 의해 인증 및 허가받지 않으면 인쇄될 수 없다"는 명령을 다시 판단하는 것이다. 나는 이 명령[23]이 모든 사람들이 자신의 글에 대한 저작권을 가지며 혹은 고인의 경우도 저작권을 인정하는 조항[24]의 두 가지 규정 중 어느 하나도 어기지 않은 정직하고 근면한 사람들을 학대하고 박해하기 위한 구실이 되지 않기를 빌면서 저작권 조항은 다루지 않겠다. 그러나 서적 면허에 관한 다른 구절은 고위성직제가 폐지[25]될 때 사순절 허가제

22) 1643년 7월에 의회가 내린, 이 글의 주 대상이 되고 있는 인쇄허가 명령을 의미함. 즉, 이 명령을 재고하라는 것이다.

23) 여기서 '이 명령'이란 1642년 법, 즉 이른바 서명법으로 불리는 법을 지칭하는 것이다.

24) 〈아레오파지티카〉에서 밀턴이 반대하는 법은 1643년의 출판허가 명령이다. 그러나 이 명령에 앞서 저작권, 즉 모든 출판물은 필자의 이름을 밝히고 출판업자는 이를 존중해야 한다는 법이 제정되었었다. 밀턴은 이 법은 인정하고 있다.

(*quadragesimal*)[26] 및 혼인허가제(*matrimonia*)[27]와 함께 소멸되었다고 우리는 생각했던 것으로 나는 이제 당신들에게 이런 말을 하고자 한다. 그것은 첫째로 허가제의 발명자는 당신들이 지긋지긋하게 싫어할 사람들이라는 것이고, 둘째는 무슨 종류의 책이든 책을 읽는다는 것은 무엇을 의미하는가 하는 것이고, 그리고 이 명령이 주로 억제하기를 원하는 추잡하고 선동적이며 비방적인 책을 막는 데 이 법은 아무런 도움이 못 된다는 것이다. 마지막으로 그것은 무엇보다 우리가 이미 알고 있는 바의 것을 통해 할 수 있는 우리의 능력을 발휘할 수 없게 하고 무능하게 만들 뿐만 아니라 종교적, 시민적 지혜 모두를 더욱 발전시킬 수 있는 발견을 저해하고 제거시킴으로써 모든 배움을 방해하고 진리의 발전을 막을 것이라는 점이다.[28]

---

25) 의회로부터 주교를 축출하는 법이 1642년 2월 5일 통과되었다. 고위성직자들은 이 법으로 권력을 상실하게 된다.

26) 고기를 먹지 않는 사순절을 말함. 밀턴이 여기서 말하는 것은 사순절 기간 동안의 식사와 관련된 규정을 말하는 것이다. 사순절 중 특정한 날은 물고기를 먹는 날로 지정되어 있는데 이때 육류를 먹기 위해서는 허가를 받아야 했다. 엘리자베스 여왕은 대주교로부터 허가를 받지 않고는 사순절 기간 동안에는 고기를 결코 먹지 않을 것이라고 말하곤 하였다.

27) 혼인허가를 의미함. 밀턴은 혼인은 전적으로 시민간의 계약으로 간주하였다. 그는 교회는 혼인에 관해서는 아무런 권한을 갖고 있지 않다고 주장했다.

28) 이 주장은 오늘날 언론의 자유와 관련하여 가장 흔히 인용되는 구절의 하나이다. 그러나 써럭에 의하면 이 주장은 밀턴 고유의 것

나는 교회와 국가가 최대의 관심을 갖고 수행하는 과업으로서 얼마나 많은 서적들이 인간과 서적 그 자체의 품위를 떨어뜨리는가를 주의깊게 지켜보면서 그에 따라 이를 제한하거나 가두고 그리고 그들이 악성인 경우에는 가장 날카로운 정의의 판결을 내려야 한다는 것을 부정하지 않는다.[29] 서적이란 그저 죽어 있는 존재가 아니라 그 자신 안에 생명의 잠재력을 갖고 있으며 마치 영혼이 그들 책을 낳은 것처럼 활동하는 존재이다.[30] 서적은 결코 죽어 있는 존재가 아니다. 서적은 하나의 유리병으로서 그 속에 그를 낳은 살아 있는 지성의 가장 순수한 요소와 추출물이 보존되어 있다. 나는 그들이 전설적인 용의 이빨(*dragon's teeth*)[31]과 같이 살아 있으며 왕성하게

이라기보다 당시 다른 인사들의 주장에서도 발견되고 있음을 지적하고 있다. 예를 들면 헨리 로빈슨(Henry Robinson)의 "Liberty of Conscience"(1644)를 들 수 있다. 밀턴은 〈아레오파지티카〉 발표 전 이미 그의 주장을 알고 있었다고 써럭은 주장하고 있다. Sirluck, pp. 84, 493, 492 n. 21 참조.

29) 여기서부터 밀턴의 허가조례 반대 논리가 전개되기 시작한다. 한편 이 구절은 출판의 자유에 대한 밀턴의 주장이 자유방임주의적이라는 해석에 의문을 낳는 부분으로 지적되곤 한다.

30) 책은 읽는 사람에 따라 그 결과가 달라질 수 있다는 뜻이다. 밀턴은 이와 같은 주장을 다른 글에서도 하고 있다. 이 문제에 관한 비교적 상세한 설명은 Hales, p. 68 n. 27 및 Lockwood, p. 41 n. 6 참조.

31) 그리스 신화에 의하면 테베(Thebes)를 세운 카다모스(Cadamus)가 용의 이빨을 뿌리자 이것이 무사들을 낳았고 이들은 마지막에 오직 5명만이 남을 때까지 서로 싸웠다. 이 말은 서로 치열하게

생산적이고, 그리고 보석으로 아로새겨져 있으며 수많은 무사들을 낳을 수 있다는 것을 알고 있다. 그렇지만 다른 한편으로는 조심하지 않으면 책이 사람을 죽일 수 있는 것과 마찬가지로 사람이 책을 죽일 수 있다. 한 사람을 죽인다는 것은 신의 형상을 띤 이성을 지닌 하나의 창조물을 죽이는 것이다. 그리고 우리가 좋은 책 하나를 파괴한다는 것은 이성 그 자체를 죽이는 것이고 이는 마음속에 있는 하나님의 형상을 죽이는 것이다. 이 세상에서는 많은 사람들이 세상에 짐이 되면서 살고 있다. 그러나 좋은 책은 그렇지 않다. 좋은 책은 뛰어난 영혼의 고귀한 생혈[32]이며 그리고 책은 한 생명이 죽은 후에도 그 정신을 영원히 간직하고 비장해 두는 것이다. 예나 지금이나 죽은 생명을 다시 살릴 수 없다는 것은 진리이며 책을 죽인다는 것은 그 이상의 손실이 없을 만큼 큰 손실이며 한 시대의 혁명들도 흔히 진리의 거부로 생긴 이러한 손실을 회복하지 못하며[33] 이렇게 진리가 거부된 속에서는 어떤 나라든

싸운다는, 즉 분쟁의 씨를 뿌린다는 의미이다. 그러나 밀턴이 이를 예로 든 것은 부정적인 의미에서가 아니라 서적은 논쟁을 낳아 지식의 발전을 낳는다는 긍정적인 의미로 썼다. 다시 말하면 글과 서적은 사고의 씨를 뿌려 후세에 다양한 의견과 행동을 낳으며 결과적으로 학문이 발전하게 된다는 것이다.

32) 원문은 'life-blood'임. 고대에는 생명과 피를 동일한 것으로 보았다는 의미에서 '생혈'(生血)로 번역하였다. Hales, p. 69 n. 7 참조.

33) 아마도 밀턴은 고대의 지혜는 로마의 멸망과 함께 소멸되어 오랫동안 회복되지 못했으며 그 결과 유럽사회가 퇴보했다고 생각한 것 같다. Hales, p. 69 n. 10 참조.

더욱 나쁜 상태에 빠지게 되기 때문이다. 그렇기 때문에 우리가 이러한 공(公)적인 일을 하는 인간의 노고를 박해한다는 것이 책 속에 보존되고 축적되어 있는 인간의 지혜로운 삶을 얼마나 파괴하는 것인가에 대해 깊이 성찰하여야 한다. 왜냐하면 우리는 아마도 그렇게 해서 행해지는 살인 행위가 때로는 순교와 같은 결과를 낳는다는 것을 알기 때문이다. 그리고 만일 이런 일을 인쇄 전반에 확대시킨다면 이는 일종의 대량 학살인 셈으로 그와 같은 살상행위는 기초적인 4대 요소[34]를 살해하는 것은 아니라 할지라도 이성 그 자체의 생명인 에테르(*ether*), 즉 제5요소를 파괴하는, 즉 육체적인 생명이 아니라 영원의 생명을 살해하는 것이다.

그러나 나는 허가제를 무조건 반대하면서 이를 모욕한다는 비난을 받지 않기 위해 많은 역사적 사실을 열거하는 수고를 감수하겠다. 그리하여 이들 역사가 이와 같은 반질서(*disorder*)에 반대하여 고대의 유명한 국가들이 무엇을 했는가를 밝히겠다. 그리하여 오늘의 이 허가라는 계획은 중세의 종교재판(Inquisition)[35]에서부터 은밀하게 퍼져 나온 것이고 이를 우리

---

34) 고대 철학은 우주의 구성요소로 흙, 물, 공기, 불이라는 4개 요소와 영원성을 지닌 제5요소로 구성되어 있다고 보았다. 밀턴도 인간의 생명은 이들 5개 요소로 구성되어 있다고 믿었던 것 같다. '기초적인 요소'란 이들 4개의 물리적인 요소이고, 제5요소는 영적인 이성으로 본 것이다.

35) 교회가 모든 불신앙을 심문하고 억압할 수 있는 권리를 갖고 있다는 이론은 역사적으로 상당히 오래된 것이다. 콘스탄틴(Constantine) 교황 이래 검열에 의한 수정 및 압수와 관련된 칙령과 조사

들의 고위성직자(*prelates*)[36]들과 일부의 우리들 장로파 장로(*presbyters*)[37]들이 채택한 것이다.

서적과 현인들이 그리스의 어떤 다른 곳보다 번성했던 아테네에서는 행정관이 주목하여 관여하는 저술은 오직 두 종류였다는 것을 나는 발견하였는데 그것은 독신이나 무신론 그리고 비방적인 것이었다. 그래서 프로타고라스(Protagoras)[38]의 책

를 행한 기록이 남아 있다. 이는 교황청이 일찍부터 취해온 정책이었다. 1163년 투오즈(Tours) 종교회의에서 종교재판이라는 단어가 처음 등장하였고 교회가 이단을 근절하여야 하고 이를 위한 가혹한 조처가 주장되었다. 그러나 실질적으로 이런 억압과 박해가 조직적으로 시작된 것은 1229년의 투르즈(Toulous) 종교회의 이후부터이다. 도미니크(Dominic)가 제안하고 이노센트(Innocent) 3세가 승인한 'The Familiars of the Holy Office'라고 불리는 명령은 속인들로 구성된 이단에 대한 스파이와 정보원들의 조직이었다. 이 제도는 프랑스와 이탈리아에 보급되었고 스페인에는 1223년 그레고리 9세가 도입하였다. 스페인의 경우 이 제도는 처음에는 효과적인 것이 못되었으나 후에 강력한 권력을 행사하게 되었다. 즉, 1440년 페르디난드(Ferdinand)와 이사벨라(Isabella)의 후원으로 법정이 설치되고 첫해에만 298명이 화형에 처해졌다. 종교재판소의 주된 업무의 하나는 출판의 통제였다. 그리하여 당시 스페인에는 로마 교황청이 허가하거나 내놓은 출판물 이외에 다른 출판물은 거의 없었다. 많은 유럽국가들이 이런 상태에 있었다.

36) 영국국교회 및 가톨릭의 주교 및 대주교 등을 의미한다. 고위성직자란 말은 청교도 측에서 이들을 비꼬는 말이었다.

37) 장로(*presbyter*)란 당시 의회에서 권력을 장악하고 있던 장로파의 장로들을 지칭한 것이다.

38) 프로타고라스(Protagoras : B.C. 490년경). 그리스 최초의 소피스

은 아레오파고스(Areopagus)의 판사들에 의해 불태워 버리라는 명령을 받았으며, 그는 "신이 있는지 없는지" 알지 못한다는 말을 한 죄로 추방당했다. 비방에 대해서는 어느 누구의 이름도 거론되면서 중상받지 않아야 하며 이것이 베투스 코메디아(Vetus Comoedia)의 정책[39]이었다. 이로부터 우리는 그들이 비방하는 글을 어떻게 검열하였는가를 추측할 수 있다. 위의 예가 보여주는 것은 키케로(Cicero)가 말한 것처럼[40] 그와 같은 처벌은 무신론자의 극단적인 생각과 공공연한 명예훼손을 다스리기에 충분히 강력한 것이었다. 다른 교파나 의견들에 대해서는 방탕스런 경향이 있다 하더라도 또 신의 섭리(*Divine Providence*)를 부정하는 것까지도 개의치 않았다.

트. 그는 기원전 411년 "신에 관하여"(Concerning the Gods)라는 글에서 "신이란 너무 막연한 것으로 인간이 그를 알기에는 생애가 너무 짧다"고 썼다. 이 글로 그는 고소당해 추방당했다. 그는 "인간은 만물의 척도다"라고 주장한 고대 철학에서 중요한 위치를 차지하고 있는 철학자이다.

39) 고대의 코미디는 개인을 공격할 수 있기 때문에 허가를 받아야 했다. 여기서 정책이란 코미디의 허가제를 의미한다. 베투스 코메디아란 크라티누스(Cratinus)에서 유래한 고대 아테네의 코미디로 아리스토파네스(Aristophanes)에 의하여 최고의 희극작품으로 만들어졌다.

40) 키케로는 프로타고라스가 "신의 본성에 관하여"(De Natura Deorum)에서 '신이 있는지 없는지 알 수 없다'라고 써서 아테네로부터 추방당하고 그의 책이 불태워진 것에 대해, 이러한 처벌은 많은 사람들이 신을 믿지 않고 있다는 것을 솔직하게 고백하지 못하게 만들었다고 썼다.

그렇기 때문에 우리는 에피쿠로스(Epicurus)[41]나 키레네(Cyrene)[42]의 자유사상가 혹은 견유학파(Cynic)의 무례한 언동[43] 어느 것도 법에 의해 문제가 되었다는 사실을 들어본 일이 없다. 비록 공연은 금지된 바 있지만 이들 고대 희극작가의 작품 어느 것도 법의 심문을 받았다는 기록은 없다. 플라톤은 아리스토파네스(Aristophanes)를 칭찬한 바 있고 그의 작품 가운데 가장 평이하게 씌어진 것 하나를 학자이면서 왕이었던 디오니시우스(Dionysius)[44]에게 보내 읽을 것을 권하였

---

41) 에피쿠로스(Epicurus : B. C. 342경~270). 그리스의 철학자로 에피쿠로스학파의 시조. 그는 쾌락을 삶의 최고가치로 주장하였다. 그는 인간이 행복하기 위해서는 덕성스러워야 한다고 가르쳤지만 그러나 그의 제자들 가운데는 행복을 성취하기 위한 수단을 획득하는 데 양심을 중요시하지 않는 자들이 많았다.

42) 아리스토포스(Aristopus)가 키레네—아프리카에 있던 그리스의 식민지—에 세운 학교. 인생의 최종 목표는 쾌락이고 현재를 즐기는 것이 존재의 목적이라고 주장하였다.

43) 견유학파란 소크라테스의 친구이고 학생이었던 아우티스테네스(Autisthenes : B. C. 440경)가 아테네의 키노사르게스(Cynosarges)라고 불리던 곳에 세운 학교에서 나온 말이다. 그들은 덕만이 유일한 선이라고 주장하였지만, 그러나 이를 추구하는 데 그들은 문화나 조직된 사회를 거부하면서 인간은 자연상태로 돌아가야 한다고 주장하였다. 아우티스테네스(Autisthenes)는 그의 유명한 제자인 디오게네스(Diogenes)만큼 알려지지 않았다. 밀턴이 여기서 말한 '견유학파의 무례한 언동'의 원문은 'the Cynic impudence'로, 이는 디오게네스로 대표되는 오만한 언동을 의미하는 것으로 해석된다.

44) 시라쿠사(Syracuse)의 전제군주였던 디오니시우스(B. C. 430~370

다는 것은 널리 알려진 사실이다. 만일 성(聖) 크리소스톰(Chrysostom)[45]이 아리스토파네스를 밤마다 열심히 연구하여 연설할 때 야비한 격정을 정화하는 기술을 익혔더라면 그가 격정적인 연설을 하였더라도 용서받을 수 있었을 것이다.

그리스의 또 다른 지도적인 도시국가였던 라케다이몬(Lacedaemon)[46]의 경우 그들의 입법자 리쿠르구스(Lycurgus)[47]는 고상한 학문에 깊이 매료되어 이오니아(Ionia)로부터 흩어져 있던 호머(Homer)의 작품을 최초로 수집한 인사였는데, 그는 크레타(Crete)로부터 시인 탈레스(Thales)[48]를 스파르타로 보

경)가 아테네에 대해 알고자 하자 플라톤은 아리스토파네스의 시집을 그에게 보냈다.

45) 크리소스톰(St. John Chrysostom : 347~407 추정). 그의 훌륭한 연설 솜씨를 비유한 '황금의 입'이라는 의미의 이름이다. 그는 콘스탄티노플(Constantinople)의 주교를, 그리고 397년부터 405년까지는 안티오크(Antioch)의 대주교를 지낸 그리스 정교회의 가장 영향력있는 교부 중의 한 사람이었다. 그러나 그는 법원과 교회의 부정을 비판한 이유로 추방당했다. 그는 아리스토파네스를 연구, 인용하였다는 기록이 있다.

46) 스파르타의 다른 이름.

47) 기원전 9세기경 활동한 고대 스파르타의 헌법을 만든 사람이라는 설이 있다. 그는 호머의 시를 수집, 당시 그리스인들에게 널리 알린 최초의 인물임.

48) 탈레스(Thales : B.C. 640~547경). 크레타(Crete) 출신의 유명한 음악가이며 서정시인. 그는 스파르타에 두 번째의 음악학교를 세웠다. 위에서 나오는 리쿠르구스가 크레타에서 사귄 친구들 가운데 하나가 탈레스인데 그가 스파르타에서 와서 살기를 설득하였

내 스파르타인의 무뚝뚝함을 노래와 송시로 완화하려 한 바 있다. 이는 그가 전쟁에 대한 공포감 말고는 학문과 예술이 거의 없었던 스파르타인들에게 그렇게 해서 법과 문명을 심어주는 것이 좋겠다고 생각했기 때문이었다. 그 곳 스파르타에서는 서적의 허가 같은 것은 필요가 없었다. 왜냐하면 스파르타인들은 짧은 경구 같은 것을 제외하고는 책이란 도무지 싫어했기 때문일 것이다. 그러나 그들은 사소한 이유로 아킬로쿠스(Archilochus)[49]를 스파르타에서 쫓아낸 일이 있다. 그 이유는 아마도 책을 읽는 것이 그들 스파르타인들로서는 자신들의 딱딱한 춤과 원반 운동보다 더 힘든 일이었기 때문이었을 것이다. 혹 그런 이유가 아니라면 그렇게 염려하지는 않았지만 그의 장문의 시가(詩歌)가 유리피데스(Euripides)[50]가 〈안드로마케〉(Andromache)[51]에서 묘사한 바 있는 스파르타 여인

다. 그는 음악만이 아니라 정치적 능력도 뛰어났다. 그의 송시(*odes*, 頌詩)는 대단히 설득적이어서 그의 멜로디와 함께 우아함과 영향력을 지니고 있었다고 전해 온다. 그는 스파르타 시민들의 감수성을 어루만지고 스파르타인들의 통합과 덕을 증대시키는 데 기여하였다.

49) 아킬로쿠스(Archilochus : B. C. 714~676경). 이오니아(Ionia) 지방의 초기 그리스 시대 서정시인. 그는 스파르타로부터 추방되었는데 그 이유에 대해서는 다양한 의견들이 있다. 그가 추방된 이유는 생명을 잃는 것보다 무기를 버리는 것이 낫다고 말했기 때문이라는 주장, 혹은 그의 시가 방종한 것이었기 때문이라는 주장, 그리고 그의 시가 리캄베스(Lycambes)라는 사람의 딸들을 모욕하였기 때문이었다는 설이 있다.

50) 유리피데스(Euripides : B. C. 480~406). 그리스의 비극시인.

들의 정숙지 못한 생활에 스며들었기 때문이었는지도 모른다. 이러한 예들은 그리스인들 사이에 어떤 서적들이 금지되었는가 하는 것에 대해 우리에게 많은 것을 가르쳐 주는 바가 있다.

로마인의 경우 또한 오랫동안 스파르타인들처럼 강인한 군사(軍士)가 되기 위한 훈련만을 받아 왔기 때문에 스파르타인의 모습과 거의 같았다. 그들은 12동표(銅表)[52] 외에는 거의 아는 바가 없었고 폰티힉(Pontific) 대학[53]의 아우구루스(Augurus)[54] 사제단도 다른 것은 일체없이 오직 종교와 법만을 가

---

51) 유리피데스의 작품. 당시 스파르타 여인들은 처녀들도 집을 떠나 젊은이들과 경주 등과 같은 운동을 하면서 그들의 육체적인 힘을 길러야 했다. 그래서 그들은 남자들과 마찬가지로 나체로 운동을 같이 하곤 하였다. 그래서 유리피데스는 〈안드로마케〉라는 작품에서 이런 습관은 "그들´여인들은 정숙하고 싶어도 그렇게 될 수가 없었다"고 쓰고 있다.

52) 기원전 451년 로마의 10인 위원회가 관습법을 성문화한 로마법. 처음에는 10개항이었으나 다음 해 2개항이 추가되어 모두 12개 법이 되었다. 이들 법은 동판에 새겨졌으며 로마법의 기본이 되었다.

53) 고대 로마에 있던 사제를 양성하는 최고의 교육기관인 대학이었다. 이 대학은 종교적 문제를 관장하였을 뿐만 아니라 특히 수(數) 및 측량과 관련된 지식을 독점 행사하였다. 때문에 이 대학은 일력(日曆)과 교량의 건설이나 철거와 같은 특정한 공학 관련 문제도 관장하였다. 이외에 이 대학은 또 결혼과 관련된 특정한 법을 해석하는 역할을 담당하고 있었다. 더욱 상세한 내용은 Sirluck, p. 497 n. 40 및 Hales, p. 76 n. 13 그리고 Lockwood, p. 48 n. 6 참조.

54) 사제단은 모두 2명에서 16명으로 구성되어, 새가 나는 것을 보고

르쳤다. 이런 때 로마에 특사로 온 카네아데스(Carneades)[55]와 크리토라우스(Critolaus)[56] 그리고 스토아학파의 디오게네스(Stoic Diogenes)[57]가 그곳에서 철학을 강연하는 기회가 있었는데, 검열관 카토(Cato)[58]는 그들을 선동가로 간주하고 원로회의에서 문제삼아 긴급 추방한 후 아테네의 요설꾼들이 다시는 이탈리아에 입국하는 것을 금지하도록 요청하였다. 그러나 스키피오(Scipio)[59]와 다른 귀족들은 대중들이 경의와 존경

미래를 점치고 특히 공적인 사건이 일어났을 때 이의 길흉을 예측하는 역할을 하였다.

55) 카네아데스(Carneades : B.C. 214~129경). 씨레네 사람으로 아테네에 세 번째 아카데미아를 세운 인사이다. 기원전 155년 아테네인들이 오로프스(Oropus) 신전을 파괴한 죄로 500탈렌트(Talents)의 벌금을 물린 데 항의하기 위해 로마로 왔다. 그는 여기서 정의에 관하여 두 번의 연설을 하였는데, 첫 번째 연설에서는 정의를 옹호하는 주장을 한 후, 두 번째 연설에서는 그가 첫 번째 연설에서 주장한 내용을 완전히 뒤집었다.

56) 크리토라우스(Critolaus). 소요학파(Peripatetic) 철학자.

57) 디오게네스(Diogenes). 아테네 스토아학파의 장(長).

58) 카토(Cato Major : B.C. 234~140경)를 지칭. 그는 유명한 장군으로 기원전 184년 로마의 검열관이었다. 그는 로마인들에게 단순성과 검소한 생활을 강조하면서 그리스 문화에 적대적인 감정을 갖고 있었다. 그러나 노년에 그리스 문화를 찬양하였고 때문에 그리스어를 배우기도 했다.

59) 스키피오(Scipio : B.C. 185~129경). 로마시대의 카르타고(Carthage)를 정벌한 장군으로, 그는 정치가 스키피오 아프리카누스(Scipio Africanus)의 양자이다. 그는 주 58)에 나오는 카토(Cato)의 지지자였지만 그리스문화 애호가로서 이로부터 많은 것을 배우

을 바쳐온 그의 낡은 사빈(Sabine)[60]적인 엄격함을 지지하지 않았다. 검열관 카토도 결국 노년에는 그가 전에 그렇게 엄격하게 대했던 그리스 문화에 매료되었다. 당시 로마는 최초의 라틴(Latin)어 희극작가들인 뇌비우스(Noevius)[61]와 플라우투스(Plautus)[62]의 작품이 주를 이루고 있었는데 그들의 작품은 모두 메난더(Menander)[63]와 필레몬(Philemon)[64]을 모방한 것들이었다. 그렇게 되면서 비방적인 서적이란 어떤 것이고 그 필자는 어떻게 할 것인가 하는 문제가 거론되기 시작하여 뇌비우스는 굴레를 벗어난 바로 그의 펜 때문에 수감되었다가 글을 수정한 후 호민관(護民官)에 의하여 석방되었다. 우리는 또 아우구스투스(Augustus) 황제[65]가 비방적인 글들을 불태웠

려 하였다.

60) 고대 이탈리아의 중부지역 사람.

61) 뇌비우스(Noevius : B. C. 270~199). 작가. 그는 특히 명문가를 풍자하는 희곡을 썼다. 그의 작품은 부분적으로만 남아 있다.

62) 당시 유명한 희곡작가.

63) 메난더(Menander : B. C. 342~291경). 그는 신희극(*new comedy*)의 가장 위대한 작가였다. 그는 100개 이상의 희극을 썼고 그의 작품은 진지함과 품위가 뛰어났다. 그러나 그의 작품은 오직 2~3줄만 남아 있다.

64) 필레몬(Philemon : B. C. 360~262경). 신희극(*new comedy*)의 창시자로 그의 작품은 메난더(Menander)보다 약 8년 앞서 공연되었다. 그는 특히 대중적인 인기를 누렸다.

65) 옥타비누스 아우구스투스(Octavinus Augustus : B. C. 63~A. D. 14). 로마의 초대 황제. 그는 최초로 비방을 반역죄로 다스린 통치자였다. 그는 잔인하고 교만하며 그의 어머니와 불화하다는 익

으며 그 필자들은 처벌되었다는 기록을 읽을 수 있다. 의심할 여지없이 이와 같은 혹독함은 그들의 신들에 대한 경건치 못한 글에도 적용되었을 것이다. 이들 두 가지, 비방과 독신을 제외하고는 세상의 책들이 어떻게 씌어졌든 행정관은 개의치 않았다.

그래서 루크레티우스(Lucretius)[66]는 메미우스(Memmius)에게 바치는 쾌락주의(*epicurism*)적인 시를 썼지만 고소당하지 않았다. 그 자신은 그의 작품에 대한 세상 사람들의 논란[67]에 이의를 갖고 있었지만 그는 키케로(Cicero) 다음으로 유명한 문장가라는 명예를 지니게 되었고 그리하여 공화국의 위대한 아버지라는 영광을 누리게 되었다. 루킬리우스(Lucilius)[68]나 카툴루스(Catullus)[69] 또는 플라쿠스(Flaccus)[70]의 날카로운 혹

명의 필자가 쓴 풍자적인 글이 나오자 몹시 격분하여 이를 불태워 버렸다.

66) 루크레티우스(Lucretius : B.C. 96~55 추정). 6권의 유명한 *De Rerum Natura*(*Concerning the Way Things Happen*)라는 시집의 저자. 그는 신들 속에 있는 미신으로부터 시민들을 해방시키는 목적을 갖고 글을 썼다.

67) 키케로(Cicero)는 *De Natura Decrum*에서 쾌락주의에 반론을 제기한 바 있다. 이런 비판을 말한 것이다.

68) 루킬리우스(Lucilius : B.C. 180경 ~103). 풍자(*satire*) 형식을 사용한 최초의 작가로 알려지고 있다. 그는 당시의 정치, 도덕적 행위를 풍자적으로 묘사, 비판하였다. 그의 비판은 종전의 희극 작가 이상이었다.

69) 카툴루스(Catullus : B.C. 87~54). 시인으로 그의 작품은 야비하고 감각적인 것으로 알려져 있다.

은 적나라한 풍자도 명령에 의해 금지된 바 없다. 국가 관련 문제에 대해서도 티투스 리비우스(Titus Livius)[71]의 이야기는 폼페이(Pompey)의 입장을 격찬[72]하였지만 폼페이의 반대파였던 카이사르(Octavius Caesar)[73]에 의해 억압받지는 않았다. 나소(Naso)[74] 같은 사람이 그가 젊었을 때 쓴 시가 음란한 것이었다는 이유로 노년에 추방된 경우가 있었지만 그 진짜 이유는 어떤 알려지지 않은 은밀한 까닭이 있었던 때문이었다. 그러나 그의 시집이 추방당하거나 압수된 일은 없었다. 그 후[75]

---

70) 플라크스(Flaccus : B.C. 65~8). 시인 호레이스(Horace)의 본명.

71) 티투스 리비우스(Titus Livius : B.C. 59~A.D. 17). 로마의 유명한 역사가.

72) 카이사르와 폼페이 장군 간의 전쟁과 관련된 내용.

73) 로마 최초의 황제 아우구스투스(Augustus)의 이름으로 카이사르를 지칭하는 것임.

74) 나소(Publius Julius Naso : B.C. 43~A.D. 18). 약칭은 오비드(Ovid). 시인으로 《사랑》(*Amores*)과 《사랑행위의 기술》(*Ars Amatoria*)의 저자. 그는 그의 저서가 나온 지 10년이 지나 선정적인 글을 썼다는 이유로 아우구스투스에 의해 추방되었다. 그러나 밀턴은 그의 글이 문제가 된 진정한 이유는 당시 아우구스투스의 손녀가 실종된 사건이 있었는데 그가 이와 관련되었다는 스캔들을 막기 위한 구실이었던 것으로 해석하고 있다. 그러나 이는 사실이 아니었다. 그가 추방된 것은 써럭에 의하면 43세 때 — 록우드는 51세라고 주장 — 때였다. 밀턴은 나소의 저서가 압수된 바는 없었다고 말하지만 《사랑행위의 기술》은 공공도서관에서 철거되었었다. 이에 관한 더욱 자세한 내용은 Sirluck, p.49 n.52와 Lockwood, p.51 n.9 참조.

75) 아우구스투스 황제 이후를 의미한다.

로마에는 독재자들만 나타났는데 그로부터 나쁜 서적보다 좋은 서적이 더욱더 많이 침묵을 강요당했다는 사실은 놀랄 일이 아니다. 지금까지 나는 고대인들 사이에서 무엇이 처벌받을 가능성이 있는 저술이었는가를 충분히 살펴보았다고 생각한다. 그리고 고대에는 이런 것들을 제외한 다른 주장들은 모두 자유로웠다는 생각을 하지 않을 수 없다.

이 시기 로마의 황제[76]들은 기독교도가 되었다. 그러나 그들 황제들이 그들의 원칙을 실천하는 데 그 이전보다 더 가혹했다는 것을 나는 발견하지 못했다. 저명한 이단[77] 서적들은 교회 총회[78]에서 조사받고 반박당했으며 그리고 비난받았다.

---

76) 콘스탄틴(Constantine) 황제는 306~337년까지 재위했는데 그는 313년 기독교에 대한 관용을 허락하는 칙령을 내렸다.

77) '이단'의 원문은 'heretics'임. 이단(*heresy*)이란 말의 어의는 원래 선택 혹은 선택된 의견을 의미한다. 이단이란 기본적으로 교리의 차이에서 상대방을 지칭하는 용어이다. 이단과 흔히 혼동되기 쉬운 용어가 분파(*schism*)이다. 그러나 분파란 본질적으로 교리와 관련없이 나누어진 것을 의미한다. 즉, 교리상의 문제가 아니라 다른 정치, 사회적인 이해관계 때문에 분열된 것을 분파라고 한다. 로마 가톨릭은 루터와 칼뱅 등 종교개혁가를 '분파'라고 호칭하였는데 이는 상대를 격하하는 의미를 지닌 것이었다. 그러나 프로테스탄트 측은 이를 받아들이지 않았다. 밀턴의 이 글에는 이단(*heresy*), 분파(*schism*), 이방인(*heathen*)이란 용어가 나오는데 '이방인'이란 기독교의 복음에 접할 기회를 못 가진 비기독교도를 지칭하는 말이다.

78) 로마 황제들은 기독교도가 된 후 성직에 관한 문제를 통제하기 위한 광범위한 조치를 취하곤 하였다. 황제는 교회의 최고책임자를

그러나 그때까지는 이방인[79]의 서적들이 황제에 의해 금지되거나 불태워진 일이 없었다. 그들이 기독교에 대해 공개적인 비난을 하지 않는 한 포르피리우스(Porphyrius)[80]나 프로클루스(Proclus)[81]와 같은 이방인들의 저술들도 서기 400년경 카르타고 총회의(Carthaginian Council)까지는 금지명령을 받은 바 없다. 이 회의에서는 주교들 스스로 그들이 이방인(*Gentiles*)[82]들의 책을 읽는 것을 금기시하였지만 그러나 이단적인

임명하는 권한을 갖고 있다고 생각하였다. 황제는 총회의 소집권을 갖고 있었으며 총회의 의장으로서 회의의 명령을 황제의 명령으로 공포하였다. 콘스탄틴 황제는 교회 총회를 325년 니케아(Nicaea)에서 열었다. 이 회의는 모든 교회들의 감독들로 구성되었는데 이 회의의 결정사항은 교회뿐만 아니라 제국에까지도 구속력을 가졌다. 동방교회와 서방교회는 모두 이 전체회의의 결과를 권위있는 것으로 받아들이고 있다. 니케아 총회 이후 교회와 국가가 연합하여 이단을 합법적으로 정죄하는 시기가 있었다.

79) 비기독교인을 의미함. 주 77) 참조.

80) 포르피리우스(Porphyrius : 233~305). 철학자로 그는 *Against Christians*이라는 15권으로 된 논문을 썼다. 이 책은 서기 435년 황제 테오도시우스 2세(Theodosius Ⅱ)에 의해 불태워졌다.

81) 프로클루스(Proclus : 412~485). 후기 플라톤학파의 중요한 철학자로 아테네에서 활동하였고 반기독교적이었다. 그는 "세상에서 그가 관용할 수 없는 오직 하나의 종교 그리고 이해할 수 없는 유일한 종교, 그것은 기독교이다"라고 말하였다. 그의 저서는 사후 44년이 지난 후 칙령에 의해 금지되었다.

82) 원문은 'gentile'임. 이 말의 원래 의미는 유대인이 아닌 다른 종족을 의미하는 것이다. 유대인은 원래 타종족을 엄격히 배척하였다. 그러나 간혹 그들 가운데 유대교로 개종하는 일이 있었다. 이들을

(*Heresies*) 책은 허용하였다. 그러나 이보다 훨씬 앞서 있었던 총회에서는 반대로 이방인의 서적보다는 이단 서적을 더 금기시하였다. 초기에는 총회[83]나 주교들은 이들 서적은 모두 권할 만한 것이 아니라는 선언만을 한 후 그 이상의 조치는 취하지 않은 채 그런 책들을 읽든 혹은 읽지 않든 각자의 양심에 맡겼다. 이런 정책이 서기 800년 후까지 지속되었다는 것은 파올로(Padre Paolo)[84]가 밝힌 트렌트 대종교회의(Trentine Council)[85]의 실체에서 이미 잘 밝혀진 바 있다.

받아들여야 할 것인가 하는 문제는 고대에는 중요한 논쟁적인 문제였다. 'heathen'이 신앙상의 비기독교들을 지칭한 것이라면 'gentile'이란 민족적으로서의 이방인, 즉 이(異)민족을 지칭한 것이다. 그러나 밀턴은 특별한 차이를 두고 사용하고 있지 않기 때문에 이 글에서는 모두 '이방인'이라고 옮겼다. 주 77) 참조.

83) 서기 325년 첫 번째 회의가 콘스탄틴 황제에 의해 비티니아(Bithynia)의 니케아(Nicaea)에서 개최되어 1563년까지 모두 19회의 총회가 있었다.

84) 파드레 파올로(Padre Paolo : 1552~1623). 원래 이름은 피에트로 사르피(Pietro Sarpi)였다. 파올로라는 이름은 그가 수도사가 되면서 받은 이름이다. 그의 학문은 대단히 높았고 또 로마로부터 완전 독립하기를 원했지만 성공하지 못했다. 그는 수도원에서 지내며 교회의 권력남용을 비판하였다. 그의 주 저술은 *History of the Council of Trent*이다. 이 책은 1620년 라틴어에서 영어로 번역 출간된 바 있다. 써럭은 〈아레오파지티카〉 내용 가운데 로마 가톨릭 교회의 출판허가 관련 부분은 사르피의 이 저서에서 대부분 인용한 것이라고 밝히면서 그 구체적인 내용을 지적하고 있다. 더욱 상세한 내용은 Sirluck, p. 300 n. 54 참조.

85) 티롤(Tyrol)의 트렌트(Trent)에서 1545년 12월 13일부터 1563년

로마의 교황들은 정치적인 권력을 그들 손에 장악한 후 이를 향유하면서부터 지배권을 확장하고 사람들의 눈을 지배하면서 그들이 좋아하지 않는 것을 결정하고 이를 불태우고 금

12월 4일까지 20년 가까이 25회에 걸쳐 진행된 전 가톨릭 통일회의로, 가톨릭에서 트렌트 공의회라고 부르는 것이다. 이 회의의 목적은 프로테스탄트의 도전에 따른 가톨릭의 교리를 확인하고 교회 조직과 신앙 실천을 개혁하는 것이었다. 이 회의에서 나온 명령으로 금서와 관련된 것은 금서목록을 만드는 1526년 2월 25일 명령과 1563년 12월 3일자 명령이 있다. 종교재판 혹은 심문소라고 하는 제도는 1542년 7월 21일 칙령에 의해 재조직되고 서적을 감독하는 임무를 부여받았다. 그 명령의 내용은 다음과 같다. 모든 출판물은 종교심문소의 사전 허락 없이는 금지된다. 1559년 트렌트 공의회의 권고에 따라 바울 4세는 첫 번째 금서목록(*Index of Prohibited Books*)과 삭제목록(*Index of Expurgations*)을 함께 발행하였다(그러나 록우드는 금서목록이 처음 만들어진 것은 1564년 피우스 4세(Pius Ⅳ)에 의해서였고 삭제목록은 1571년 최초로 나왔다고 주장하였다). 금서목록은 세 부분으로 구성되어 있다. 첫 번째 부분은 모든 금서의 이름과 내용과 관련된 것이고, 두 번째 부분은 특별히 비난받아야 할 책이름과 금서로 분류되지는 않았지만 동일 저자의 책이름, 그리고 마지막 부분은 1519년 이후 저자의 이름 없이 출판된 금서의 책명과 과거 300년, 200년 그리고 100년 동안 로마 교회의 학자들에 의해 읽혀 왔지만 비난받아야 할 책과 저자 이름이 적혀 있다. 그 이전에도 이노센트 1세(Innocent Ⅰ)가 금서목록을 내놓은 일이 있었다. 그러나 구체적인 이름을 거론한 것은 아니었다. 결과적으로 이 명령으로 그후 금서정책은 보편적으로 시행되기 시작하였으며 계속 수정 보완되었고 강제적으로 집행되었다. Sirluck, p. 503, n. 61 및 Lockwood, p. 55 n. 3 참조.

지하였다. 그러나 그들의 검열은 여유가 있는 것이어서 그렇게 많은 책을 금하지는 않았다. 마틴 5세(Martin V)[86]가 교황이 될 때까지는 그러하였다. 마틴 5세가 이단서적을 칙령으로 금하고 이를 읽는 자를 파문하였다. 이 무렵 위클리프(Wyclif)[87]와 후스(Huss)[88]는 무서운 세력으로 일어나고 있었고 그들은

---

86) 마틴 5세(Martin V)의 원래 이름은 오토 코로나(Otto Colona : 1368~1431)이다. 그는 콘스탄틴 총회에서 선출된 교황으로 1417년부터 1431년까지 재위하였다. 그러나 그는 재위기간 중 교황권의 확대 강화를 위해 모든 수단을 사용하였다. 그는 1420년 보헤미아에서 일어난 후스(Huss)당의 반란을 진압하기 위해 십자군 전쟁을 시작한 교황이다.

87) 위클리프(John Wyclif : 1324~1384). 영국인으로 성서를 영어로 번역하고 교황의 교권에 대항적인 교리와 교권을 세우려 한 프로테스탄트 종교개혁의 선구자이다. 그는 가톨릭교회의 성찬식의 화체설을 비판하면서 이를 단순히 "나사렛 사람 예수를 사모하는 기념으로서 떡을 먹고 포도주를 마시는 것이다"라고 주장하였는데 그의 이러한 주장은 후에 프로테스탄트파의 정설이 되었다. 그의 이와 같은 주장은 후에 후스(John Huss) 등 유럽에 큰 영향을 미쳤고 그의 유해가 화형당하는 사태까지 있었다. 위클리프는 로마 가톨릭에 대항하여 성서만을 유일한 권위로 해석하려는 개신교들의 선구자이다. 밀턴은《실낙원》등 다른 글에서도 위클리프를 영국 종교개혁의 선구자로 찬양하고 있다.

88) 후스(Huss : 1369~1415). 보헤미아(Bohemia) 출신의 종교개혁가로 그는 콘스탄틴 종교회의에 의해 유죄 판결을 받고 화형당하였다. 위클리프의 글에 깊은 영향을 받은 지역은 보헤미아 지방이었다. 오늘의 체코(Czek) 출신 학자로 후스는 프라하(Prague) 대학에서 위클리프 교리에 의한 일련의 강의를 하였다. 그후 그는 그 대학의 학장이 되었다. 그러나 그의 강의 내용은 가톨릭 교리

교황청이 최초로 엄격한 금서정책을 취하게끔 몰아간 최초의 인물들이었다. 이러한 정책은 레오 10세(Leo X)[89]와 그의 후계자[90]들에게 계승되어 트렌트(Trent) 대종교회의와 스페인 종교재판(Spanish Inquisition)[91]에 의해 더욱 강화된 금서목록

에 배치되는 것으로 콘스탄틴 종교회의에 신분상의 안전을 보장한다는 조건하에 출석 요구를 받았다. 이에 참석한 후스를 종교회의는 이단이라는 죄명으로 재판을 연 후 그의 주장을 바꾸도록 강요하였다. 그러나 그가 이를 거부하자 1415년 산 채로 화형에 처하고 말았다. 후스의 동료였던 제롬(Jerome)도 다음해 역시 화형당하였다.

89) 레오 10세(Leo X). 1513년에서 1521년까지 재위했던 교황.

90) 레오 10세를 이은 바울 4세(Paul Ⅳ) 또한 금서를 위한 색인(*index*)을 강화하는 명령을 내렸다. 이것은 "종전의 로마 법정(Court of Rome)의 권위를 강화하기 위한 것이었다. 색인은 3개로 구성되었다. 첫 번째 편은 금지될 모든 작품 및 주장을 한 사람의 이름들이다. 두 번째 편은 유죄 판결을 받은 책이름과 동일한 저자의 책이지만 아직 유죄 판결을 받지 않은 책의 이름들이 수록된 것이다. 세 번째 편은 저자의 이름이 없는 책으로 유죄 판결을 받았지만 1519년 이후에 씌어진 책과 지난 100년에서 300년 동안 로마교회의 학자들이 일반적으로 읽어온 책들이다". 이상의 해설은 파올로(Paolo)의 *History of the Council of Trent*, p. 473에 있는 것을 록우드가 인용한 것이다. Lockwood, p. 55 n. 2 참조.

91) 종교재판은 가톨릭교회의 법정으로서 교황청의 종교재판은 13세기 알비파 이단을 진압하기 위해 처음 설립된 것이었다. 스페인의 종교재판은 스페인 왕권이 그 국민들에게 종교적 통일을 강요하려는 노력의 일부로 15세기에 시작된 것이었다. 교황청이나 스페인의 종교재판은 고문과 같은 폭력을 사용하는 중세적인 것으로 특히 스페인의 종교재판은 악명높은 것이었다. 이 두 종교재판이 16

과 삭제목록[92]이 만들어질 때까지 지속되었다. 이 목록에는 많은 훌륭한 저자들이 포함되었는데 이를 어기면 무덤 속에 파묻히는 것보다 더 가혹한 결과가 따랐다. 그들은 이단적인 것만을 문제삼은 것이 아니라 그들의 기호에 맞지 않는 것은 어떤 것이든 모두 금서로 묶거나 삭제 목록에 넣어버리곤 했

세기에는 프로테스탄트를 대상으로 행해졌다. 스페인의 종교재판은 절대왕권의 강화 과정에서 만들어진 제도였다. 15세기 중엽 이베리아 반도에는 세 기독교 왕국이 지배하고 있었다. 가장 넓은 영토와 가장 많은 인구를 갖고 있던 카스틸라 왕국이 회교도를 정복하여 중부 스페인에 자리잡고 있었고, 카스틸라 서쪽 대서양 연안에 제2의 카스틸라 왕국인 포르투갈이 있었다. 제3의 왕국은 북동부 스페인에 위치한 아라곤 왕국이었다. 이들 3개의 왕국 가운데 1469년 아라곤 왕 페르디난드는 카스틸라의 여왕 이사벨라와 결혼함으로써 결국 스페인은 왕조통합을 통한 정치적 통일을 달성하게 되었다. 이들 두 왕국의 왕권은 미약한 것이었다. 경건한 가톨릭 신도인 이사벨라 여왕과 다소 현실주의자였던 페르디난드는 스페인내의 성직자 임명권과 교회수입의 일부를 마음대로 처분할 수 있는 권리를 교황으로부터 받아내고 교회로부터 국왕의 절대주의에 대한 지지를 확보하였다. 1478년 스페인에 종교재판 제도가 도입되어 절대왕권을 강화하는 데 이용되었다. 당시 스페인에는 두 개의 중요한 종교적 소수집단이 있었다. 그들은 회교도와 유태인이었다. 이들은 전통적으로 관용의 대상이었다. 그러나 1492년 유태인에 대한 박해가 시작되어 기독교 신자가 되든지 아니면 재산을 포기하고 스페인을 떠나도록 강요당했다. 10년 후 회교도의 차례가 되었는데 이번에는 개종할 것만이 강요되었다. 그리하여 스페인은 종교적 통일을 이루었다. 이 과정에서 종교재판은 제도적 수단으로 작용하였다.

92) 주 85) 및 주 90) 참조.

다. 이러한 침해를 완벽하게 하기 위한 조처로 그들이 고안해 낸 마지막 방법은 (마치 성 베드로가 출판에 대한 열쇠를 천국에서 그들에게 내려준 것처럼) 모든 책, 팸플릿, 문서는 출판 전에 이들만을 끈덕지게 읽고 검열하는 2~3명의 수도사에 의해 인증받거나 허가를 받아야 한다는 명령이었다. 그 예를 보면,

> 이 작품에는 인쇄될 만한 것이 포함되어 있어서 키니(Cini) 청장이 보아 기뻐할 것으로 허가한다.
> —빈센트 라바타(Vincent Rabbatta), 플로렌스 교구 수도사[93]

> 나는 이 작품을 읽고 가톨릭 신앙과 미풍양속에 반하는 어떤 것도 발견할 수 없었다. 나는 이의 증인으로서 ….
> —니콜로 키니(Nicolo Cini), 플로렌스 성청 청장

> 과거의 예에 따르면 다반자티(Davanzati)[94]의 이 저서는 인쇄해도 좋다. —빈센트 라바타(Vincent Rabbatta) 등

---

93) 원문은 Vicar임. 중세시대에는 수도원의 비용이 교회수입으로부터 충당되었는데 그렇기 때문에 수도원에서 교구의 교회관리와 재정 수납을 위해 수도사를 각 교구에 파송하였다. 그러나 후에는 교구 사제(vicar)라고 불리는 일반 사제가 그 자리에 대신 임명되었다. 여기서는 검열을 담당하는 수도사들을 의미하는 것으로 '교구 수도사'라고 옮겼다.

94) 다반자티(Bernardo Davanzati Bostichi : 1529~1606). 플로렌스 출신의 역사학자. 여기서 언급된 책은 1501년부터 헨리 8세(Henry Ⅷ)가 죽을 때까지의 영국 교회사이다. 흔히 이런 영국의 교회사에는 반가톨릭적인 내용이 포함되어 있다.

이는 인쇄되어도 좋다, 7월 15일.

—수도사 아멜리아(Simon Mompei d'Amelia),
플로렌스 성청 청장

확실히 그들은 감옥을 탈옥한 지가 오래지 않은 헤아릴 수 없는 위험을 지닌 마귀일지라도 이를 구축하기 위한 사중(四重)의 서약을 하면 될 것이라는 자만심을 갖고 있다. 나는 그들이 다음 단계에서 사람들이 말하는 클라우디우스의 검열을 받게 되면 허가를 받지 못할 것이라고 우려한다. 안전한 것으로 보증하기 위해서는 그들의 다른 저서를 보는 것이 좋다. 로마의 인(印).

만일 성청의 청장님이 좋으시다면 인쇄 허가.[95)]

—대리인 벨 카그트로

인쇄허가.

—수도사 니콜로 로돌피(Nicolo Rodolphi) 성청 청장

어떤 경우는 책 안표지 첫 장에 얄팍한 존경심을 갖고 서로 찬사와 아첨을 하는 일종의 대화조의 글과 함께 모두 5개의 '인쇄허가'란 도장이 찍혀 있기도 하였다. 그 속에 씌어져 있는 글은 저자가 출판할 수 있다는 것이든 아니면 삭제해야 한다는 것이든 상관없이 이를 다 읽게 되면 당혹감을 갖게 하는 것이었다. 이들은 멋진 응송(應頌)성가[96)]이고 교송(交頌)성

95) 원문은 '인쇄 허가'(*Imprimatur*)임. 서적의 인쇄출판을 공식적으로 인정하는 허가 도장이다.

가[97]였다. 요즘의 우리 고위성직자들은 이에 매료되어 있고 교회의 성직자들도 그들이 한 것을 그대로 따라 하고 있다. 그들은 우리를 정신없이 만들어 한편에서는 람베스 대주교관(Lambeth House)[98]에서부터 또 다른 편에서는 성 바울 경내(境內)의 서쪽 끝[99]에 있는 런던 주교관으로부터 오만한 허가장을 받는 것을 기쁨으로 여기도록 만들었다. 그들은 바보처럼 뽐내느라고 로마를 흉내내서 명령하는 글을 그때까지도 라틴어로 썼고 이를 문법에 맞추어 글을 쓰는 유식한 펜은 라틴어가 아니면 잉크가 묻지 않았던 모양이다. 아니면 아마도 그들은 라틴어가 아닌 세속적인 언어는 인쇄 허가라는 숭고한 뜻을 표현할 만한 자격이 없었던 것으로 생각한 것 같다. 그러나 모든 사람의 언어이고 자유를 성취하는 데 뛰어난 그리고 으뜸가는 역할을 한 영국어가 이러한 전제적인 무례한 일을 하는 데 맹종하는 일이 없기를 바라며 영국어, 그것이 그렇게 비굴한 문자가 아니기를 나는 희망한다.

그래서 당신들은 서적 허가라는 것을 고안해낸 자와 그 수

---

96) 가톨릭교회에서 미사를 볼 때 미사경을 읽으면 이에 따라 신자들이 노래로 응답하는 것.

97) 가톨릭교회 미사시 성가대가 둘로 나누어져 양쪽에서 서로 성가의 한 절씩을 번갈아가며 부르는 것.

98) 캔터베리 대주교(the Archbishop of Canterbury)의 런던 저택. 신학, 물리학, 철학, 시를 포함하여 모든 책들은 캔터베리 대주교나 런던 주교의 허락을 받아야 한다는 것이 1637년의 성청명령이었다.

99) 런던의 성바울 성당 근처에 있는 런던 주교의 관사.

단의 원형을 키워낸 혈통을 그대로 계승한 셈이다. 우리는 우리의 고대 국가나 정체 혹은 교회, 옛날 혹은 근년의 우리들 조상들이 이런 허가제를 남겼다는 말을 들은 바 없다. 또 외국의 어떤 개혁된 도시나 교회의 현대적 관습에도 이런 것이 있다는 이야기를 들은 바 없다. 이런 일은 오직 가장 반기독교적인 종교회의와 전제적인 종교재판에서 행해진 심문에서나 있던 일이라는 이야기를 들었을 뿐이다. 그렇다면 그런 억압이 있기 전까지는 모든 생명과 마찬가지로 책도 세상에 태어나는 것이 자유로웠다. 두뇌를 억압하는 것은 자궁을 억압하는 것과 마찬가지이다. 아니 이는 시기심이 많은 여신 주노(Juno)[100]가 인간 지성의 샘 위에 다리를 포개고 앉아 생명의 출산을 억누르고 있는 것이다. 그러나 만일 그것이 괴물이라면 불태워 바다 속에 버려야 한다는 것을 누구인들 거부하겠는가. 그러나 하나의 책이 태어나기도 전에 죄를 범한 영혼보다 더 나쁜 조건 아래서 심판관 앞에 서야 한다면 그리고 그것이 광명으로 건너가는 나루터를 지나기도 전에 라다만스(Radamanth)[101]와 그의 동료들의 심판이라는 암흑 속을 거쳐

---

100) 주노(Juno). 그리스 신화에 나오는 출산의 여신. 아레메나(Alemena)가 제우스의 아들인 헤라클레스를 출산하려 하자 제우스의 아내 헤라가 이를 막기 위해 주노를 보냈다. 그녀는 문 앞에 있는 제단에 두 발을 포개고 앉아 두 손의 손가락을 모두 펼쳐 들고 막는 자세로 출산을 7일이나 지연시켰다. 이때 하녀가 속임수로 주노를 물러가게 해서 헤라클레스는 태어날 수 있었다.

101) 라다만스(Radamanth). 그리스 신화에 나오는 제우스와 에우로파 사이에서 태어난 아들로 그의 형제인 미노스와 아이아코스와

야 한다는 것은 종교개혁이 처음 일어날 때 문제를 일으켰던 그 괴상한 불법행위[102] 이전에는 들어본 적이 없는 일이다. 그것은 우리의 책을 지옥의 망령들과 함께 가두어 버릴 수 있는 새로운 연옥[103]과 새로운 지옥을 만들려는 것이다. 이는 아주 작고 하찮은 것까지 참견하다가 죽이는 것이고 심문에 광적인 종교재판을 열광적으로 추구하는 주교[104]들과 그들을

함께 정의의 심판관으로 지상으로 내려왔다. 이들은 모두 저승의 위대한 심판관들이다.

102) 16세기 종교개혁 운동가들은 교황직을 요한계시록 17장 1~6절에 나오는 여인과 같은 존재라고 주장하였다. 계시록의 내용은 다음과 같은 것이다. "… 이 여자는 주홍과 진홍색 옷을 입고 금과 보석과 진주로 단장하고 있었으며 자기 음행에서 비롯된 흉측하고 더러운 것들이 가득히 담긴 금잔을 손에 들고 있었습니다. 그리고 그 이마에는 온 땅의 탕녀들과 흉측한 물건들의 어미인 대 바빌론이라는 이름이 상징적으로 기록되어 있었습니다. 그리고 내가 보니 그 여자는 성도들의 피와 예수 때문에 순교한 사람들의 피에 취해 있었습니다." 밀턴의 말은 이를 지칭한 것이다.

103) 연옥. 원어는 Limbo임. 이 말의 원래 의미는 경계지역(*border*)이다. 이로부터 지옥의 변방 혹은 연옥을 의미하게 되었다. 가톨릭 교리에 따르면 두 개의 림보가 있는데 하나는 Limbus patrum으로 교회의 교부, 성인, 순교자가 부활을 기다리면서 거주하는 곳이고 또 다른 하나는 Limbus puerorum으로 세례를 받지 않은 아기들의 영혼이 거주하는 곳이다. 혹은 기독교가 생기기 이전의 착한, 세례를 받지 못한 사람들의 영혼이 거처하는 지옥과 천국 사이에 있는 영역으로 해석되기도 한다. 단테의 《신곡》 지옥편에 이에 관한 이야기가 있다. Hales, p. 87 n. 6 참조.

104) 주교, 원문은 'bishop'임. 이는 주교 혹은 감독으로 번역될 수 있

따라다니는 수사들[105]이 크게 잘못된 것을 모방한 것이었다.[106]

이 명령이 통과되도록 당신들이 끈질기게 괴롭힘을 당할 때 당신들은 이 명령을 입법하는 주체가 되는 것을 좋아하지 않았다는 것, 그리고 이 명령에 담겨 있는 사악한 의도가 당신들의 의도와는 동떨어진 것이었다는 것을 당신들 행위의 고귀함과 당신들이 얼마나 진리를 존중하는가를 사람들은 믿고 있기 때문에 당신들이 죄가 없다는 것을 그들은 잘 알고 있을 것이다.

그러나 어떤 사람들은 이렇게 말할 것이다. 이런 허가제를 고안한 자들은 비록 나쁘다 할지라도 허가제 자체는 모든 사람들을 위해서 좋은 것일 수도 있다고. 그럴 수도 있다. 그러나 혹시 그것이 그렇게 나쁜 것이 아니라 누구나 분명하고 쉽사리 좋게 이용할 수 있는 것인지는 몰라도 모든 시대 그리고

는 말이다. 가톨릭과 영국국교회 측에서는 주교라고 부르고 신교 측에서는 감독이라고 한다. 여기서 밀턴이 지칭하는 bishop은 신·구교를 막론한 주교 혹은 감독과 같은 고위성직자를 의미하는 것으로 해석된다. 이 글에서는 주교로 옮겼지만 원뜻은 고위성직자라고 이해하는 것이 타당하다.

105) 이 구절의 원문은 'attendant minorities'임. 당시 일반인들은 프란체스코 수도회의 수사들을 Minor 혹은 Minorities라고 불렀다. 당시 이들이 출판 검열관 일을 하였다.

106) 여기서 밀턴의 첫 번째 주장은 끝나고 두 번째 주장이 시작된다고 해석된다. 이어지는 구절은 다음 주장으로 넘어가기 위한 서론이다.

어떤 경우에도 가장 좋은 그리고 가장 현명한 국가들은 이런 명령을 삼갔고 오직 가장 어리석은 선동가들만이 이런 일을 행했으며 그리고 이런 명령은 개혁의 첫걸음을 차단하고 방해하는 일 외에 다른 것은 아무것도 하지 못했다. 나는 이런 발명품으로부터 어떤 좋은 결과를 만들어내는 것은 룰리우스(Lullius)[107]가 알고 있는 모든 것보다 더 어려운 연금술이라고 믿는 사람 중의 하나이다. 이런 이유에서 내가 말하고자 하는 것은 이 명령이 오직 위험하고 의심스러운 결과를 낳을 수 있다는 것을 밝히는 것이다. 이것은 거의 확실한 사실이다. 왜냐하면 이 허가명령이라는 나무는 그것들을 잉태하고 있기 때문이다. 그래서 나는 할 수 있는 한 그 속성을 하나하나 상세히 해부하여 밝히고자 한다. 그러나 이미 앞서 말했지만 제일 먼저 내가 밝혀야 할 것이 있다. 과연 책을 읽는다는 것은 통상 무엇을 의미하며 그리고 무슨 책이든 읽는다는 것은 이로운 것인가 아니면 해로운 것인가?[108]

모세(Moses)나 다니엘(Daniel) 그리고 바울(Paul)의 예만이 아니라 이집트인과 칼데아(Chaldeans)인 그리고 그리스인에

---

107) 룰리(Raymond Lully : 1234경 ~1315). 마조르카(Majorca) 섬의 팔마(Palma)에서 이탈리아인 부모 사이에서 출생. 의학, 화학, 논리학에 관한 저술 및 연금술사로 유명하였다. 그는 기독교 선교를 위해 3번이나 아프리카의 회교 지역을 방문하였다가 회교도들의 돌에 맞아 죽었다.

108) 여기서 밀턴의 첫 번째 주장, 즉 허가제가 로마 가톨릭이 만들어 낸 제도라는 설명을 마치면서 두 번째 주장이 전개된다.

대한 지식이 풍부했던 사람들은 모두 그들의 여러 가지 책을 읽지 않았다면 그렇게 될 수 없었을 것이다. 특히 바울의 경우가 그랬다. 그는 성경에 한 명의 비극 작가를 포함한 3명[109]의 그리스 시인들의 글을 넣는 것이 성경을 오염시키는 것이 아니라고 생각했다. 이 문제는 고대의 학자들 사이에 여러 차례 논쟁거리가 되곤 하였는데 그렇게 하는 것이 정당하고 이로운 일이라는 것을 인정하는 사람들이 다수였다. 그렇게 하는 것이 옳았다는 사실은 배교자(背教者) 율리아누스(Julian)[110]와 우리들 기독교에 치밀하게 적대적인 자들이 기

109) 3명의 그리스 시인은 다음과 같은 사람들이다. 아라투스(Aratus : B. C. 270경)의 "우리는 그분 안에서 숨쉬고 움직이며 살아간다"는 구절로 그는 천문에 관한 시 "현상과 예언"(Phenomena and Prognositica)의 저자이다. 이를 바울은 사도행전(Acts) 17장 28절에 인용하였다. 다음은 바울의 친구인 디도의 디도서(Titus) 1장 12절에 있는 것으로 "우리 크레타 사람들은 언제나 거짓말쟁이이고 몹쓸 짐승이고 먹는 것밖에 모르는 게으름뱅이다"라는 것으로 이는 에피메니데스(Epimenides)의 작품에서 인용한 것이고, 마지막 세 번째는 "나쁜 친구를 사귀면 품행이 나빠집니다"는 것으로 이 구절은 고린도전서 15장 33절에 나오는 것으로 유리피데스(Euripides)의 작품에서 인용한 것으로 알려져 있다. 그러나 밀턴 연구가들 사이에는 그 원전에 대해 이견이 있다.

110) 율리아누스(Julian : 331~363). 콘스탄틴 대제의 조카로 기독교도였으나 후에 고대 로마의 다신교로 개종하였다. 그는 로마 황제로 361년에서 363년까지 재위하였다. 그는 독립심이 강해 종교라는 이름하에 교회의 성직자들에게 무조건 복종하는 것을 반대하였다. 그리하여 그는 후에 기독교에서 고대 로마의 다신교로 개종한 후 기독교를 탄압하면서 로마의 신들을 섬기도록 강요하

독교인들로 하여금 이방인에 대한 연구를 하지 못하도록 금하는 명령을 내렸을 때 명백히 나타났다. 왜냐하면 그는 말하기를 기독교도들은 우리의 무기를 갖고 우리에게 상처를 입히고 그리고 우리의 기술과 과학으로 우리를 이기고 있기 때문이라는 것이었다. 실로 기독교도들은 이런 교활한 방법에 의해 속임을 당해 완전 무지의 상태에 빠지는 위험한 처지에 놓일 뻔했다. 그래서 두 명의 아폴리나리(Apollinarii)[111]는 기꺼이 성

였다. 그의 명령 중 하나는 기독교인들이 문법과 수사학을 배우지 못하도록 하는 것이었다. 이는 간접적으로 기독교인들을 무지하게 만들려는 기도였다. 밀턴이 여기서 율리아누스의 이야기를 한 것은 '우리의 적이 원하는 것이 바로 우리의 무지'라는 주장으로 출판 허가제는 '우리를 무지하게 만드는 것이고 이는 바로 우리의 적이 원하는 것'이라는 점을 말하는 것이다.

111) 아폴리나리(Apollinare). 원문은 Apollinarii로 Apollinare의 복수형임. 이는 사람의 이름으로, 한 명은 알렉산드리아(Alexandria) 출신의 아폴리나리(Apollinare)이고, 또 한 명은 그의 아들인 같은 이름을 가진 알렉산드리아의 주교였다. 이들에 관한 이야기는 유명한 교회사가인 소크라테스 스콜라스티쿠스(Socrates Scholasticus : 385~440경)의 글에 기록되어 있다. 그 내용은 다음과 같다. 기독교도는 그리스의 학문을 배울 수 없다는 율리아누스 황제의 법은 이들 두 사람들로 하여금 큰 명성을 얻게 하였다. 왜냐하면 아버지는 고전학자로 그리고 아들은 수사학자로 모두 당시 위기에 있던 기독교인들과 기독교 교회에 학문 및 교육적으로 커다란 공헌을 하였기 때문이다. 아버지 아폴리나리는 기독교 신앙을 갖고 모세를 영웅으로 그린 책을 번역하고 구약에 관한 역사책을 저술했으며, 아들 아폴리나리는 플라톤을 모형으로 한 대화로 크리스천 사도들에 관한 이야기를 저술하였다. 이들 부자는

경으로부터 금지된 7개의 인문학 분야[112]를 대신하여 이들을 축소한 연설, 시, 대화 그리고 심지어 새로운 기독교 고전어 사용법이라는 과목까지 만들어 교육을 받을 수 있도록 하였다. 그러나 역사가 소크라테스(Socrates)[113]가 말했듯이 하나님의 섭리는 아폴리나리 부자의 노고보다 더 훌륭한 것을 베풀어 주셔서 그런 법을 만든 자의 생명과 함께 이 무지의 법을 제거해 주었다.

고대 헬레니즘의 학문[114]에 대한 지식을 박탈하는 이 법이

율리아누스가 기독교인들에게 중세 7개 학문에 대한 교육을 금지, 기독교도들을 무지하게 만드는 정책을 취하자 성경을 연구한다는 명목으로 기독교도들이 교육받을 수 있는 새로운 과목들을 만들고 교육하여 기독교인들을 무지로부터 구제하는 데 큰 역할을 하였다. 율리아누스가 죽자 이 법은 폐지되었다. 이 부분은 상당한 부분 역자가 의역하였다. Sirluck, p. 509 n. 79 및 Lockwood p. 62 n. 3 및 주 113) 참조.

112) 중세의 인문교육 과정은 7개의 분야로 나누어져 있었다. 그것은 3학(Trivium)과 4학(Quadrivium)으로 3학은 문법, 논리학, 수사학, 그리고 4학은 산술, 기하, 천문학, 음악이었다.

113) 소크라테스 스콜라스티쿠스(Socrates Scholasticus : 385~440?). 콘스탄티노플(Constantinople)에서 태어나 그 곳에서 살았다. 역사가로 대표적인 저서는 《역사》(*History*)이다. 밀턴의 글 가운데 율리아누스 황제의 법과 관련된 부분은 이 책에서 인용한 것이다.

114) 원문은 Hellenick learning임. 헬레니즘이란 말은 헬라스에서 나온 것으로 그리스적이라는 뜻이다. 헬레니즘 문화란 알렉산더 제국에서 형성된 국가들이 기원전 323년에서 기원전 2~1세기의 로마의 동지중해 정복 때까지의 제도와 문명을 말하는 것이다. 그러나 여기의 Hellenick learning이란 좀더 넓은 의미의 그리스

낳은 해악은 참으로 큰 것이어서 이는 데키우스(Decius)[115] 나 혹은 디오클레티안(Diocletian)[116] 의 공개적인 잔인성보다 더 나쁜 음흉하고 은밀한 박해였으며 교회를 더욱더 쇠퇴하게 만드는 것으로 생각되었다.

그리고 아마도 그런 방식의 억압은 사순절날 꿈에서 키케로(Cicero)를 읽은 성(聖) 제롬(St. Jerome)[117] 에게 천사를 가장

적인 문명과 언어에 대한 지식을 지칭하는 것으로 해석된다.

115) 데키우스(Decius Trajanus：201～251). 서기 249～251년 재위했던 로마 황제. 그는 재위 중 최초로 기독교 교회에 대한 전국적인 박해를 하면서 로마의 다신교를 부활시키려 하였다.

116) 디오클레티안(Diocletian：245～313). 서기 284～305년 재위의 로마 황제로 그는 기독교를 전적으로 제거하려 하였다.

117) 성 제롬(St. Jerome：340～420). 가톨릭 교부철학자의 한 사람으로 그의 이름으로 된 수정판 성경의 저자이기도 하다. 그것이 불가타(Vulgate) 성경이라는 라틴어 성경으로, 405년 완역되었다. 그는 한동안 로마의 문예에 심취되어 기독교인으로서 소홀한 적이 있다. 그의 서한(Epistle) 중 18편은 사순절중 그가 경험한 꿈에 관한 이야기이다. 그 내용은 다음과 같다. "악마가 나를 속이고 있는 동안 사순절의 네 번째 일요일 심한 열이 나의 뼛골에 숨어들어 나의 몸을 뒤덮었다. 나는 먹지를 못해 나의 사지는 가련하게 피골만이 남았다. 나의 장례가 준비되고 있었고 나는 한기를 느꼈다. 그때 갑자기 나는 망령에 휩싸였다. 나는 끌려가 법정에 섰다. 그곳은 빛이 눈부시게 비추는 곳이었고 나는 바닥에 내동댕이쳐진 채 감히 주위에 둘러선 그들을 쳐다보지도 못하고 있었다. 그들이 나에게 나의 종교를 물어서 나는 기독교인이라고 답했다. 그들은 거짓말이라고 하면서 너는 키케로 숭배자이지 기독교인이 아니라고 하였다. 나는 아무 말도 못하고 벙어리

한 악마가 휘둘렀던 채찍과 똑같은 교묘한 책략이었을 것이다. 아니라면 그것은 그 당시 그를 휩싸고 있었던 열(熱)이 낳은 하나의 환상(幻想)과 같은 것이었는지도 모른다. 왜냐하면 천사가 그의 교사이고 키케로주의[118]에 너무 빠져서도 아니고 자만심을 위해 독서를 하는 것도 아니라면 독서를 책망하는 것은 분명히 공정치 못한 일이기 때문이다. 그 이유는 첫째로 그것은 품위없는 플라우투스(Plautus)[119]가 아니라 품위있는 키케로를 읽어왔다고 고백하는 자를 교정하려고 책망하는 것이 되기 때문이다. 다음으로 그를 오직 교정하기 위해서라면 환상 속에서 교사가 채찍을 들 것이 아니라 오히려 수

가 되었다. 그들은 벌로 나를 채찍질했다. 그러나 나에게는 채찍보다 내 마음을 사로잡고 있는 키케로의 글 때문에 받는 양심의 불길에 의한 매가 더 가혹한 것이었다. … 나는 울면서 통곡하였다. 주님 나에게 은총을 내려 주십시오. 숨을 헐떡이며 부르짖었다. …" 제롬은 이를 꿈으로 생각하지 않았다. 그는 깨어났을 때 그의 몸에서 채찍 자국을 보았다고 주장하였다. 밀턴은 제롬의 꿈에 관한 이야기에서 제롬을 채찍질한 것이 천사가 아니라 악마라는 것이다. 그러나 써럭은 제롬의 서한에는 그것이 천사를 가장한 악마라는 의미가 없다고 해석하여 이 부분은 밀턴이 오해한 것이라고 지적하고 있다. 어쨌든 밀턴이 이야기하는 것은 독서하는 것을 규제하는 것은 천사를 가장한 악마가 하는 일이라는 것이다. Sirluck, p. 510 n. 81 참조.

118) 16세기 이탈리아의 작가들은 문체가 전아한 키케로적인 순수한 라틴 스타일의 글을 선호하였다. 키케로 스타일이 유일한 모형이었다.

119) 플라우투스(Plautus : B. C. 254~184). 로마의 극작가.

없이 많은 고대 선조들에 대해 공부하는 것이 즐겁고 화려한 일이 되도록 하는 것이 더 나은 것이 되기 때문이다. 바질(Basil)[120]이 가르치고 있는 것처럼 지금은 현존하지 않지만 호머(Homer)에 의해 씌어진 《마르기테스》(*Margites*)[121]라는 희롱조의 시를 좋게 이용할 수도 있다면 왜 로맨스를 그린 이탈리아의 모르간테(Morgante)[122]는 같은 목적을 낳는 데 이용할 수 없다는 것인가?[123]

그러나 만일 우리가 환영 속에서 본 것을 갖고 말한다면 제롬(Jerome)의 이야기보다 더 오랜 고대의 에우스토키움(Eu-

---

120) 바질(Basil the Great : 330~379). 서기 370~379년 사이 카파도키아(Cappadocia)에 있는 케사리아(Caesarea)의 주교였다. 밀턴은 바질이 《마르기테스》(*Margites*)를 직접적으로는 아니라 할지라도 유용하게 사용하는 방법을 가르쳤다고 생각한 것으로 보인다. Sirluck, p. 510 n. 84 참조.

121) 해학적인 시이다. 오직 4줄만이 남아 있다. 플라톤의 *Second Aleibiades*와 아리스토텔레스의 《시학》 4장에 언급되어 있다. "마르기테스"는 '많은 일은 알고 있으나 하나도 제대로 알지 못하는 어떤 돈 많은 바보를 주인공으로 한 풍자적 서사시'로 지금은 남아 있지 않다. 아리스토텔레스는 호머의 시라고 하나 작자와 시대는 미상이란 주장도 있다. 아리스토텔레스, 나종일·천병희 역, 《정치학 시학》, 삼성출판사, 1990, 337쪽 및 338쪽의 역주 참조.

122) 모르간테(Morgante : 1431~1487). 그는 *Morgante Maggiore*라는 로맨스를 주제로 한 시를 썼다. 이 시집은 1488년 베니스에서 출간된 바 있다.

123) 여기의 의문부호 '?'는 헤일스판 및 록우드판에는 있으나 써럭판에는 없다. 전자를 따라 옮겼다.

stochium) 수녀의 일을 유세비우스(Eusebius)[124]가 기록한 것이 있는데 그 이야기는 열병에 걸리지도 않았는데 환영을 경험한 것이었다. 디오니시우스 알렉산드리누스(Dionysius Alexandrinus)[125]는 서기 240년대의 사람으로 그는 종교적인 경건성과 학문으로 교회에 위대한 이름을 남겼고 이단 서적에 정통한 까닭에 그들에 대해 반론을 펴는 데 익숙하여 크게 공헌하였다. 어떤 특별한 교회의 장로가 이 문제를 완전히 각자 양심에 맡기기 전에는 누가 감히 이들 금서목록에 들어갈 부정한 책을 저술하는 일을 할 수 있었겠는가. 다른 사람이 죄짓게 하는 것을 대단히 싫어하는 고귀한 그가 무엇을 죄라고 생각해야 하는가 하는 문제를 놓고 자기 혼자서 속으로 논쟁을 하고 있었다. 그때 갑자기 하나님이 계시를 내려주셨는데 그것은 그의 서한이 증거하고 있는 것인데 "너는 올바로 판단하고 검사하는 충분한 두 가지 능력 모두를 갖고 있으니 너의 손에 들어오는 책은 무엇이든 읽어라" 하는 말이었다. 그는 고백하기를 이러한 계시가 있자마자 그는 이를 받아들였는데 그 이유는 데살로니가(Thessalonians) 사도의 "모든 것을 시험해

124) 유세비우스(Eusebius Pamphilius : 264~340경). 서기 314~340년까지 케사리아(Caesarea)의 주교로 있었다. 그는 교회사를 체계적으로 연구한 최초의 인물로 '교회사의 아버지'(Father of Ecclesiastical History)로 불린다.

125) 디오니시우스 알렉산드리누스(Dionysius Alexandrinus : 190경~265). 서기 247~265년 사이 알렉산드리아의 주교. 그는 무슨 책이든 읽는 것이 바람직하다는 견해를 갖고 있다고 해서 사제들 사이에 문제를 일으켜 고난을 당했다.

보고 좋은 것을 꼭 붙드십시오"[126] 라는 서간 속의 말과 부합되는 것이었기 때문이다. 그리고 그는 바울의 또 다른 훌륭한 말을 덧붙였을 수도 있다. 그것은 "깨끗한 사람들에게는 모든 것이 다 깨끗합니다"[127] 라는 것이다. 즉, 고기와 마실 것만이 그런 것이 아니라 그것이 선한 지식이든 악한 지식이든 모든 지식은 순수한 것이다. 지식 그 자체는 부정한 것일 수 없다. 만일 의지와 양심이 오염되지 않았다면 결국 책도 마찬가지다. 책도 고기나 음식과 같은 것이다.[128] 그 본질에는 선한 부분도 있고 악한 부분도 있다. 그리고 하나님은 성경의 계시를 통해 단호히 "베드로야 일어나라. 그리고 죽이고 먹어라"[129] 하시면서 선택은 각자의 판단에 맡기셨다. 좋지 않은

---

126) 12제자 중의 하나인 바울의 서한문에 있는 내용으로 이 말은 데살로니가 5장 21절에 있다.

127) 사도 바울이 디도(Titus)에게 보낸 편지로 신약의 디도서 1장 15절에 있는 내용이다.

128) 이와 유사한 구절이 《실낙원》에도 나온다. 그것은 "그러나 지식은 음식과 같은 것이니 마음이 용납을 잘할 수 있는 것을 도에 맞추어 맞아야 하느니 적잖이 욕망에 절제가 필요함이라"라는 것이다. 밀턴, 유영 역, 《실낙원》, 제7권, 혜원출판사, 1995, 297쪽.

129) 이 말은 신약의 사도행전 10장 9~16절의 베드로가 본 영상에 관한 이야기로 다음과 같은 것이다. "… 베드로는 시장기가 들어 무엇을 좀 먹었으면 하는 생각을 하다가 무아지경에 빠져들어 갔다. … 그때 '베드로야 어서 잡아먹어라'하는 음성이 들려 왔다. 베드로가 '절대로 안됩니다. 주님, 저는 일찍이 속된 것이나 더러운 것은 한 번도 입에 대어 본 적이 없습니다'하고 대답하자 '하나님께서 깨끗하게 만드신 것을 속되다고 하지 말라'하는 음성

위(胃)에 좋은 고기란 좋지 않은 고기와 아무런 차이가 없고 최선의 책이라도 좋지 못한 정신에게는 악의 기회가 되지 않는 것이 아니다. 나쁜 고기라도 소화를 아주 잘하는 사람에게는 양분이 되는 일이 드물게는 있다. 그러나 여기에 나쁜 책의 특징이 있는데 그것은 나쁜 책들일지라도 분별력있고 현명한 독자에게는 많은 것을 발견하게 하고 논박하게 하며 미리 경계하고 설명해 주는 것이 있다는 것이다.

이와 관련하여 내가 증인으로 내세우는 이 사람보다 더 나은 사람은 없을 것이다. 그는 당신들과 함께 이 의회의 의원으로 앉아 있는 이 나라 최고의 학자로 높은 명성을 지니고 있는 사람들의 우두머리인 셀든(Selden)[130] 씨이다. 그의 자연 및 국가법에 관한 저술은 위대한 권위자들의 지식이 집약된 것만이 아니라 조심스럽게 추구된 수학적으로 거의 자명한 이성과 법칙들로 구성된 것으로, 이 책은 모든 의견들 그리고 그 가운데는 오류가 있다 하더라도 알려지고 읽히고 그리고

이 다시 들려 왔다. …"

130) 존 셀든(John Selden : 1584~1654). 그는 법률가, 법역사학자, 동양학자로 당시 하원의 의원이었다. 그는 군주의 특권에 대한 극단적인 해석에 반대하고 장기 의회에서 에라스투스파(Erastian)의 지도자로 활동한 까닭에 몇 차례 찰스에 의해 투옥당한 일이 있다. 그는 1640년 《자연과 국가의 법에 관하여》(*of the Law of Nature and of Nations*)라는 저술을 내놓았다. 밀턴은 이를 "누구든 지혜와 공정성 그리고 정의를 탐구하려는 사람들은 읽어야 할 고귀한 책이다. …"라고 쓰고 있다. Lockwood, p. 66 n. 4 및 Sirluck, p. 513 n. 95 참조.

오류와 대조된 모든 의견들이 망라되어 있어서 우리가 가장 진실된 것을 신속히 획득하는 데 큰 도움을 주는 것이다.

그렇기 때문에 나는 생각건대 하나님이 단지 절제(*temperance*)[131]의 규칙을 제외하고는 인간의 육체를 위한 음식의 종류를 넓게 허용하셨는데 하나님은 정신을 위한 양식도 육체의 양식을 결정하실 때와 마찬가지로 그 종류와 양은 사람들이 그들에 의하여 자율적으로 결정하도록 하셨다. 그리하여 모든 성숙한 인간은 그 자신이 이를 결정하는 힘을 행사하도록 하신 것이다. 절제란 얼마나 위대한 덕목이고 한 인간이 일생을 살아가는 과정에서 얼마나 중요한 일이 되곤 하는가![132] 하나님은 특정한 법이나 규정을 만들지 않으신 채 인간을 크게 신뢰하시고 모든 성인(成人)의 경우 그 관리를 전적으로 그에게 맡기셨다. 그래서 천국에서 하나님은 유태인의 수를 계산하시고 만나(*manna*)[133]를 주실 때 모든 사람들에게 하루에 한

---

131) 'temperance'를 '절제'로 옮겼다. 《옥스퍼드사전》에 의하면 'temperance'는 자기자신을 억제하고 규제한다는 의미를 갖고 있다. 이런 의미에서 이는 언론의 자유이론에서 흔히 언급되는 '자율성'(*autonomy*)이나 '자율규제'(*self-regulation*)라고 번역될 수도 있을 것이다.

132) 헤일스와 록우드판에는 감탄 부호(!)로 되어 있으나 써러과 엘리어트의 하버드고전판에는 의문 부호(?)로 되어 있다. 이 번역은 문장의 맥락상 전자를 취했다.

133) 이스라엘 백성들이 이집트 탈출시 아라비아 광야에서 받은 하나님의 양식으로 그들이 이를 '만나'라고 불렀다. 출애굽기 16장 31절에 "이스라엘 사람들은 이것을 만나라고 불렀다. 그것은 고수

오멜(*omer*)[134]씩을 주셨는데 이는 아주 건강한 사람들이 하루 세 번 충분히 먹을 수 있는 양이었다. 사람에게 들어가는 것이 아니라 사람으로부터 나오는 것이 더럽히는 것[135]이기 때문에 하나님은 인간을 어떤 규율 아래 어린아이처럼 묶어 놓고 사용하시는 것이 아니라 사람에게 이성(理性)이란 선물을

씨같이 희고 맛은 벌꿀과자 같았다"라고 되어 있다.

134) 고대 이스라엘 사람들이 아라비아 광야에서 받은 하나님이 주신 양식의 양. 출애굽기에서 나온 말로 그 내용은 "… 저녁 때가 되자 난데없는 메추라기가 날아와 그들이 진을 친 곳을 뒤덮었다. 아침에는 진 둘레에 안개가 자욱하였다. 안개가 걷힌 뒤에 보니 광야 지면에 마치 흰 서리가 땅을 덮듯이 가는 싸라기 같은 것이 덮여 있었다. 이것을 보고 이스라엘 백성은 그것이 무엇인지 몰라 서로 이것이 무엇이냐 하고 물었다. 모세가 그들에게 말하였다. '이것은 야훼께서 너희에게 먹으라고 주시는 양식이다. 야훼의 명령이니 저마다 먹을 만큼씩만 거두어 들여라. 한 사람에 한 오멜씩 식구수대로 거두어들이면 된다.' …" 구약의 출애굽기 16장 13~36절 참조.

135) 신약 마가복음 7장 15절에서 23절에 나오는 이야기이다. 그 내용은 다음과 같다. "무엇이든지 밖에서 몸 안으로 들어가는 것은 사람을 더럽히지 않는다. 더럽히는 것은 도리어 사람에게서 나오는 것이다. …" 또 마태복음 15장 10절에서 20절에도 같은 이야기가 있다. 그 내용은 "예수께서 군중을 가까이 불러모으시고 이렇게 말씀하셨다. 너희는 내 말을 잘 들어라. 입으로 들어가는 것은 사람을 더럽히지 않는다. 더럽히는 것은 오히려 입으로부터 나오는 것이다. … 입으로 들어가는 것은 무엇이나 뱃속에 들어갔다가 뒤로 나가지 않느냐? 그런데 입에서 나오는 것은 마음에서 나오는 것인데 바로 그것이 사람을 더럽힌다. …"이다.

주신 후 그 자신이 선택자로서의 신뢰를 주셨다. 만일 이들에게 법과 강제가 그렇게 단단하게 가해져서 오직 훈계에 의해서만 지배된다면 설교할 것이 거의 없을 것이다. 솔로몬(Solomon)은 우리에게 많이 읽는 것은 살이 되지 않는다[136]고 가르친 바 있다. 그렇지만 솔로몬이나 그 누구도 우리에게 이러이러한 서적을 읽는 것은 법에 어긋난다는 생각을 제시한 사람은 없다. 그럼에도 불구하고 하나님이 우리가 어떤 한계를 지니는 것이 좋은 것인가 하는 데 대한 생각을 확실히 갖고 계셨다면 무엇을 읽을 때 우리로 하여금 권태로움을 느끼게 만드는 것이, 어떤 것이 법에 어긋나는가를 말하는 것보다 훨씬 더 상책이었을 것이다.

성(聖) 바울에 의해 회개한 사람들이 에베소 사람들의 책들을 불살라 버린 것은 그 책들이 마술책이었기 때문이었으며 고대 시리아인들이 스스로 그렇게 한 것이었다.[137] 그와 같은 행동은 관직을 갖지 않은 민간인들이 한 행위였고 자발적인

---

136) 구약의 전도서 12장 12절에 나오는 말이다. 그 내용은 "책을 쓰려면 한이 없는 것이니 너무 책에 빠지면 몸에 해롭다"라는 것이다.

137) 이 내용은 사도행전 19장 11절에서 20절 사이에 나오는 이야기이다. 그 내용은 하나님께서 바울을 시켜 놀라운 기적을 행하셨는데 이를 마술사들이 사취하여 병자를 고치려 하였다. 그들 가운데는 스큐아라는 대사제의 일곱 아들이 있었는데 예수와 바울을 알고 있는 사람들에 의해 혼이 났다. 이 소문을 들은 사람들이 자기들이 한 일을 숨김없이 고백하고 "많은 마술쟁이들은 마술책을 모두 가지고 나와 모든 사람들 앞에서 불살라 버렸다"고 되어 있다.

행위였다. 이런 일은 우리로 하여금 자발적으로 하도록 맡겨진 것이다. 책을 불사른 사람들은 그렇게 했지만 그러나 다른 사람들은 아마도 그 책들을 읽고 유용하게 이용하였는지도 모른다. 양심의 가책을 느낀 사람들이 불사른 책들은 그들 자신의 책들이었으며 행정관이 이런 일을 결정하지는 않았다.

우리는 이 세상에서의 선과 악은 거의 분리됨이 없이 함께 자라는 것이라는 것을 알고 있다. 그리고 선에 관한 지식과 악에 관한 지식은 함께 얽혀 있으며 서로 구별하기 어려울 만큼 교묘하게 유사하며 이들 씨앗들은 서로 섞인 채 영혼(*Psyche*)[138]에 뿌려져 있어 이들을 추려내고 가리는 데 그 이상 혼란스러울 수 없을 정도이다. 두 쌍둥이가 함께 붙어 이 세상에 태어나는 것처럼 선의 지식과 악의 지식은 함께 태어

---

138) 이 부분은 그리스와 로마 신화 및 성경에 나오는 이야기이다. 그리스 신화에 나오는 이야기는 다음과 같다. 큐피드(Cupid)가 프시케(Psyche)와 사랑에 빠지자 큐피드의 어머니 비너스(Venus)는 프시케를 몹시 학대하였다. 어느 날 비너스는 프시케에게 한 무더기의 각종 씨를 내놓으면서 잔치에 갔다가 저녁에 돌아올 테니 그때까지 이들 씨를 가려 저마다 분류해 놓으라고 명령한다. 그것은 불가능한 일이었다. 프시케는 도저히 할 수 없는 일이라 맥을 놓고 앉아 있었다. 그때 작은 개미들이 나타나 프시케를 동정하여 한 알 한 알 골라 프시케를 위기에서 구해주었다. 신약 마태복음 13장 30절 이야기는 다음과 같다. "가만 두어라. 가라지를 뽑다가 밀까지 뽑으면 어떻게 하겠느냐? 추수 때까지 함께 자라도록 내버려두어라. 추수 때에 내가 추수꾼에게 알려서 가라지를 먼저 뽑아서 단으로 묶어 불에 태워 버리게 하고 밀은 내 곳간에 거두어들이게 하겠다"이다.

났는데 이것은 선악과(善惡果)를 맛본 결과이다.[139] 그리고 아마도 이로부터 아담은 선과 악을 함께 알고 악에 의해 선을 알게 되는 운명을 지니게 된 것이다.

그렇기 때문에 오늘의 인간 상태는 이런 것이다. 즉, 악에 대한 지식없이 무슨 지혜를 얻을 수 있으며 무엇을 삼가고 절제해야 하는가를 어떻게 알 수 있겠는가? 악의 유혹과 외견상 즐거움을 주는 악을 파악하고 이를 숙고할 수 있는, 그리하여 절제하고 이를 구별하면서 진정 더 좋은 것을 선호하는 그런 사람이 진정 투쟁하는 기독교인[140]이다. 나는 활동하지 않고 숨쉬지 않는 도피적이고 은둔해 있는 덕(德)을 찬양할 수 없다. 그런 덕은 선뜻 나와서 그의 반대자와 부딪치지 않으며 불멸의 화관을 향해서 뛰는 경주의 대열에서 빠져나옴으

---

139) 구약의 창세기 3장 5절 및 22절에 근거한 말이다. 그것은 5절의 "… 그 나무 열매를 따먹기만 하면 너희의 눈이 밝아져서 하나님처럼 선과 악을 알게 될 줄을 하나님께서 아시고…"와 22절의 "야훼 하나님께서는 '이제 이 사람이 우리들처럼 선과 악을 알게 되었으니 손을 내밀어 생명나무 열매까지 따먹고 끝없이 살게 되어서는 안되겠다'고 생각하시고"이다.

140) '진정 투쟁하는 기독교인'이란 말은 'the true warfaring Christian'을 옮긴 것이다. 그러나 판에 따라 'warfaring' 은 'wayfaring'으로 차이가 있다. 써럭과 엘리어트의 하버드판에는 전자로 표기되어 있고, 헤일스와 록우드판에는 후자로 표기되어 있다. 헤일스의 경우는 원문에는 후자를 채택하였으면서도 주해에서는 문맥상 전자가 밀턴의 원뜻을 나타내는 것으로 해석하고 있다. 본 역자는 전자로 해석하였다. 이러한 차이가 있는 이유는 Sirluck, p. 515 n. 102 및 Hales, p. 95 n. 12에 더욱 상세히 제시되어 있다.

로써 먼지를 뒤집어쓰지도 않고 땀을 흘리지도 않는다. 확언컨대 우리는 이 세상에서 순수한 것보다 순수하지 않은 것을 더 많이 낳는다. 우리를 순수하게 정화하는 것은 시련이며 이 시련은 반대되는 것에 의해서 이루어지는 것이다. 그렇기 때문에 덕이란 악을 숙고함에 있어서 미숙아이며 악덕이 그를 추종하는 자에게 약속하는 결과가 무엇인지를 모르는 채 악을 거부하는 그런 덕은 아무런 의미가 없는 공허한 덕이고 진정한 덕이 아니다. 이런 의미없는 백지와 같은 덕은 피상적인 순결이다. 나는 감히 우리의 성인이며 진지한 시인인 스펜서(Spencer)141)가 스코트(Scotus)142)나 아퀴나스(Aquinas)143)보다 더 훌륭한 선생이라고 생각하는데, 그 이유는 스펜서가 귀온(Guion)이라는 사람의 진정한 절제를 그리면서 그를 그의 순례자와 함께 마몬(Mammon)144)의 동굴로부터 나오게 하여

141) 밀턴이 존경한 시인으로 그는 시에 있어 스펜서의 아들로 불린 바 있다. 특히 밀턴이 젊은 시절 그의 영향을 크게 받은 것으로 추정된다.

142) 스코트(John Duns Scotus : 1265?~1308). 프란체스코 수도회의 수사로 옥스퍼드와 파리대학의 유명한 교수였다. 그는 토미즘(*Thomism*)에 반대하는 스코트학파의 지도자였다. 그는 예정설을 주장하고 자유의지와 신의 존재를 증명할 수 없다고 믿었다.

143) 토마스 아퀴나스(Thomas Aquinas : 1225경~1274). 그는 인생의 궁극적인 목적을 지식이라고 가르치면서 지식의 원천을 이성과 계시라고 주장하였다. 그의 저서 《신학총론》(*Summa Theologioe*)은 모든 계시된 지식의 체계적인 질서와 논리적인 관계를 구축하려는 저서이다.

144) 스펜서(Spencer)의 시 "요정나라의 여왕"(Faerie Queen)에 나오

그가 많은 것을 보고 알게 되지만 그러나 절제를 통해 얻게 되는 지상의 지복(至福)에 대한 경배자로 만들고 있기 때문이다.

그러므로 세상에서 악덕에 대한 지식과 이를 둘러보는 것은 인간의 덕을 구성하는 데 필수적인 것이고, 오류를 자세히 검사하는 것은 진리를 확인하는 데 필수적인 것이기 때문에, 그렇지 않고, 즉 모든 종류의 고전[145]들을 읽고 그리고 모든 이성의 소리를 외면한 채 죄악과 허위의 영토로부터 이들 덕을 구성할 수 있는 더욱더 안전하고 덜 위험한 방법이 있을 수 있는가? 그리고 이것은 어떤 책이든 모두 읽음으로써 얻게 되는 이득인 것이다.

그러나 사람들은 무엇이든 읽는다면 그것이 낳을지도 모르는 해악이 있을 수 있다고 생각하며 그들이 통상 생각하는 해악은 세 가지이다. 첫째는 널리 퍼질 수 있는 나쁜 영향에 대한 공포이다. 그러나 그런 것이 두렵다면 이 세상의 모든 인간의 학문과 종교 문제에 대한 논쟁은 전부 제거되지 않으면 안된다. 그렇다. 성경까지도 그래야 한다. 왜냐하면 성경에도 명시적으로는 아니지만 독신적(瀆神的)인 내용과 관련된 것이

는 동굴.

145) '고전'으로 옮긴 원문은 'tractates'이다. 이는 헤일스에 의하면 'tractat'는 'classical'의 의미를 지닌 것이다. 이는 밀턴이 말하는 책이란 단순한 책이라기보다 전통적, 고전적 혹은 모범적인 책을 의미한 것으로 해석하는 것이 온당하다는 뜻에서 '고전'으로 옮겼다. Hales, p. 97 n. 4 참조.

종종 있으며 또 추하게는 아니지만 자주 사악한 인간의 육욕(肉欲)에 관한 것도 언급되고 있기 때문이다. 또 가장 경건한 에피쿠로스(Epicurus) 같은 사람의 모든 주장도 하나님의 섭리에 대해 격렬하게 투덜거리는 소리로 들리게 만들기 때문이기도 하다. 그리고 논쟁거리가 되는 다른 중요한 문제에 대해 성경은 보통의 독자들에게는 모호하고 애매한 답변만을 하고 있다. 그래서 탈무드 학자(Talmudist)[146]는 유대인들이 그들

---

146) 탈무드 학자. Talmud라는 단어는 히브리어의 '배우다'와 '가르치다'라는 의미의 말로부터 발전된 것으로 알려져 있다. 탈무드는 첫 번째 편인 '미쉬나'(Mishnah), 그리고 유대인 학자들이 작성한 두 번째 편 '할라카'와 '하가다'로 구성된 '게마라'(Gemara)로 되어 있다. '미쉬나'는 구전으로 내려온 율법과 관련된 문제를 해석하거나 적용한 문집이다. '할라카'는 모세의 율법에 버금가는 율법으로서 절대적인 권위를 가진 규범이다. '할라카'는 원리가 아니라 율법을 구체적인 사례나 문제에 적용하는 실제적인 내용이다. '하가다'는 '할라카' 이외의 자료들로서 보통 잠언, 비유 등의 형태로 이루어져 있다. 흔히 이 '하가다'에는 성경과 직접적인 상관이 없고 더러는 공상적이거나 풍유적인 것들이 포함되어 있다. 이렇게 탈무드는 유대인들 사이에 구전으로 내려온 전통적인 경전 혹은 율법을 성문화한 것이다. 구약 앞에 있는 모세 5경(Pentateuch. 즉 창세기, 출애굽기, 레위기, 민수기, 신명기)에 성문화되어 있는 율법을 설명한 것이다. 탈무드는 두 종류가 있다. 팔레스타인 학자들이 만든 예루살렘 탈무드와, 바빌론 학자들이 만든 더욱 광범위하고 체계적인 바빌로니아 탈무드가 있다. 밀턴이 여기서 말하는 Talmudist란 이러한 율법을 해석한 유대인 학자들을 의미한 것으로, 밀턴이 말하고자 한 것은 이렇게 유대인 학자들이 하나님의 말씀을 입 밖에 내지 못하도록 금하였는데

의 케티브(Chetiv)[147]를 읽을 때 달리 읽도록 말을 덧붙이고 바꾼 커리(Keri)[148]라는 독경본을 읽는 괴로움을 감수하도록 만들었으며 그리고 모세(Moses)와 모든 선지자들은 유대인 학자들이 케티브를 그대로 음독(音讀)하도록 만들지 못한 것이다.[149] 이런 이유들 때문에 우리는 성경 그 자체가 교황 절

하나님이 말하기에 적합하지 않은 말을 하셨겠는가 하는 것이다. 즉, 이는 유대인 학자들이 그렇게 만든 것은 어리석은 짓이라는 주장이다. 여기서는 Talmudist를 탈무드 학자로 옮겼다. 신송종 역, 베이커(Baker's) 엠마오, 1986, 《신학사전》, 821쪽 및 Sirluck, p. 517 n. 110, Lockwood, p. 72 n. 1, 2 참조.

147) 문자로 씌어진 히브리 성경. 이를 소리내서 읽을 때는 그대로 읽지 않고 다르게 읽는다.

148) 커리(Keri). 음독(音讀), 즉 소리를 내서 독경하기 위한 히브리어로 된 유대 성경을 지칭한 것이다. 이와 대비되는 본은 케티브(Chetiv)이다. 케티브란 문자로 씌어진 것인데 유대교에서는 이를 그대로 읽는 데 적합하지 않은 부분이 있다고 해서 유대인 학자들이 그 옆에 읽을 때는 달리 읽도록 다른 말을 첨부한 것이 커리이다. 즉, 케티브란 히브리어로 된 유대인 성경을 말로 읽을 때를 위해서 단어나 음을 달리 읽도록 옆에 다른 말을 붙인 전통적인 유대인의 낭독 양식으로 된 유대경을 말한다.

149) 밀턴이 여기서 말하는 것은 케티브를 유대교 연구자, 즉 인간이 오염시켰다는 것이다. 밀턴은 그의 다른 글에서 이와 관련하여 이렇게 쓰고 있다. "순수함과 우아함 모두의 저자이신 하나님은 이 구절을 그가 말씀하시는 열정적인 성격에 가장 부합하는 것으로 선택하셨다. 그렇지 않다면 이 단순한 말은 아마도 쉽게 말해지지 않았을 것이다. 랍비 학자들이 커리의 주석을 붙여 불분명하게 하면서 그들의 탈무드에서 이를 고립시켜 우리에게 전하곤

대주의자에 의해 금서목록 제일 첫 번째 난에 올려졌다는 것을 알고 있다. 그런 다음에는 알렉산드리아(Alexandria)의 클레멘트(Clement)[150] 나 복음전도를 위한 준비서인 유세비우스(Eusebian)의 복음서[151] 와 같이 우리들로 하여금 이방인들의 외설물을 거쳐 기독교의 복음의 소리에 귀를 기울이게 한 고대 우리들 조상들의 책도 제거되지 않으면 안되었다. 이레노에우스(Irenoeus)[152] 나 에피파니우스(Epiphanius)[153] 그리고 제롬(Jerome)[154] 이 이단적인 것들 가운데 그들이 설득력있게 반

하였다. 사람들이 하나님의 쓰시기에 좋다고 생각하신 것보다 더 잘 만들려고 한다는 것은 어리석은 짓이다." Lockwood, p. 72 n. 2 및 Sirluck, p. 517 n. 110 참조.

150) 서기 200년경 알렉산드리아 교회의 성직자. 그는 그리스인들에게 그들의 종교를 포기할 것을 권하는 책, *A Hortatory Address to the Greeks*를 저술하였다. 이를 위해 그는 그리스의 전통적인 종교의 오류를 설명하면서 그들 종교의 음란한 내용들을 그 안에 그리고 있다.

151) 이 책은 유세비우스(Eusebius)의 《복음준비서》(*Preparation Evangelica*)로 독자들이 기독교를 받아들이려는 사람들의 마음을 정리하는 데 도움을 주기 위한 것이었다. 이를 위해 이 책에는 다신교도와 같은 이교도 철학자들의 말이 많이 인용되어 있다.

152) 이레노에우스(Irenaeus : 140~202). 리옹(Lyons)의 주교로 이단적인 구노시스파(Guostics)와 싸우기 위한 《반이교도》(*Against Heresies*)라는 책을 저술하였다.

153) 에피파니우스(Epiphanius : 315~403)는 사이프러스의 고대 살라미스(Salamis)에 있던 콘스탄티아(Constantia)의 주교로 *Panarion*이라는 책을 저술하였는데 그것은 80개의 이교에 대한 기술과 이를 반박하는 것이었다.

박할 수 있는 것 이상의 더욱 진실된 의견들도 있다는 것을 보여주었다는 것을 모르는 사람이 어디 있는가?[155]

그런 사람들에게 이런 말을 하는 것은 아무런 도움이 안되지만 만일 이방인들의 저술이 최대의 전염성을 지닌 것이라면, 이는 확실히 그런데, 이런 전염은 학문을 탐구하는 삶을 사는 사람들에게 가장 잘 일어나는 일이고 그리고 그런 이방인의 책들이 우리에게 알려지지 않은 언어로 씌어진 것이라 할지라도 그들이 흡입한 독(毒)을 서서히 퍼지게 하는 데 최고의 능력과 열성을 지닌 사람들에게 그 언어가 일단 알려지기만 하면 그런 저술의 내용은 제일 먼저 궁중으로 들어가 궁중의 사람들이 그로부터 특상의 즐거움과 죄에 맛들도록 만드는 것이다.

그 때문에 이탈리아 궁정 대신들은 두려움을 느끼면서도 네로(Nero)가 그의 운명의 결정자라고 부른 주연(酒宴)의 주관장인 페트로니우스(Petronius)[156] 그리고 아레조(Arezzo)의 악

---

154) 주 117) 참조.

155) 이 구절 마지막의 의문부호 '?'는 판에 따라 있는 것도 있고 없는 것도 있다. 써럭판에는 없으나 헤일스와 록우드에는 있다. 해석상 후자를 따라 의문부호가 있는 것으로 옮겼다. 이 구절에서 밀턴이 말하는 것은 이단적인 교파들의 주장 가운데는 그들이 설득력을 갖고 반박할 수 없는 것이 있었고 따라서 반박하는 과정에서 오히려 이단적인 의견 가운데는 진리가 있다는 것을 알리는 결과를 낳은 것도 있다는 의미이다.

156) 그는 우아한 조정자(*elegantice arbiter*)라고 불렸는데, 왜냐하면 그는 사치하고 방탕한 생활에 관한 모든 문제를 판단하는 심판관

명 높은 음란한 상소리를 하는 자[157]와 가까이 지냈다. 그는 헨리 8세가 흉겹게 지옥의 사제[158]라고 부른 자인데 나는 그의 후손을 생각하여 그 이름은 밝히지 않는다. 스페인식의 허가법이 영국의 출판을 역사상 유례없이 혹독하게 속박하는 동안에도, 외국에서 나오는 책의 영향은 동쪽으로는 중국 북부,

---

이었기 때문이다.

157) 아레티노(Pietro Aretino : 1429~1557)를 가리킨 말이다. 그는 처음에는 아레조에서, 다음에는 로마에서 추방되었다. 그 이유는 그의 풍자적이고 외설적인 저술 때문이었다. 그는 가난해서 위대한 인물에 대해 찬미하는 글을 써서 생계를 유지하였다. 당시의 세력가들은 그의 풍자대상이 될까 두려워 그에게 돈을 주었다.

158) 지옥의 사제(*Vicar of hell*). 근자에 이르기까지 밀턴이 누구를 지칭해서 그렇게 부른 것인지에 대해 다수의 해석이 있어 왔다. 많은 사람들이 스켈톤(Skelton)이나 헨리 8세시 실력자이던 울지(Wolsey) 혹은 토마스 크롬웰(Thomas Cromwell) — 올리버 크롬웰이 아님 — 을 지칭한 것으로 주장해 왔다. 그러나 최근 한 자료가 발견되었는데 그것은 헨리 8세가 한 신하의 부인과 그 신하의 의붓딸을 궁중으로 데리고 와서 동침을 한 일이 있었는데 그 당사자의 친척인 프란시스 브라이언(Francis Bryan)이란 자에게 헨리 8세가 "그 어미와 동침을 한 후 다시 그 딸과 동침을 하면 무슨 죄를 범하는 것인가"라고 묻자 "그 죄는 암탉을 잡아먹고 다시 암 병아리를 잡아먹는 것과 같은 죄입니다"라고 답하자 포복절도하며 "그대는 진실로 지옥의 사제이다"라고 말했다는 주장이 나온 바 있다. 프란시스 브라이언은 이미 당시 그의 불경건성 때문에 '지옥의 사제'라고 불린 것으로 알려져 있다. 이로써 밀턴이 언급한 사람은 프란시스 브라이언으로 판명되었다. Sirluck. p. 518 n. 118 참조.

서쪽으로는 캐나다의 북방이라 할지라도 인도로 가는 여정보다 훨씬 더 쉽고 빠르고 간편한 길을 찾아내서 사람들에게 미치게 될 것이다.

그러나 또 다른 한편으로는 종교적으로 논쟁적인 문제를 다룬 책들로부터 비롯되는 전염병은 무식한 사람들보다 유식한 사람들에게 더 무섭고[159] 위험한 것이다. 그렇지만 이런 책들을 검열관이 건드리지 못하도록 해야 한다. 영어로 된 교황절대주의의 책이라 할지라도 성직자들이 그것을 권하거나 해설해 주지만 않는다면 무식한 사람이 그런 책에 의해서만은 나쁜 길로 유혹당하는 예를 찾기가 거의 불가능하다. 진정 그런 모든 소책자들은 내시에게 이사야(Isaiah) 예언서가 이해될 수 없는 것[160]과 마찬가지로 그것이 진실된 것이든 혹은 거짓된 것이든 간에 안내자가 없이는 이해할 수 없는 것이다. 그러나 우리들의 성직자나 학자들 가운데 얼마나 많은 사람들이 제수이트파(Jesuits)나 소르본파(Sorbonists)[161]의 성경 주석을

---

159) 원문은 'doubtful'임. 이 말은 '무서운' 혹은 '두려운'(*fearful*)이란 뜻임. Hales, p. 100 n. 100 참조.

160) 신약의 사도행전 8장 26절에서 40절까지 나오는 이야기이다. 그 내용은 필립보가 여행 중 에티오피아 여왕 간다케의 내시가 예루살렘을 순례하는 여정에서 이사야의 예언서를 읽고 있는 것을 보고 그 의미를 아는가 하고 물었다. 그 내시는 "누가 나에게 설명해 주어야 알지 어떻게 알겠습니까?"라고 답변하였다.

161) 소르본 신학대학의 학자. 1252년 로버트 드 소르본(Robert de Sorbon)이란 사람이 가난한 학생들을 위해 파리에 학교를 세웠다. 이곳은 곧 파리대학(*the University of Paris*)의 모든 학생들

연구하다가 타락하였으며, 그들이 얼마나 빨리 사람들을 타락케 하였던가. 최근 우리는 이런 경험을 했으며 이는 슬픈 일이었다. 영특하고 특별했던 아르미니우스(Arminnius)[162]가 한 무명인이 델프(Delft)[163]에서 쓴 글을 논박하기 위해 이를 정독한 후 오히려 이에 빠져 버린 일은 잊혀지지 않는 일이다.

이 모이는 곳이 되었다. 소르본대학은 현재 문학, 과학, 그리고 신학부를 상징한다. 과거 소르본학파란 프랑스 가톨릭에 결정적인 영향을 미쳤으며 로마 교황청을 지지하는 입장의 본부 중 하나였다.

162) 아르미니우스(Arminius : 1560~1609). 그는 네덜란드의 레이덴(Leyden)대학의 저명한 신학교수로 원명은 야곱 헤르만(Jacob Hermanns)이다. 아르미니아니즘(*Arminianism*)은 1554년 칼뱅의 옛 동료였던 카스텔리온(Castellion)이 제네바에서의 강압적인 종교정책을 공격하면서 일어났다. 당시, 즉 1589년 아르미니우스는 정통 칼뱅주의자로 암스텔담의 목사였는데 익명의 저자〔아마도 쿤헤르트(Coonhert)라는 당시 벨리아니즘(Bellianism)이라는 종교세력의 지도자임이 거의 확실한데〕가 쓴 소책자들이 제기한 문제에 대해 답변을 하게 되었다. 그 소책자들은 델프(Delft) 지역에서 주로 유포된 것들이었다. 이 답변을 위한 준비를 하는 과정에서 그는 그의 견해를 바꾸었다. 그의 주된 이론은 칼뱅이 주장하는 특별한 하나님의 선택에 반대하는 보편적 선택, 자유의지 그리고 종교적 다양성을 지지하는 것이었다. 아르미니우스의 이러한 교리는 1630년 공식적인 인정을 받으면서 크게 융성하였다. 밀턴 자신도 아르미니아파로 개종하였다. 칼뱅은 로드(Laud) 추기경이나 개혁파 존 굿윈(John Goodwin)과 같은 인사들을 아르미니아파로 비난하였다.

163) 네덜란드 지방의 지명. 채색도기 생산으로 이름이 있던 도시이다.

그렇기 때문에 매우 많은 이런 책들이 삶과 교리 모두를 오염시킬 가능성이 아주 높지만 학문이나 반론(*disputation*)[164] 하는 능력을 무너뜨리지 않고는 이들은 억압될 수 없다. 어떤 종류이건 간에, 이 책들은 식자(識者)들에게 가장 많이 그리고 가장 빨리 전해지며 그 내용이 이단적인 것이든 혹은 타락한 것이든 그들로부터 일반 평민에게 신속하게 전파되는 것이다. 악한 풍습은 책이 아니더라도 막을 수 없는 수천 가지 방식으로 완벽하게 가르쳐지는 것이다. 그리고 악(惡)의 교의는 책이 아니라 교사의 지도에 의한 것이기 때문에 책 없이도 교사는 이를 전파할 수 있기 때문에 이는 금지할 수 있는 범위 안에 있는 것이 아니다. 나는 허가증이라는 기만적인 계획이 무모하고 불가능한 수많은 일 중의 하나가 아니라는 말을 할 수가 없다. 그래서 나는 이렇게 얼마든지 기만할 수 있는 일을 허가제로 방지할 수 있다고 생각하는 사람은 공원의 문을 닫아버림으로써 까마귀들을 가두어 버렸다고 생각하는 그런 용감한 사람으로 비유하지 않을 수 없다.

다른 문제는 접어 두고라도 만일 식자들이 책의 첫 번째 수신자이고 그래서 악과 오류를 널리 전파할 수 있는 자라면 우리가 그들을 믿든지 아니면 그들 스스로가 무오류(無誤謬)적이고 부패하지 않는 은총을 입은 이 땅 위에서의 누구보다도 우수한 자라고 전제하지 않는 한 검열관들을 어떻게 믿을 수가 있는가? 다시 말해 현자(賢者)는 훌륭한 제련사처럼 불순

164) 당시 대학교육 과정에 '반론'(*disputation*)이라는 과목이 있었다.

물이 섞인 덩어리로부터 금을 가려내며 그리고 어리석은 자는 좋은 책을 지니든 그렇지 않든 어리석은 자라는 것이 진실이라면 우리가 현자에게서 그의 장점인 지혜를 박탈해야 할 이유가 없다. 우리가 어리석은 자를 제한하려 들더라도 이런 제한은 결코 어리석은 자 자신의 어리석음을 막지는 못할 것이다. 왜냐하면 만일 어리석은 자가 읽기에는 적당치 않은 책을 제한하려고 한다면 우리는 아리스토텔레스뿐만 아니라 솔로몬과 구세주 예수의 교훈도 그에게는 읽는 것을 허락하지 않아야 하기 때문이다.[165] 결과적으로 그런 사람에게는 좋은 책도

---

165) 아리스토텔레스의 판단이란 그의 《윤리학》 제3장 "청강자의 조건" 등에서 언급된 "각자는 또 자기가 알고 있는 사항에 대해서는 훌륭한 판단을 할 수가 있으며 그것에 대해서 또 모든 일에 걸쳐 교양있는 사람은 무조건 좋은 판단자이다. 연소자가 정치학의 적당한 청강자가 아닌 것은 그 때문이다. 연소자는 인생의 각종의 행위에 무경험자인데 정치학의 온갖 논의는 이런 경험으로부터 출발하고 이것에 대해서 논하기 때문이며 그뿐만 아니라 연소자는 여러 가지의 정념에 지배되기 쉽기 때문에 이러한 논의를 들어도 헛된 수고이며 이익이 없을 것이기 때문이다"라는 부분을 말하는 것이라고 추정된다(정명오 역, 《아리스토텔레스》, 대양서적, p. 91 참조). 또 솔로몬의 판단이란 말은 아마도 구약의 잠언 17장 24절의 "슬기로운 사람은 지혜를 제앞에서 찾지만 미련한 사람은 눈으로 땅끝을 찾는다"와 23장 9절의 "어리석은 사람에겐 아무 말도 하지 말아라. 아무리 지혜로운 말을 해도 업신여기리라"를, 그리고 구세주(*Saviour*) 예수의 판단이란 말은 고린도서 1장 18장~25절의 "… 세상이 자기 지혜로는 하나님을 알 수 없습니다. … 하나님께서 하시는 일이 사람의 눈에는 어리석어 보이지만 사람들이 하는 일보다 지혜롭고 하나님의 힘이 사람의 눈

허용하지 않아야 한다. 단언컨대 현자는 무가치한 팸플릿일지라도 바보가 신성한 성경을 이용하는 것보다 훨씬 더 잘 이용한다. 다음으로 제기될 수 있는 주장은 우리가 쓸데없이 유혹에 노출되어서는 안된다는 것, 그리고 또 다음으로는 무익한 것에 시간을 보내지 말아야 한다는 주장이 있다. 이들 두 가지 반론에 대해 이미 언급된 내용에 근거하여 하나의 답이 나올 수 있을 것이다. 그것은 모든 사람들에게 그러한 책들은 유혹물도 아니고 그렇다고 무익한 것도 아닌 인간 생명에 없어서는 안될 효과적이고 강력한 치료제를 구성하는 유용한 약품이고 물질이라는 것이다. 이들 유용한 무기물을 이용하고 이를 조절할 능력이 없는 아이들과 또 어린아이들 같은 사람들은 이를 삼가도록 당연히 권고를 받아야 하지만 그러나 이단 심문소가 지금까지 해온 것과 같은 금지가 강제되어서는 안되는 것이다.[166]

내가 다음으로 논하려는 문제는 이런 것이다. 그것은 허가 조례는 원래 의도했던 목적에 맞는 실질적인 결과를 낳지 못한다는 것이다. 그리고 나는 이 문제에 대해 앞서 많은 설명을 하였지만 아직 분명하게 밝히지 못한 것이다. 진리의 본성을 보아라. 진리는 자유롭고 자율적일 때가 특별하게 정해진 논리나 사고의 방법에 묶여 있을 때보다 더 빨리 그 자신을

에는 약하게 보이지만 사람의 힘보다 강합니다"를 지칭한 것으로 해석된다.

166) 다소 중복되는 부분이 있지만 여기서 밀턴의 두 번째 주장은 끝이 나고 세 번째 주장이 시작된다.

드러내 보인다.[167]

내가 이 글을 처음 시작하면서 밝히려고 한 것은 어떤 국가 혹은 잘 제도화된 국가도 만일 그들이 책을 존중한다면 이런 식의 검열을 한 일이 없다는 것이었다. 그리고 이는 최근 밝혀진 한 조각의 분별력이라고 말할 수 있다. 회고해 보면 이는 분명한 일로 생각해내기 어려운 일도 아니었다. 그런데도

---

167) 이 구절은 언론의 자유를 논의할 때 가장 흔히 인용되는 것의 하나이다. 그 원문은 다음과 같다. "See the ingenuity of Truth, who(,) when she gets a free and willing hand, opens her self faster then(than) the pace of method and discours(e) can overtake her." 여기서 ( )은 판에 따라 차이가 있는 부분을 표시한 것이다. 이들 차이는 판에 따라 편집자가 독자의 편의를 위해 넣은 것으로 판단된다. 써럭판과 헤일스판의 원문은 ( )가 없는 것이다. 특히 써럭판과 헤일스판에는 'than'이 아니라 'then'으로 되어 있으나 이는 중세영어로 현대영어의 'than'을 의미한 것으로 해석된다. 여기서 번역상 주의를 기울여야 했던 것은 'discours(e)'와 'ingenuity'이다. 'discours(e)'는 'reasoning'을 의미하는 것으로 이는 어떤 특정한 판단으로부터 다른 판단을 이끌어내는, 즉 추론하는 행위를 의미하는 것이다. 따라서 여기서는 '사고'라고 옮겼다. 'ingenuity'는 'frankness'나 《웹스터 사전》에 의하면 '본래 타고난 무엇을 창조하는 혹은 만드는 능력 혹은 기술'을 의미하는 것이다. 따라서 여기서는 '본성'이라고 옮겼다. 밀턴이 여기서 주장하고자 한 것은 진리란 어떤 정해진 규칙에 따른 사고보다 이에 구애받지 않는 자유로운 사유가 가능할 때, 즉 억압이 가해지지 않을 때 그 본래의 모습을 더 잘 나타내는 본성을 갖고 있다는 것이다. Hales, p. 103 n. 17 및 Eliot, p. 205 n. 51 참조.

만일 사람들이 이를 생각하기 어려웠다면 그 이유는 지난날 이렇게 생각한 사람들이 없었기 때문은 아니었다. 그들은 이런 생각을 따르지 않았는데 그 이유는 그런 사실을 몰라서가 아니라 이를 찬성하지 않는 그들의 판단이 우리에게 전해진 것이고 이것이 그들이 이를 행하지 않은 이유였다.

실로 높은 권위를 지닌 플라톤이 그의 법률론에서 전개한 국가론[168]은 어느 도시국가에 의해서도 채택된 일이 없는 것으로 그 점에서는 권위가 거의 없는 것이다. 그는 여기서 그의 공상을 가상적 도시의 통치자들이 제정한 수많은 명령으로 가득 채웠는데 당시의 통치자들은 플라톤을 다른 면에서는 존경하면서도 그의 이런 이야기는 단순한 아카데미[169]의 심포지엄에서나 있는 한담(閑談)쯤으로 치부했을 그런 것이었다. 그 법에 따르면 어떤 종류의 지식도 관용하지 않는 것으로 보인다. 대신 오직 실천적인 것과 관련된 전통에 의해 구성된 변경할 수 없는 명령만을 알면 되고 그래서 도서관도 그의 대화론보다도 더 적은 양의 책으로도 넘칠 만큼 작은 것이면 될 것처럼 보인다. 또 그 법에는 어떤 시인도 그의 시를 재판관과 법률 수호자가 보고 판단을 내릴 때까지 평민에게 보여주어서는 안된다는 법도 있다.[170] 그러나 플라톤은 이러한 법이

---

168) 플라톤의 《공화국》(*Republic*)에서 소크라테스와 그의 친구들은 이상적인 정의를 논하면서 국가와 관련된 많은 문제를 다룬다. 그의 《법률론》(*Law*)은 아테네, 스파르타, 그리고 크레타의 대표 3명이 만든 이상 국가를 위한 법을 의미하는 것이다.

169) 기원전 387년에 플라톤에 의해 아테네에 세워진 아카데미.

그의 상상 속의 공화국에서만 있는 것이지 실제로는 있을 수 없는 것이라고 생각했음은 분명하다. 그렇지 않다면 왜 그가 자신은 이러한 법을 따르지 않고 범법자가 되어 그의 통치자에 의해 추방되었겠는가? 플라톤이 추방된 것은 그가 무엄한 경구와 대화를 내놓았으며 그리고 소프론(Sophron)[171]의 익살극(Minmus)과 가장 야비한 책이라는 오명을 지닌 아리스토파네스(Aristophanes)를 계속 읽는다는 두 가지 이유와 그리고 또 그런 잡동사니를 읽는 데 시간을 보낼 필요가 없는 독재자 디오니시우스(Dionysius)에게 자기의 가장 친한 친구를 악의적으로 비방한 아리스토파네스[172]의 작품을 읽어야 한다고 칭찬

---

170) 플라톤의 《법률론》 Ⅶ과 Ⅱ편에 있다. 그 내용은 다음과 같다. "우리는 시인들이 국가에서 허용되는 합법적이거나 정의로운 혹은 아름답거나 또는 선한 아이디어와 배치되는 것은 어떤 것도 저술하지 않아야 하는 법을 만들어야 하는가? 그는 그의 작품을 지정된 판사와 법의 수호자에게 보여주고 그들이 만족할 때까지는 그가 이를 일반인들에게 보여주는 것이 허용되어서는 안된다"고 되어 있다.

171) 소프론(Sophron : B. C. 6세기경). 시라쿠사(Syracuse) 출신으로 무언극(*mimes*)과 흉내내는 광대극(*mimic*) 간의 대화를 저술한 작가. 그의 무언극은 의상 재단사, 구두제조공, 백정, 새나 가축의 고기 장사꾼, 물고기 장사 등 주로 천한 직종에 있는 사람들을 등장하는 이야기를 다루고 있다는 평가를 받는 작품이다. 플라톤은 그를 연구하고 그의 기술형식을 《대화편》에서 모방하였다는 평가가 있다.

172) 그는 친구였던 소크라테스를 《구름》(*The Clouds*)에서 그리고 니키아스(Nikias)를 《무사들》(*Knights*)에서 풍자적으로 그렸다. 주

한 때문이었다. 그러나 그는 이렇게 시를 검열하는 것이 이 세상의 현실이 아닌 그의 환상적인 국가가 지니고 있는 여러 가지 조건 때문에 가능한 것이라는 점을 알고 있었다. 그래서 플라톤 그 자신이나 그의 통치자 혹은 어떤 도시에서도 그런 일을 모방한 일이 없었으며 이와 유사한 명령은 헛되고 무익한 것이다. 왜냐하면 만일 그들이 한 가지만을 엄격히 하고 그들의 정신을 오염시킬 수 있는 다른 것들을 규제하는 데 동등한 관심을 기울이지 않는다면 그들이 알고 있는 한 가지에만 몰두하는 노력은 결국 어리석은 수고가 될 뿐이기 때문이다. 타락을 방지하기 위한 문 하나를 닫아걸고 굳게 닫아 두려면 다른 문들은 어쩔 수 없이 활짝 열어 놓게 된다.

만일 우리가 인쇄를 규제해서 우리의 관습을 교정하려고 한다면 우리는 인간에게 즐거움을 주는 모든 여흥이나 오락도 규제하여야 한다. 음악도 안되고 노래를 짓거나 불러도 안되고 오직 근엄한 것과 도리스풍(Doric)[173]의 것만이 허용되어

---

39) 참조.

173) 도리스풍의 음악은 전사나 군가(軍歌)로 적합한 것을 의미한다. 플라톤은 그의 《법률론》 Ⅶ편에서 음악의 종류를 논하고 있다. 밀턴의 'Doric'이란 말은 플라톤의 《국가론》 Ⅲ에 나오는 음악의 선법(旋法. *mode*) 분류에 따른 도리스풍을 지칭한 것이다. 네 종류는 느슨하고 오락적인 리디아풍(Lydian)과 이오니아풍(Ionian) 음악 그리고 남성적인 도리아풍(Dorian)과 프리지아풍(Phrygian) 음악으로, 앞의 두 가지는 없애야 할 것이고 후자 두 가지는 남겨져야 할 것으로 말하고 있다. 이에 관한 더욱 자세한 내용은 플라톤, 박종현 역, 《국가》, 서광사, 1997, 213~

야 한다. 허가받은 무용수들만이 있어야 하며 젊은이들에게는 어떤 제스처나 동작 그리고 행동양식도 허가없이 가르쳐서는 안되며 오직 허락받은 것만이 정직한 것이라고 생각하도록 어려서부터 가르쳐야 한다. 이와 관련하여 플라톤이 제안하고 있는 것은 이렇다. 모든 가정에서 소지하고 있는 피리(*Lute*)와 바이올린 및 기타 등을 검열하기 위하여 20명 이상의 조사관들을 필요로 하며 그들 악기들이 쓸데없는 소리를 내지 않도록 연주할 수 있는 곡과 악기들도 허가를 받아야 한다는 것이다.[174] 도대체 누가 각 가정의 침실에서 속삭이는 불평과 연가를 침묵시킬 수 있는가? 창문에 관해서도 마찬가지이고 발코니 문제도 그렇다. 겉장에 해로운 내용을 실은 책들이 판매를 위해 전시되었을 때는 누가 이를 금지해야 하는가? 20명의 검열관들이 해야 하는가? 또 이를 위해서는 동네마다 감찰관(*visitors*)[175]이 있어서 강의(*lectures*)[176]내용 및 백파이프

214쪽 및 Sirluck, p. 523 n. 137 참조.

174) 아리스토텔레스는 그의 《정치학》 8권에서 음악교육을 논하면서 교육에서 음악의 기능이 무엇인가를 말한다. 그는 허용되는 악기와 허용되면 안되는 악기를 들면서 피리는 허용해서는 안된다고 쓰고 있다. 밀턴이 여기서 말하는 것은 이를 두고 하는 말로 해석된다. 아리스토텔레스, 나종일·천병희 역, 《정치학 시학》, 삼성출판사, 1990, 309~326쪽 참조.

175) 1630년대 영국에서 '감찰관'(*visitors*)라는 말은 불유쾌한 단어였다. 당시 영국에는 Laud's Metropolitan Visitation이라는 것이 있었는데 이는 중앙정부의 관리가 지방행정을 감찰하는 정책이었다. 1634년 이들 감찰관은 영국 남부 트렌트(Trent) 지역까지 출

(*bagpipe*)와 레벡(*rebbeck*)[177] 그리고 심지어 발라드(*ballad*) 시가(詩歌)와 모든 그 지역의 바이올리니스트가 연주하는 음계까지 조사해야 한다. 왜냐하면 이런 것들이 그들 주민들의 이상향(*Arcadia*)[178] 이며, 그의 몬테 메이어(Monte Mayors)[179] 이

동하여 영국국교회의 목사와 관리관들을 소집, 그들의 업무를 감찰하고 최악의 경우는 Court of High Commission에 고발을 하기도 하였다. 그후 대학도 감찰대상에 포함되었다. 그리하여 캠브리지 감사에서는 대학의 연구자 중 약 절반 그리고 간부는 16명 가운데 11명을 해직하기도 하였다. 따라서 당시 감찰관이란 말은 부정적인 의미를 갖고 있었다.

176) 여기서 말하는 강의(*lectures*)는 안수는 받았지만 교구에는 속하지 않은 목사가 행하는 설교를 의미한다. 그들은 보통 어떤 기관이나 개인에 의해 고용되어 단지 그들을 위한 설교만을 하였다. 그들은 예배를 주관하지 않았기 때문에 교회의 특정한 교리나 의식을 지키지 않아도 되었다. 찰스는 이들을 엄격히 통제하였다. 기존 교회의 주교들도 이들에 대한 통제를 하려 하였다. Sirluck, p. 525 n. 141 참조.

177) 바이올린의 원조로 2줄로 된 현악기.

178) 필립 시드니(Philip Sidney)의 1590년에 나온(1593년 수정판 출간) 낭만적인 산문 *The Countesse of Pembrakes Arcadia*를 의미한다. 이 책은 당시 영국인들에게 폭발적 인기가 있었다. 그러나 밀턴은 후에 이를 비판적으로 평한 일이 있다. 여기서 아르카디아(Arcadia)는 고대 그리스 펠로폰네소스 내륙의 경치 좋은 이상향을 의미하는 것으로 따라서 이를 '이상향'으로 옮겼다.

179) 몬테 메이어(Jorge de Montemayor : 1520~1561경). 포르투갈 출신의 스페인 저술가. 그의 목가적 산문 *Los siete libros de la Diana*(1559)은 유럽 여러 나라로 퍼져 낭만적인 형식의 글이 유행하였다.

기 때문이다.

다음으로 영국사람들은 가정에서 폭음[180]하는 것이 일반적이라는 말 그 정도가 아니라 영국이라는 나라가 전체적으로 병들었다는 외국의 평판[181]은 어떻게 해야 할 것인가? 도대체 우리가 술을 먹고 흔히 난동을 부리는 것을 누가 감독해야 하는가? 그리고 만취가 용인되고 이를 받아들이는 가정이 증가하는 것을 막기 위해서는 어떻게 해야 하는가? 우리의 의상 또한 그 모양이 방종하게 재단된 것인지 아닌지를 맑은 정신을 지닌 지도자에게 물어 보고 허가받아야 할 것이다.[182] 도대체 누가 지금 이 나라 남녀 청소년들의 흔한 그 혼란스러운 교제를 규제할 수 있겠는가? 또 누가 어떤 내용의 대화를 해야 하고 어떤 생각은 허락되고 그 이상은 안된다고 정해줄 수

180) 당시 영국인의 폭음은 사회적인 문제였다. 밀턴은 이 글, 즉 〈아레오파지티카〉에서는 폭음은 근절하기 힘든 것이라고 하지만 그러나 후에 나온 그의 글 *Tetrachordon*에서는 포도주와 독주의 수입을 막으면 이를 막을 수 있다는 다른 견해를 말했다. 그러나 여기서도 그는 허가제를 통해 이를 근절해야 한다고 주장하고 있지는 않다.

181) 밀턴이 〈아레오파지티카〉를 쓴 제임스 1세 당시 영국사회는 무절제한 생활이 극심했다는 기록이 있다. 일반 가정에서는 폭음이 다반사였고 궁중에서도 연회가 끝난 후 음식들이 사방에 흩어져 있고 남녀가 술에 취해 나뒹구는 것을 보고 베네치아 대사 등 외국 사신들이 놀랐다는 기록이 있다.

182) 실제로 중세 말 영국에서는 옷을 제조하는 데 사용될 수 있는 옷감을 규제하는 법이 있었다. 그리고 에드워드 6세, 헨리 8세, 메리 및 엘리자베스 여왕 시대에도 복장법이란 것이 있었다.

있는가? 마지막으로 도대체 누가 사람들이 할 일 없이 모여 노닥거리는 모임과 악덕한 사교를 구분하고 이를 금지할 수 있는가? 이런 규제들이 행해질 것이고 또 그래야 할 것이다. 이런 규제들은 최소한의 피해와 함께 욕망을 최대한으로 억제하도록 하는 것이어야 하는데 여기에 한 국가의 신중함과 통치의 지혜가 필요한 것이다.

이 세상에서 실제로는 있을 수 없는 아틀란틱[183]이나 유토피아[184] 정체에서도 이런 사정은 마찬가지일 것이다. 하나님이 우리로 하여금 피할 수 없게 만들어 놓은 이 악의 세계에서 오직 현명하게 처신하는 것만이 이를 교정할 수 있을 뿐이다. 플라톤의 서적허가 제도일지라도 이를 성취할 수 없을 것이다. 이런 허가와 이에 필연적으로 따르게 되는 다른 종류의 모든 허가들은 우리 모두를 우스꽝스럽게 그리고 피곤하게만 만들 뿐 결국은 실패할 것이다. 그러나 플라톤은 국가의 접착제이고 인대(靭帶)이며 모든 성문법의 기둥이고 지주인 성문화되지 않은 법 또는 적어도 강제하지 않는 덕성스러운 교육과 종교 그리고 양육에 관한 법만이 이를 가능케 할 것이라고 말한다. 이와 같은 일들이 그처럼 되게 하는 데 가장 중요한 것은 모든 종류의 허가를 피할 수 있게 하는 것이다. 분명히 면책이나 태만은 국가의 독약이다. 그러나 법을 통해서는 무엇을 억제하고 처벌해야 하며 그리고 어떤 것에 대해서는 오

183) 플라톤의 *Critias*에 나오는 'Kingdom of Atalantis'와 베이컨(Bacon)의 *New Atlantis*와 같은 이상적인 국가.

184) 토마스 모어 경의 《유토피아》.

직 설득만이 효과가 있다는 것을 분별하는 훌륭한 기예(技藝)가 있어야 한다. 만일 성인(成人)들의 모든 행위가 선한 것이든 악한 것이든 아주 작은 부분만이 자유롭게 허용되고 대부분의 행위가 지시와 강제에 의해 행해지는 것이라면 무엇이 이름뿐만이 아닌 진정한 덕(德)이고 그리고 훌륭한 행동에 대해 무슨 칭찬을 할 수 있으며 신중함과 옳음 그리고 절제에 어떤 감사[185]를 할 수 있는가?

아담이 죄를 짓고 고통을 겪도록 한 신의 섭리에 대해 불만을 말하는 사람들이 많다. 어리석은 말들이다! 하나님이 아담에게 이성을 주실 때 그것은 하나님이 아담에게 선택하는 자유를 주신 것이다. 왜냐하면 이성은 곧 선택하는 것이기 때문이다. 그렇지 않다면 그는 하나의 단순히 만들어진 아담일 뿐이다. 이런 아담은 그저 인형극[186] 속의 인형일 뿐이다. 인간의 존귀함은 힘에 의한 순종이나 사랑 또는 재능 때문이 아니다. 그렇기 때문에 하나님은 아담을 자유롭게 하시고 항상 그의 눈앞에 하나의 자극을 일으키는 목적이란 것을 장치하셨다. 여기에 인간이 공훈을 세울 수 있는 가능성이 있으며, 여기에 인간이 보상받을 수 있는 권리 그리고 그의 절제가 칭찬받을 수 있는 권리가 있을 수 있다. 그래서 하나님은 우리 안에 격정을 심어주시고 우리들 주변에 쾌락을 창조하시고 그리고 이들을 올바르게 절제 속에서 다루는 것을 덕의 요소 바로

185) 감사. 원문은 gramercy로 이는 '아이구 정말 감사하다'는 뜻의 'grant mercy'인데 이를 '감사'로 옮겼다.

186) 원문은 'motion'임. 'motion'은 당시 인형극을 의미하는 뜻이었다.

그것이 되게끔 하신 것이 아닌가?

죄를 낳는 문제 그 자체를 제거함으로써 죄를 제거할 수 있다고 상상하는 사람들은 인간의 일들에 대해 숙성된 사고를 하는 사람들이 아니다. 왜냐하면 죄를 줄이려는 바로 그러한 행위 자체가 죄를 더욱 크게 하여 거대한 죄 더미를 만들기 때문이다. 그러한 노력이 한때 일부 사람의 죄를 부분적으로는 줄일 수 있을지 모르나 책과 같은 모든 사람이 관련된 보편적인 문제인 경우 그들 모두를 죄로부터 자유롭게 하지는 못한다. 그리고 이러한 일이 가능하다 하더라도 죄는 여전히 그대로 남아 있게 된다. 당신이 탐욕스러운 한 인간으로부터 그의 모든 보물을 빼앗는다고 하더라도 그는 한 개의 보석은 남겨 가지고 있어서 당신은 그로부터 그의 탐욕을 모두 제거할 수는 없다. 욕망의 모든 대상을 없애고 모든 젊은이들을 은밀한 곳에 모아 놓고 가능한 한 최고의 혹독한 훈련을 한다 하더라도 당신은 그들을 순결하게 만들 수 없으며 그렇게 되지도 않는다. 이런 문제를 옳게 다스리기 위해서는 대단히 특별한 주의와 지혜로움이 요구되는 것이다.

이러한 방법으로 죄를 추방할 수 있다고 가정해 보자. 이렇게 해서 당신들이 추방하는 죄의 양과 그와 함께 추방하게 되는 덕의 양을 생각해 보아라. 당신이 죄를 제거한다는 것은 똑같은 양의 덕을, 즉 두 가지 모두를 제거하게 되는 것이다. 하나님은 우리에게 절제, 정의, 금욕을 명령하셨지만 그러나 우리 앞에 우리가 욕망하는 모든 것을 아주 후하게 쏟아 놓으시고 우리의 마음이 그 한계와 포만의 단계를 넘어서 배회할 수 있게 하셨다. 이것이 고귀한 하나님의 섭리이다. 그렇다면 왜 우리는 덕을 시험하고 진실이 활동하도록 책을 자유롭게 허용하는 수단을 축소하고 이런 자유에 인색함으로써 하나님의 방식과 자연의 본성을 그렇게 극심하게 반대해야 하는가?[187)]

이런 사실을 깨닫는 것이 좋다. 그것은 무엇을 억제하는데 법의 필요성이 그렇게 중요한 것이 아니며 그리고 항상 그런 것은 아니지만 그런 법은 선과 악에 똑같이 영향을 미친다는 것이다. 그리고 내가 만약 선택한다면 악행을 못하게 하는 많은 강력한 장애물보다는 조금이라도 더 선한 것을 하도록 하는 것을 몇 배 더 많이 선호할 것이다. 왜냐하면 하나님은 열 명의 배덕자(背德者)를 억제하는 것보다 한 명의 덕(德)성스러운 자가 더 덕스럽게 되고 완성되는 것을 더욱더 중요하게 여기신 것이 확실하기 때문이다. 그리고 우리가 앉고 걷고 여행하면서 혹은 대화하면서 듣고 보는 것이 무엇이든 그것은 우리가 책이라고 부르는 것이 될지도 모르고 그리고 이들 저술과 동일한 효과를 낳을 수가 있는데도 불구하고 오직 책만을 금지하는 이 명령은 지금까지 그 법이 의도한 목적을 성취하는 데 크게 모자라는 것으로 보인다. 우리가 지금 눈으로 직접 보고 있는바 의회와 런던시를 비방하는 왕당파의 인쇄물[188)]이 한두 번이 아니라 매주 계속 인쇄되어 사람들 사이에

187) 의문부호 '?'는 써러판과 엘리어트의 하버드판에는 없으나 헤일스판과 록우드판에는 있다. 번역은 후자를 따랐다.

188) 원문은 'court-libel'임. 당시 찰스의 신하로 실력자였던 로드

배포되고 있으며 그러한 인쇄물이 그 증거인데 이런 일을 허가제가 막을 수 있겠는가? 그러나 이것이 그 명령의 주된 목적이라고 생각하는데 이 명령은 그것이 가능하다는 것[189]을 스스로 입증해야 한다. 만일 그 명령이 실시된다면 그것이 가능할 것이라고 당신들은 말할 것이다. 그러나 확실한 것은 만약 지금의 허가 명령을 집행한다 해도 그 결과는 아무것도 달라질 것이 없으며 그저 눈가림에 지나지 않는 것이 된다면 앞으로 어떻게 될 것이고 또 다른 책들의 경우는 어떻게 할 것인가?[190]

그래서 만일 이 명령이 헛된 것이 되지 않고 실패한 것이 되지 않으려면, 상·하원의 여러분, 다시금 수고를 해서 이미 인쇄되고 널리 퍼져 있는 추잡하고 허가받지 않은 모든 책을

(Laud) 측의 주간신문으로 *Mercurius Aulicus*가 있었다. 편집 및 발행인은 존 버케니하(Sir. John Birkenhea : 1616~1670) 경이었다. 이 신문은 의회파를 강력히 비판하였으며 1645년까지 정기적으로 발행되었지만 그후 의회에 의해 폐간되었다. 찰스 1세와 왕당파가 내전시 옥스퍼드에 주둔하고 있었으며 런던시는 의회파의 지배하에 있었다.

189) 모든 종류의 최악의 비방을 침묵시키는 일. 이 구절이 뜻하는 것은 인쇄 조례는 의회가 의회파를 비방하는 왕당파의 인쇄물을 억제하기 위한 법이라고 하지만 밀턴은 이런 법을 통해 그것이 가능하다는 것을 입증해야 한다는 말이다.

190) 의문부호 '?'는 써럭판과 엘리어트의 하버드판에는 없으나 헤일스판과 록우드판에는 있다. 여기서는 후자를 따랐다. 여기서 '다른 책'이란 다음 구절에 나오는 과거에 출판된 책 등 이 허가명령이 적용될 수 없는 책들을 의미한 것으로 해석된다.

수정하거나 추방하여야 한다. 그런 다음 당신들은 그들의 목록을 만들어 어떤 것이 비난받아야 하고 그렇지 않아야 하는가를 모두 알 수 있어야 한다. 그리고 모든 외국 책은 그것을 완전히 읽고 검사를 마칠 때까지 읽지 못하도록 묶어 두도록 명령해야 한다.[191] 이러한 업무를 수행하기 위해서는 적지 않은 수의 사람들이 그들의 시간 전부를 바쳐야 할 것이다. 그리고 그들은 보통 사람으로는 안된다. 또 책 중에는 부분적으로는 유용하고 뛰어난 내용도 있고 또 부분적으로는 잘못되고 유해한 내용도 있다. 이러한 책을 검열하는 것은 학문을 존중하는 국가에 손상을 가하지 않는 삭제와 수정을 위해 더욱 많은 수의 관리[192]를 요구하게 될 것이다. 요컨대 이들 관리들의 손에 쌓이는 책의 양이 증가하게 되면 당신들은 어쩔 수 없이 모든 인쇄업자들의 목록을 만든 후 명령을 자주 어기는 인쇄업자들의 의혹이 가는 인쇄시설 수입을 금지하지 않으면 안될 것이다.[193] 한 마디로 당신들의 이 명령을 정밀하고 결함이 없는 것으로 만들기 위해서는 내가 알기로는 당신들이 소름이 끼치도록 하기 싫어할 트렌트(Trent)[194]와 세빌

191) 사실 외국책에 관한 명령은 이미 1637년의 성청령 6항에 있었다.

192) 원문은 'officials'임. 당시 관리(*officials*)라는 말은 주로 교회의 성직법정(*Ecclesiastical Courts*)의 관리를 의미하였으며 이들은 국민들에게 증오의 대상이었다.

193) 영국의 인쇄시설은 당초 유럽대륙에서 수입하였다. 최초로 인쇄기를 영국에 도입한 사람은 윌리암 칵스톤(William Caxton)이었다.

194) 트렌트 대종교회의. 주 85) 참조.

(Seville)[195]의 모형에 따라서 그 명령을 완전히 개혁해야 한다.

그러나 하나님이 금하신 이런 명령에 당신들이 동의한다 해도 이 명령은 당신들이 의도한 목적을 성취하는 데는 아무런 효과도 없을 것이며 또 그러기에는 결함이 있는 것이다. 만일 허가 명령이 교파(*sects*)와 종파(*schisms*)[196]를 막기 위한 것이라 하더라도 사람들 가운데는 그들의 교의만을 오랫동안 순수하게 지키기 위해서 역사에 관해 전혀 읽지도 혹은 교육도 받지 않아 다른 수많은 교파들에 대한 이야기는 들은 바 없이 책은 장애라고 해서 읽지 않고 오직 그들 성직자들의 말에만 의지해온 전통을 지닌 이들도 있다.[197] 크리스천 신앙은 지난

---

195) 1480년 세빌에 세워진 스페인 종교재판 법정. 많은 책을 분서하였다. 주 91) 참조.

196) 종교개혁 당시 기독교 교회의 통일로부터 의도적으로 단절하고자 한 개혁파로서 그들의 반대자들은 그들을 '교회분리론자들'(*Schismatics*)이라고 불렀다. 'schism'은 이런 의미에서 '종파'라고 옮겼다. 반면 'sect'란 통일성 문제와 관련없이 교리상의 차이로 교파를 달리하는 '교파'(*denomination*)란 의미이다. 주 77) 참조.

197) 여기서 밀턴이 말하고자 하는 것은 교회의 분열이 책 때문이 아니라는 것이다. 즉, 허가명령이 종교계의 분열을 억제하기 위한 것이라고 하더라도 그것은 성공하지 못한다는 것이다. 왜냐하면 문자로 씌어진 기록에 대해 불신을 갖고 오직 전통적으로 내려오는 설교에만 의지하면서 다른 교파에 관해서는 전혀 알려 하지 않는 교파들이 있기 때문이라는 것이다. 밀턴의 주장은 비교적 분명하지만 그러나 문장은 불완전한 것으로 보인다. 록우드판은 문장 끝에 의문부호 '?'가 있지만 써럭판과 헤일스판과 엘리어트의 판에는 없다. 여기서는 후자를 따라 옮겼다. Sirluck, p. 529

날 하나의 종파였으며 복음서(*Gospel*)와 서간(*Epistle*)[198]이라는 글로 씌어지기 전에 이미 아시아 전역에 전파되었다는 것은 잘 알려져 있는 사실이다. 만약 관습의 수정을 목적으로 한 것이라면 이탈리아와 스페인을 보라. 종교재판이 엄격하게 책에 가해져서 그 나라들이 과연 더 나아지고 더 정직하고 더 현명하고 더 순결한 양심적인 곳이 되었는가 그렇지 않은가.

이 명령이 추구하는 목적을 성취하지 못할 것이라는 명백한 또 다른 이유는 모든 검열관들이 갖춰야 하는 자질이다. 그들은 이 세상에 생명으로 태어나기 위해서 건너야 하는 강을 건너게 할 것인가 말 것인가[199] 하는 책의 탄생 혹은 죽음을 가르는 결정자라는 것을 부정할 수 없는데, 이를 위해서는 그들 검열관들은 보통 이상으로 부지런하고 학식있고 그리고 판단력을 갖추어야 한다. 즉, 무엇이 통과될 수 있고 통과될 수 없는가 하는 검열에서 작은 실수라도 있어서는 안된다. 그런 실수가 생긴다면 그것은 작은 해악이 아니다. 만일 그가 그러한 자격을 지니고 있는 자라면 선정되지도 못하는 거대한 양의 책과 팸플릿들을 쉬지 않고 읽어야 하는 일은 그에게 인두

---

n. 158 참조.

198) 최초의 복음서는 서기 65년~100년에 씌어진 것으로 알려지고 있다.

199) 원문은 'whether they may be wafted into this world'이다. 이를 풀어서 옮긴 것이다. 이는 아직 태어나지 않은 영혼과 이 세상을 가르는 강을 이야기한 고대 신화에 나오는 이야기를 의미한 것이다. Sirluck, p. 530 n. 159 및 Hales, p. 113 n. 22 참조.

세보다 더한 시간의 손실을 낳는 것이고 그보다 더 지루하고 괴로운 막일 같은 것은 없을 것이다. 때에 따라 책은 읽히기도 하고 그렇지 않기도 한다. 그러나 때를 가리지 않고 항상 책을 읽어야 한다면 그리고 그가 읽기 싫을 때 그것도 읽기 어려운 악필 원고를 읽어야 할 때 어떤 경우든 단 석 장만이라도 제대로 읽는다는 것은 시간과 그 자신의 노력을 높이 평가하고 민감한 감수성을 지닌 사람에게는 짐스러운 일이고 그리고 그가 어떻게 그런 일을 견디어낼 수 있을지 나는 믿지 않는다.

이와 관련하여 현재의 검열관들은 그런 사람들로 간주되지 않기를 간곡히 바라는 바이다. 그들은 그들의 직책을 의회에 대한 복종으로 받아들였고 아마도 의회의 명령을 어려운 일도 아니고 그렇게 노고를 다하지 않아도 되는 일로 생각하였을 것이다. 그러나 짧은 기간 동안 실시해 보니 그 일은 이미 그들을 지치게 만들었는데 허가를 구걸하기 위해 그렇게 많은 발걸음을 해야 했던 사람들에게 그들 검열관들이 내세운 구실들이 이를 충분히 말해주는 증언들이다. 그렇기 때문에 이들 명백한 증거로 보아 지금 그 검열관 직책에 있는 사람들도 허가제의 폐지를 바라고 있다.[200] 또한 훌륭하고 자신의 시간을

200) 기록상으로는 오직 한 사람만이 당시 검열관직을 사직한 것으로 되어 있다. 마보트(Mabbott)라는 이름의 하원의 서기대리(*Deputy Clerk*)는 검열직에 대해 거부감을 갖고 처음에는 무엇이든 허가를 하였다. 그후 그는 사직하였다. 밀턴은 국가위원회에 의해 서기(*Secretary*)로 임명되어 1651년 1년 동안 출판물 허가관

낭비하지 않는 사람은 출판 교정원으로 봉급을 받으려는 사람들을 제외하고는 누구도 그런 일을 이어받으려 하지 않을 것이다. 우리는 이로부터 쉽사리 앞으로 맞이하게 될 허가관들을 생각할 수 있는데 그들은 무식하고 오만하고 게으르거나 아니면 돈이 없어서 그 일을 하는 자들일 것이다. 이것이 내가 밝히려 한 것이다. 즉, 이 허가 명령은 그것이 의도한 것과는 달리 그 목적을 달성할 수 없다는 것이다.[201]

나는 마지막으로 허가제가 아무런 선(善)을 낳지 못한다는 사실을 말해 왔는데 이제부터는 그것이 낳는 해악을 밝히려 한다. 첫째로 허가제는 학문과 학자들에게 최대의 좌절과 모욕을 가하는 것이 될 수 있다.

성직자의 직분 겸임제(*pluralities*)[202]를 없애고 교회의 수입을 평등하게 분배하자는 소리가 약간만 나와도 성직자들은 불

및 검열관으로 활동한 것으로 알려져 있다. 그는 같은 검열관이며 허가관이었던 *Mercurius Politicus*라는 신문의 편집인 니드함(Marchamont Needham)과 함께 이 일을 한 것으로 알려지고 있다. 이 점은 밀턴의 전기 연구가들에게 가장 설명하기 어려운 문제의 하나로 남아 있다. Masson, Ⅲ, 432와 Ⅳ, 87, 93, 324~25를 Lockwood, p. 90 n. 1에 인용한 것을 재인용한 것임.

201) 여기서 밀턴의 세 번째 주장은 끝나고 네 번째 주장이 시작된다.

202) 밀턴은 고위성직자가 여러 개의 성직록을 받는 것을 최대의 범죄로 보았다. 그는 *Apology to Smectymnuus*에서 "고위성직자들이 린넨으로 된 성직복으로 한 개의 엄지발가락 외에도 4개의 발가락을 성직록으로 덮고 있다"는, 즉 주된 성직록 외에 여러 종류의 특혜를 누리고 있다고 쓰고 있다. Hales, p. 30 n. 28 참조.

평과 개탄을 했는데 그렇게 하면 모든 학문의 발전이 위축되고 방해받을 것이라는 것이었다.[203] 그러나 그런 의견에 대해서 나는 십일조만큼도 학문이 성직자에 의해 성공 혹은 실패한다고 말할 수 있는 이유를 결코 알지 못한다. 또 능력을 갖추지 못한 교회를 담당하는 성직자가 지저분하고 무가치한 연설을 하도록 내버려두는 것도 나는 참을 수가 없다. 그렇기 때문에 만일 당신들이 그들 저자들을 크게 낙담시키고 불만을 품게끔 하는 것을 정말로 싫어한다면, 거짓으로 배움을 위하는 척 하면서 실은 보수를 목적으로 하는 위선적인 무리의 하나가 아니며 돈이나 또는 다른 목적을 위해서가 아니라 하나님과 그의 진리에 봉사를 하고자 하는 자유롭고 순진한 학도로 연구와 학문 그 자체를 위해 태어난 그런 류(類)의 사람들이라면, 인류의 선(善)을 증대시키기 위해 출판을 위해 노력한 자에게는 하나님과 선량한 사람들이 인정하는 영원한 명성과 찬양이 상으로 주어져야 한다는 데 동의한다면, 그렇다면 학문에서 일반적으로 좋은 평판을 지니고 있으며 그리고 결코 지금까지 과오를 범한 일이 없는데도 그의 판단과 정직성을 불신하면서 분파주의나 부정한 것을 조금이라도 퍼뜨리면 안 된다는 이유로 교사와 조사관 없이는 그의 정신을 인쇄하는 것을 불신하는 것은 그의 자유와 알려는 정신 그것에 가해지

203) 1641년 주교직을 없애는 법률이 하원에서 제안되었을 때 고위성직자들이 이를 반대하면서 내세운 명분은 그들이 운영해온 기금이 근면과 덕 그리고 학문발전에 기여해 왔다는 것이었다. Hales, p. 30 n. 26.

는 가장 불쾌한 일이고 모욕이라는 것을 당신들은 알고 있을 것이다.

만일 우리가 오직 체벌용 매를 피하기 위해 인쇄허가라는 교편(教鞭)[204] 아래 들어가야 하고 또 진지하고 공들인 저술의 주제[205]가 초급 학교 교사에 의해 문법을 배우는 학생의 주제 정도 이상의 것이 아니어야 하며 속물적이고 일시적인 허가권자의 피상적인 감시 없이는 무엇이든 출판될 수 없다면 우리 어른들이 초급학교의 소년보다 더 낫다고 할 수 있는 것이 무엇이 있는가? 그의 성향이 사악하지 않고 법과 처벌을 존중한다 하더라도 그의 행동에 그 자신이 신뢰를 두지 못하는 자는 바보이거나 이방인 이상의 존재가 아니기 때문에 그가 태어난 이 국가에서 그 자신의 가치가 존중되고 있다는 주장을 하기 어렵다. 어떤 한 사람이 글을 써서 세상에 내놓을 때는, 그는 이를 위해 그의 모든 이성을 동원하여 숙고를 다한다. 그는 탐구와 명상을 하고 부지런히 노력하고 그리고 현명한 친구들의 자문을 구하고 의논을 한다. 이런 온갖 노력을 통해 그는 그보다 앞서 씌어진 글에 대해 잘 알 뿐만 아니라 마찬가지로 그가 쓰고 있는 글도 스스로 잘 알 수 있게 된다. 만일 최고의 충실성 그리고 원숙성을 지닌 행위라는 것이 아무리 많은 시간과 노력을 바쳤다 하더라도, 그리고 또 그의 지난날의 훌륭한 업적도 그의 성숙성을 입증하게끔 하는 것이

204) 교사들이 쓰는 지휘봉과 같은 막대기.

205) 당시 영국의 초급학교에서 학생들에게 글짓기를 가르칠 때 학생들에게 주어지는 글제목.

아니라면, 또 만일 그보다 나이도 어리고 판단력도 뒤지고 책을 쓰는 노고를 결코 경험한 일이 없는 바쁜 허가관이 황급히 해버리곤 하는 검열을 위해 저자가 그의 모든 사려깊은 노력을 다해야 하고 한밤중까지 잠도 자지 않으면서 팔라스 여신(*Palladian*)[206]의 기름을 소비해야 한다면, 그리고 또 만일 그가 퇴짜를 맞지 않거나 혹은 무시당하지 않고 허가를 받는다 하더라도 검열관 때문에 하찮은 책이 되어 나오지 않으면 안 되고 그리고 책제목 바로 뒷장에는 그가 바보나 선동자가 아니라는 검열관의 허가와 보증서가 붙어서 나와야 한다면, 이는 저자와 책 그리고 학문의 특권과 존엄성에 대한 불명예와 손상을 낳을 뿐이다.

그리고 만일 저자가 상상력이 풍부한 사람이어서, 허가를 받은 후 그의 마음속에 덧붙여야 할 것들이 떠오르게 되면 어떻게 해야 하는가. 이런 일은 가장 훌륭하고 부지런한 저자에게는 책을 인쇄하는 중에도 드물지 않게 일어나는 일이다. 이런 일은 책 하나를 저술하는 과정에서 열두 번도 더 일어나는 일이다. 인쇄업자는 허가된 대장을 감히 넘어서려 하지 않을 것이다. 그렇다면 저자는 그때마다 검열관을 터덜터덜 찾아가 그의 새로운 보완 부분을 보여주어야 하는 피곤한 일을 해야

---

206) 팔라스(Pallas)는 그리스 신화에 나오는 지혜의 여신이다. 올리브 나무는 여신에게 신성한 것으로 "팔라스 여신의 올리브기름"(*Palladian oil*)이란 말은 고대 로마 시대에 관용구로 흔히 사용되었다. 밀턴이 여기서 말하는 팔라스의 기름은 연구하고 저술하는 인간의 능력과 지혜를 말한다.

할 것이다. 이렇게 추가로 허가받는 일은 같은 검열관에게 받아야 하기 때문에 저자는 허가관을 만나야 하고 만난다 하더라도 그가 시간이 있어야 한다. 그러는 동안 인쇄는 정지되어 적지 않은 피해를 내게 되거나 또는 저자가 그의 가장 정확한 뜻을 잊어버리게 되어 당초 생각했던 것보다 훨씬 열악한 책을 내놓게 될 것이며 이는 정성을 다하는 저자로서는 일어날 수 있는 최대의 슬픔이며 치욕이다.

그렇다면 한 인간이 어떻게 가르침의 생명인 권위를 가지고 가르칠 수 있으며, 그는 그의 책에서는 선생[207]이 되어야 하는데 어떻게 그렇게 될 수가 있겠는가. 혹은 그가 가르치고 전하는 모든 것이 오직 다른 사람의 지도 아래서 행해지거나 허가관이 마음 내키는 대로 하는 판단의 편협한 기분에 맞추어 그대로 먹칠하고 변경하여야 하는 그의 가부장적[208]인 교정지시 하에 있어야 한다면 저자들은 차라리 침묵하는 편이 더 낫다. 모든 예리한 독자들은 첫눈에 현학적인 글로 씌어진 허가증을 보게 되면 좀 떨어진 곳에서 들려오는 커이트(*quoit*) 놀이의 딩(*ding*)하면서 울리는 것과 같은 "나는 학생밖에 못되

---

207) 원문은 박사(*doctor*)임. 고대에는 교사(*teacher*)를 박사라고 호칭하였음. Hales, p. 117 n. 31 참조.

208) 아마도 이는 로드(Laud) 주교를 지칭한 것으로 해석된다. 그는 영국국교회의 대주교가 되려고 하였다는 비판을 받았다. 그는 울지(Wolsey)와 함께 로마의 신성(神聖)을 인정하면서 친 교황청 정책을 추구하였다는 비난을 받고 후에 런던탑에 유폐되었다가 처형되었다.

면서 가르치는 선생을 증오한다. 나는 주먹을 갖고 감시하면서 나를 후견인의 보호를 받는 미성년자로 만드는 교사를 참을 수 없다. 나는 허가관에 대해 아는 바가 아무것도 없지만, 여기에서 오만한 그의 손을 느낀다. 누가 나에게 그의 판단이 옳다는 것을 보증해 줄 수 있단 말인가?"하는 소리[209]를 쉽사리 들을 것이다.

"여러분", 출판인과 서적 판매인들은 즉각적으로 이렇게 항의하는 답을 보내왔다. "국가는 나에 대한 통치자임에는 틀림없지만 나에 대한 비평가는 아니다. 허가관이 저자에게 잘못을 저지를 수 있는 것처럼 통치자도 허가관을 선발하는 데 쉽사리 실수할 수 있다. 책도 마찬가지이다."[210] 아마도 그들은 프란시스 베이컨 경(Sir. Francis Bacon)[211]의 "이렇게 허락받

---

209) 커이트(*quoit*). 일정한 거리에 있는 고리에 말발굽을 던져 걸리게 하는 놀이. 딩하는 소리는 말발굽이 쇠로 된 고리에 걸리면서 내는 종소리 같은 것.

210) 원문은 'this is some common stuff'이다. 이 문장은 위 문장에 나오는 '허가관이나 국가가 오류를 범할 수 있다는 것은 공통적인 것이다'라는 의미로 해석될 수 있다. 그러나 달리 해석하면 누구나 오류를 범할 수 있다는 점에서 검열을 받기 위해 제출되는 책에도 오류가 있을 수 있다는 뜻으로 해석될 수도 있다. 여기서는 헤일스와 록우드의 해석을 따라 후자를 선택했다. Hales, p. 118 n. 14 및 Lockwood, p. 95 n. 4 참조.

211) 베이컨이 1589년에 써서 원고를 일부에게 배포하였으나 출판은 1640년에 된 것으로 이 글은 당시 주교가 특정한 팸플릿을 억압하고 있는 것을 비판한 그의 "An Advertisement touching the Controversies of the Church of England"라는 글에 나오는 말이

은 언어는 그 시대의 언어일 뿐이다"라는 말을 부연하였을 수도 있다. 비록 오늘의 허가관이 보통 사람보다 사려깊다 할지라도 그들의 후임자들은 그렇지 않을 수도 있어 대단히 커다란 위험이 될 수 있으며 게다가 허가 부서와 그 위원회는 이미 통상적으로 인정된 것을 제외하고는 아무것도 통과시키지 못하도록 그들에게 명령할 것이다.

아니, 더욱 개탄해야 할 일은 이미 고인이 된 저자의 경우, 그는 그가 살아 있을 때나 지금이나 결코 명성을 날렸거나 날리고 있는 사람은 아니지만, 그의 저술이 출판이나 재(再)출판을 위한 허가를 받기 위해서 그들에게 제출되었을 때, 그 속에 높은 열정을 갖고 대담하게 말한 험한 문장 하나가 발견되었을 때, 그리고 이것이 성령의 뜻을 적은 것인지 아닌지를 모르면서도 그것이 그들 자신의 천박한 기분에 적합하지 않다면, 그 글을 쓴 사람이 왕국의 개혁 주창자인 녹스(Knox)[212]

다. 그는 이 글에서 "실로 우리는 금지된 글은 이를 금지하려는 자가 밟아 끄려는 그의 면전에서 흩날리는 진리의 불티이고 반면 허가받은 것은 '시대의 언어'(*temporis voces*)일 뿐이라고 생각하고 있다"고 쓰고 있다. 밀턴은 이 글에서 시대의 언어(*the language of time*)라는 말을 인용한 것이다. Hales, pp. 118~119 n. 15 참조.

212) 존 녹스(John Knox : 1505~1572). 1564년 존 녹스는 스코틀랜드에서 가장 유명한 개혁 성직자이었다. 그는 스코틀랜드에 장로교를 세웠다. 그는 또 왕의 처단을 요구한 급진적인 개혁가로 밀턴은 찰스 1세 처형 후 이를 옹호한 그의 "Tenure of Kings and Magistrates"라는 글에서도 그를 스코틀랜드의 가장 유명한 개혁

였다고 하더라도, 허가관들은 그의 글을 지우고 옆에 고쳐서 쓰는 수정[213]을 면제해 주지 않을 것이다. 그리고 형식적인 허가인들의 두려움 혹은 무례한 무모함 때문에 이 위대한 인물의 정신은 후세에 전해지지 못할 것이다. 그리고 최근 이러한 폭력이 어떤 저자[214]에게 가해졌는가 그리고 가장 커다란 영향을 받은 책이 무슨 책인지를 나는 지금 예를 들 수 있지만 좀더 적절한 시기까지 보류하겠다.

그런데 이런 일들에 대해 이를 고칠 수 있는 힘을 가지고 있는 사람들이 이에 진지하고 시의적절하게 분노하지 않는다면, 이런 악성 종양은 탁월한 책들의 우수성을 부식시킬 것이며 또 최고의 가치를 지닌 인물이 사후(死後) 남긴 유산을 배신하는 기만적인 결과를 낳는 것이 될 것이다. 이런 슬픈 일은 인류의 불행이고 인간이 오성(悟性)을 소유하고 있다는 사실을 오히려 불행한 것으로 만드는 것이 될 것이다. 그렇게 되면 이제부터는 사람들이 학문에 관심을 갖지 않는 것도 내버려두고 그들이 세속적인 지혜 말고는 그외의 것들에 대해서

가로 언급한 바 있다.

213) 원문은 'dash'임. 이 말은 저자가 쓴 글을 펜으로 긋고 다른 말을 써서 넣는 것을 뜻함.

214) 밀턴이 구체적으로 누구를 지칭한 것인지 불분명하다. 그러나 그 저자는 에드워드 코크(Edward Coke)라는 주장이 있다. 또는 《스코틀랜드 개혁의 역사》(*History of the Reformation in Scotland*)의 존 녹스라는 주장도 있다. 이 책 초판은 1584년에 나왔는데 1644년 판에서는 몇 구절이 삭제되어 나왔다. Hales, p. 120 n. 32 및 Sirluck, p. 534 n. 170 참조.

는 관심을 갖지 않도록 하라. 왜냐하면 사람들이 더욱 고귀한 문제에 대해서 무지하며 태만하고 그리고 얼간이로 사는 것도 그렇게 살기를 원하는 사람들에게는 확실히 그것이 즐거운 삶이 될 것이기 때문이다.

그리고 그것은 지금 살아 있는 모든 지식인에 대한 특별한 경멸이고, 죽은 자의 기록물과 기념물에 대해서 최고의 해악인 것과 마찬가지로 나에게는 그것이 전 국가215)에 대한 비하이고 모욕인 것처럼 보인다. 나는 지금의 영국이 지니고 있는 모든 창조하는 능력, 기예, 지혜, 그리고 엄숙하고 확고한 판단을 하찮은 것으로 생각하지 않는다. 그러나 아무리 훌륭한 자들이라 할지라도 20명이 감독을 하면서 통과여부를 결정하고 그들이 수정을 요구하며 필자가 이를 따르지 않고는 허가장을 받아 유통시킬 수 없는 그런 일을 하기에는 너무 모자라는 수이다. 진리와 오성이라는 것은 티켓(*ticket*)216)에 의해 법률 조항이나 어떤 표준에 따라 독점217)되고 거래될 수 있는

---

215) 전국가(*the whole nation*). 여기서 전국가란 기독교 국가 전체를 말한다.

216) 일종의 라벨(*label*)과 같은 것으로 여기에 상품의 질에 관한 설명과 가격이 적혀 있으며 혹은 판매허가를 받은 것이라는 표시를 한 것을 의미한다.

217) 영국의 경우 엘리자베스 1세 시대는 외국무역 등 많은 부분을 국가가 독점(*monopoly*)하였다. 즉, 외국무역도 면허에 의해서만 할 수 있었다. 출판의 경우도 면허를 받은 자만이 출판업을 하였다. 이러한 국가독점은 억압을 낳았고 국민들의 불평을 낳는 중요한 원인이었다. 이를 폐지하는 법, 즉 독점금지법이 1624년 만

그런 것이 아니다. 우리는 지상의 모든 지식을 판매허가를 받은 옷감이나 양모처럼 마크를 넣고 감찰할 수 있는 주요 상품[218]으로 생각하면 안된다. 우리가 우리 자신의 도끼와 보습을 벼르도록 허락받지 못하고 모든 것을 20명[219]의 허가관의 주형대로 고쳐야 한다면 우리는 블레셋(Philistines)[220]에 의해 강요당하는 노예 이외의 무엇이라고도 할 수 없다. 만일 누가 정직한 사람에 대해 잘못되고 추잡한 이야기를 써서 그에 대한 사람들 사이의 좋은 평판을 오염시키고 그의 명예를 해친 경우 그래서 기소된 후 단지 견책 선고를 받았지만 그가 앞으로는 지정된 관리에 의해 먼저 검사를 받은 후에만 글을 써야

들어졌다. 독점에 대한 이러한 영국인의 경험을 밀턴은 상기시키고 있는 것이다.

218) 원문은 'a staple commodity'. 법에 의해 규정된 상품으로 양모, 피혁과 피혁제품 등은 당시 주요 상품으로 규정되어 왕실 세관에 의해 허가를 받아야 수출 혹은 판매할 수 있었다.

219) 이 구절은 당시 허가관이 20명이었다는 인상을 준다. 그러나 허가명령 공포 6일 후 의회는 모두 34명 — 의회내의 인원은 제외 — 의 허가관을 발표하였다. 허가관이 20명이었다는 증거는 없다. 혹시 그후 20명으로 줄었을 가능성은 있다. Sirluck, p. 535 n. 171 참조.

220) 블레셋. 고대 이스라엘 남부에 살며 그들을 괴롭혀온 민족으로 이 이야기는 사무엘서 13장 19~22절에 나오는 이야기이다. 그 내용은 "그 당시 이스라엘에는 대장장이가 한 명도 없었다. 블레셋이 히브리인들에게는 칼이나 창 같은 것을 만들지 못하게 했던 것이다. … 그래서 그 전쟁이 터졌을 때 사울과 요나단을 따르는 무리에게는 칼도 창도 없었다. …"이다.

한다는 처벌을 받게 된다면 그래서 어떤 관리에게 그의 글이 안전하게 읽힐 수 있는지를 판단하는 권한이 주어진다면 이는 어떤 모욕적인 처벌 못지않은 처벌로 이해될 수 있다.

전세계(*the whole nation*)[221] 그리고 이런 일을 범한 일이 없는 사람들을 포함하여 모든 사람들이 이런 의심을 받으며 그리고 항상 경계의 대상으로 금지상태 하에 놓여 있다는 것이 얼마나 병적인 현상인가 하는 것은 명확하다. 더욱 한심한 것은 채무자와 비행을 저지른 범죄자[222]는 감독자 없이 밖으로 나다닐 수 있는 반면에 불법적이 아닌 책들은 책제목이 씌어진 표지에 명백히 알아볼 수 있는 교도관의 소인이 없이는 유통될 수 없다는 사실이다. 보통 사람들에게도 그것은 모욕이다. 왜냐하면 이는 그들이 경솔하고 타락하였으며 무지한 사람들이기 때문에 영어로 된 팸플릿을 읽는 것도 마음을 놓을 수 없어서 그들을 감찰해야 한다는 것이기 때문이다. 이는 우리가 그들의 신념과 분별력이 이렇게 병들고 허약한 상태에

---

221) 'the whole nation'. 판에 따라 'nation'의 'n'이 대문자로 써 있기도 하다. 록우드판은 소문자로 되어 있다. 대문자인 경우 이는 유대인의 시각에서는 유대교를 제외한 전인류 혹은 국가를 의미하는 것이다. 여기서는 전체 기독교 세계를 의미하는 것으로 해석하였다.

222) 당시 수도원은—해체된 후에도—일종의 성역으로 그 곳에서는 채무자들이 자유롭게 지낼 수 있다. 도미니크회의 수도사(Blackfriars)나 성 마틴(St. Martin le Grand) 같은 알세이셔(Alsatia. 옛날 런던시에 범죄자나 빚에 쫓긴 사람들의 도피장소)에는 이들이 우글거렸다. 밀턴은 이를 말하고 있는 것이다.

있어서 의혹에 찬 감시 하에 허가관의 파이프를 통하지 않고는 아무것도 얻을 수 없다고 평가하는 것이다. 교황주의자들이 다스리는 지역에서 평신도들은 이렇게 증오와 멸시를 받는다. 그리고 이것이 평신도들에 대한 교황주의자들의 보살핌이고 사랑이라고 하는 것이다. 이러한 엄격함이 그들에게 적용되고 있다. 우리는 이를 지혜로운 일이라고 부를 수 없다. 이런 엄격함은 허가라는 성벽의 틈새를 빠져나가는 것 하나만을 막을 뿐 다른 방식의 것은 결코 막지를 못한다.[223] 다시 말하면 그것이 방지하고자 하는 부패를 허가라는 방식으로 막으려 하지만 폐쇄될 수 없는 다른 문들이 있어서 이 문들을 통해 부패가 더 빨리 퍼지는 것을 막지 못한다.

그리고 결론적으로 그것은 또 우리들의 성직자들에 대한 악평을 낳게 만든다. 우리는 우리로 하여금 마음의 양식을 수확하도록 우리들의 성직자들이 하는 일 또 이런 일에 대한 그들의 숙련성이 더 나은 것이기를 바란다. 그리고 또 흔히 행해지는 복음의 빛인 이들 설교가 앞으로 보다 더 나은 것이 되어야 한다고 바라고 있다. 그러나 성직자들은 지금까지도 무원칙하고 덕스럽지 못하며 속된 어중이 떠중이식의 설교를 많이 하고 있는 것이 틀림없는데 이런 설교들은 새로운 팸플릿의 공기를 한 모금만 들여마신다면 그들의 엔키리디온(Enchiridion)[224]식 설교와 크리스천의 길을 흔들어 깨어나게 만

223) 원문은 'because it stops but one breach of licence, nor that neither'. 영어의 고어에서는 강조를 위해 이중 삼중 혹은 4개의 부정사를 함께 썼다. 때문에 번역을 '결코' 막지를 못한다고 하였다.

들 것이 틀림없다. 보통 사람들은 허가없이는 단 석 장의 짧은 글도 자유롭게 읽도록 허용될 수 없는 자들이라고 생각하고 성직자들이 그 많은 훈계와 설교를 하는 데도 교인들이 얻는 것이 그처럼 작다고 과소평가된다면 이는 성직자들을 낙담시키기에 충분한 이유가 될 것이다. 이는 그렇게 수나 양에서 그들을 옹호하는 많은 설교와 강의 그리고 인쇄물이 있음에도 불구하고 그들의 것과 다른 책은 모두 판매불가의 것으로 만들어 놓는 것은 허가라는 성 앤젤로(St. Angelo)[225]의 성벽이 없이는 단 하나의 엔키리디온도 방어할 수 없다는 것을 의미하는 것이다.

상·하원 의원 여러분, 누군가가 여러분들에게 당신들의 이 명령이 학자들을 의기소침하게 만든다는 주장은 과장해서 하

---

224) 엔키리디온(Enchiridion). 그리스어로 손바닥에 넣을 수 있는 것이라는 의미임. 17세기 크리스천 병사를 위한 교리 문답용 소책자로 에라스무스(Erasmus)가 만든 것이었다. 이 책자는 종교~개혁시 널리 유행되어 큰 영향을 미쳤다. 밀턴은 성직자들이 아무런 노력없이 판에 박힌 설교를 한다는 부정적인 의미로 사용한 것으로 해석된다.

225) 원문은 'without the castle of St. Angelo of Imprimatur'임. '교황의 허가장이라는 보호없이'라는 의미. 성 앤젤로 성(城)은 서기 136년 모슬렘의 하드리안(Hadrian)에 의해 건축되어 서기 217년까지 황제의 능(菱)으로 사용되었다. 고트(Goths)족이 로마를 정복한 후에는 군사요새로 사용되었다. 그후는 집권자가 국민을 위협하는 요새로 사용되었고 교황 요한 12세(John XII) 이래 교황의 요새로 이용되었다. 밀턴 시대에는 교황청의 감옥으로 사용되고 있었다.

는 말이고 실제로는 그렇지 않다고 말할지도 모른다. 나는 이런 주장을 하지 못하도록 이런 종류의 엄격한 심문이 횡포를 부리고 있는 다른 나라에서 내가 보고들은 바를 열거해서 말할 수 있다. 나는 영예스럽게도 그 나라의 학자들과 자리를 같이한 바 있는데, 그들로부터 나는 철학적인 자유가 있는 영국과 같은 나라에서 태어난 행복한 사람으로 대접을 받았다. 반면 그들의 학문은 노예상태에 있으며 그들은 그저 이를 슬퍼할 뿐이었다. 이것이 이탈리아에서 지혜의 영광을 시들게 한 원인이었다. 지금 그 곳에는 지난 여러 해 동안 아첨과 과장을 하는 글 이외에는 다른 아무것도 씌어지지 않았다. 그 곳에서 나는 종교재판에 회부되어 연금 상태[226]에 있는 노년의 갈릴레오(Galileo)를 방문한 바 있다. 그는 성 프란체스코(St. Franciscan)와 성 도미니크(St. Dominican)의 허가관들이 생각한 것과는 다른 천문학을 연구했다는 이유로 종교재판에 회부되어 죄수로 지내고 있었다. 그리고 나는 그 당시[227] 고위성직자[228]들의 속박 아래서 영국이 극심한 신음소리를 내고

---

226) 원문은 'prisoner to Inquisition'임. 갈릴레오는 밀턴이 그를 방문하였을 때 일종의 연금상태에 있었다. 즉, 감옥에 있지는 않았지만 '보호하의 자유'(*libera custodia*) 상태에 있었던 것으로 알려지고 있다. 이는 특정한 지역 혹은 처소에 주거가 제한되는 것을 의미하는 것이었다. 그가 머물렀던 곳은 플로렌스(Florence) 근교의 마르텔리니(Villa Martellini)라는 곳이었다.

227) 1638년 로드(Laud)가 득세하고 있을 때이다.

228) 원문은 'prelatical'임. 고위성직(*prelacy*)이란 말은 국가의 고위성직자라는 라틴어에서 유래한 말로 이는 일종의 교회정부(*church*

있다는 것을 알고 있었지만 그럼에도 불구하고 나는 그것을 다른 나라 사람들이 그토록 감명을 받고 있는 영국의 자유에 대한 상징으로 받아들였다.

그럼에도 불구하고 만일 이 나라에서 살아 숨쉬고 있는 현인들(*worthies*)[229]에 대한 나의 기대가 지나친 것이라면 누가 지도자로서 이 세상이 끝날 때까지 어떤 대변혁이 일어나더라도 결코 잊혀지지 않을 그러한 일을 할 것인가. 허가명령이 처음 만들어지려 할 때 나는 이를 별로 걱정하지 않았다. 왜냐하면 의회가 소집되면 내가 다른 나라에서 들었던 것과 같은 종교재판에 대한 식자(識者)들의 반대와 불만의 소리가 국내에서도 나오게 될 것이라는 것을 의심하지 않았기 때문이었다.

그리고 나는 전적으로 그들과 생각을 같이한다는 것을 밝히면서 감히 이렇게 말할 수 있다. 시실리아 사람들에게 사랑을 받았던 한 정직한 감찰관(*quaestorship*)이 시실리아 사람들에 의하여 끈덕지게 베레스(Verres)[230]를 반대하도록 요청을 받

---

government)를 가리키는 말이다. '교회정부'의 관할권은 주교나 대주교 혹은 교구장이나 총주교에게 주어져 있다. 영국 교회에서는 주교와 대주교가 이들 고위성직자들이었다. 영국국교를 포함하여 감독교회를 제외한 청교도 등 다른 종파에서는 '고위성직'이란 말은 감독체제를 비꼬는 말로 사용되었다. 밀턴은 이런 의미로 사용한 것이다.

229) 고대 및 중세의 다윗, 카이사르 등 9명의 위대한 인물들. 이는 비유로 의회의원들을 의미한다.

230) 베레스(C. Cornelius Verres). 그는 기원전 73~71년 사이 시실

았는데, 당신들을 존경하고 또 당신들이 알고 존경하는 많은 사람들이 나에게 호의적인 의견을 갖고 내가 나의 정신 속에 옳은 이성을 불러들여 학문에 대한 부당한 속박의 제거를 위해 모든 것을 다하여 실망하지 말고 탄원하고 설득을 해야 한다는 짐을 지워주고 있는데, 이렇게 지금[231] 나에게 지워지고 있는 짐이 당시 그에게 주어졌던 짐보다 더 무거운 것은 아니라는 것이다.

때문에 이것은 상상 속의 나의 짐을 벗으려는 것이 아니라 통상적인 수준 이상의 정신과 탐구를 통해 사람들 사이에 진리를 발전시키고 진리를 향유하도록 하고 그리하여 그들이 많은 만족을 이루도록 하기 위해 모든 사람들이 공동으로 제출하는 청원이다. 그리고 그들의 이름으로 나는 친구이든 적이든 누구에게도 일반적인 불만의 소리가 무엇인지를 숨기지 않

리의 악명높은 독재자였다. 키케로가 베레스를 고발하는 연설을 끈질기게 7편이나 썼고 그리하여 베레스가 축출된 기원전 75년 그곳의 재정을 감찰하는 감찰관으로 부임하여 2회의 연설을 하였다. 이 연설문들 가운데 처음의 2편이 남아 있다. 여기서 밀턴이 말하고 있는 것은 그가 〈아레오파지티카〉를 쓰는 심정이 키케로가 베레스를 고발하는 연설문을 쓸 때의 의무감보다 결코 못하지 않은 의무감 속에서 쓴다는 것이다. 즉, 그는 식자들의 여론을 대변하여 이런 글을 쓴다는 것이다. 여기 나오는 감찰관은 키케로를 지칭한 것이다.

231) '지금'이란 말은 원문에는 없다. 그러나 원문을 나누어 옮기는 과정에서 이를 삽입하는 것이 의미를 전달하는 데 낫다고 생각하여 의역하면서 추가하였다.

을 것이다. 만약 다시 종교심문과 같은 심문을 하고 검열을 해야 하는 때가 온다면, 그리고 우리 스스로 아주 소심하고 모든 사람들을 의심하게 된다면, 마치 우리가 그 내용이 무엇인지를 알기도 전에 나뭇잎만 흔들려도 두려워하는 것처럼 모든 책을 두려워하면서 그처럼 소심하고 의심을 하게 된다면, 만일 죽은 자를 빼놓고는 살아 있는 사람들은 성직자들이 좋아하는 것을 제외하고는 이제 책 읽는 것도 못하게 만드는 훈계에 의해 침묵당하는 것보다 조금도 나을 것이 없는 상태에 있게 된다면, 그것은 누군가가 의도한 학문에 대한 또 다른 두 번째의 독재로 생각될 수밖에 없다. 그리고 그러한 억압은 주교들과 장로(*presbyters*)들이 이름과 실체 두 가지에서 차이가 있는가 하는 논쟁을 해보면 그들은 동일한 것[232]이라는 결론을 내리게 될 것이다.

지난날 25~26개의 교회 관구로부터 모든 국민들에게 골고루 퍼뜨려진 고위성직자들의 악들은 이제 빛에 비추어져서 우

232) 국교회의 주교(*bishop*)와 장로교의 장로(*presbyter*)는 동일한 것이라는 주장이 청교도들 주장의 중요한 한 부분이었다. 즉, 청교도들의 주장은 주교라는 이름이나 사제라는 이름은 동일한 직분에 붙은 다른 이름일 뿐이라는 것이었다. 이 문제는 당시 중요한 논쟁점이었다. 여기서 밀턴이 말하는 것은 장로파가 지배하는 의회가 출판의 자유를 억압한다면 억압적이었던 장로교의 성직자와 가톨릭 혹은 국교회의 성직자 사이에 아무런 차이가 없으며 주교와 사제 간에 차이가 있다 없다 하는 논쟁은 의미없는 것이라는 말이다. 이름만 바뀐 것으로 모두가 전제적이라는 뜻이다. Hales. p. 123 n. 37, Sirluck, pp. 539~540 n. 183 참조.

리에게 분명해질 것이다. 그렇게 되면 돌연히 지금은 지식을 가지지 못한 작은 교회의 목사(*pastor*)[233]는 큰 도서관구(*diocese*)[234]를 지키면서 그때까지도 책들을 없애지 않고 영혼의 다른 구제방식을 택하고 있던 설명 불가능한 다원주의자(*pluralist*)[235]인 대주교를 찬양하게 될 것이다. 그는 오래 전 오직 미혼의 수사 수련생에게만 성직을 서임하는 것을 조롱하였고 순진한 교구민들에 대한 독점적 지배권을 거부한 후 지금은 그의 사저에서 의자에 앉아 가장 가치있고 훌륭한 책들과 그 책들을 저술한 가장 유능한 저자들을 생각하면서 사색하고 있을 것이다. 여러분, 허가제 이것은 우리가 했던 서약과 항의(*covenants and protestations*)[236]를 통해 요구하고 합의했던 내용

---

233) 밀턴은 이 글의 이 부분에서 처음으로 '목사'(*pastor*)라는 명칭을 쓰고 있다. '목사'라는 명칭은 개신교 일반에서 사용하는 용어로 목회자(*minister*)와 같은 의미를 지닌 말이다. 가톨릭이 아닌 프로테스탄트의 목사를 지칭한 것으로 해석된다.

234) 도서를 관장하는 행정교구.

235) 당시 사람들은 다원주의자는 기인으로 생각하였다.

236) 1638년 2월 잉글랜드와 스코틀랜드의 국왕인 찰스 1세와 로드(Laud) 캔터베리 대주교가 장로파 교회가 지배하고 있던 스코틀랜드에 국교회의 기도와 의식을 강요하였다. 그러자 스코틀랜드의 귀족, 시민, 농민 등 전계급이 그들의 장로파 교회에 충성을 다한다는 '엄숙한 계약'(*Solemn Covenant*)이라는 협정에 서명하였다. 찰스는 이를 무력으로 진압하려 하였다. 그러나 군사력이 우수한 스코틀랜드와 왕군은 제대로 싸우지도 못하고 휴전에 들어갔다. 이것이 '주교전쟁'이었다. 그후 장기의회가 열리고 왕당파와 의회파가 전투를 벌이는 내란에 들어갔을 때, 의회파는 스

이 아니다! 이것은 고위성직제를 철폐하는 것이 아니다. 이것은 감독(*episcopacy*)[237]을 단지 이름만 바꾸는 것일 뿐이다. 이것은 대주교궁(Palace Metropolitan)[238]의 지배를 단지 다른 지배로 바꾸려는 것이다. 이것은 우리들이 고해성사를 함으로써 고통을 감할 수 있다는 오래된 교회법의 비결과 같은 것일 뿐이다. 선부르게 허가받지 않았다고 단순한 팸플릿 하나에도 깜짝 놀란다면, 그 다음에는 곧 비국교도들이나 장로파의 모든 비밀집회(*conventicle*)[239]를 두려워하게 될 것이고, 그리고 또 그 다음에는 크리스천의 모든 비밀집회를 두려워하게 될 것이다.

코틀랜드의 군사적 지원을 요청 1643년 및 1644년 '엄숙한 연맹과 서약'(*The Solemn League and Covenant*)을 체결하였다. 1641년 찰스 1세는 의회를 정복하기 위해 군대를 의사당으로 진입시키려 하였다. 이때 하원은 항의(*Protestation*)를 가결하였다. 그 내용은 영국민의 합법적인 권리와 자유를 지키겠다는 서약을 하나님 앞에 맹세한 것이었다. 밀턴이 여기서 말한 '국민서약과 항의'란 이들 모두를 가리키는 것이다.

237) 감독(*episcopacy*). 주교(*bishop*)와 같은 말이다. 감독제도는 교회정체에서 하나의 관할구역에 감독을 두어 그로 하여금 교구를 다스리게 하는 제도이다. 밀턴은 이러한 감독제도를 비판하고 있는 것이다.

238) 캔터베리 대주교의 런던 주거궁. 람베스 저택(Lambeth House). 주 98) 참조.

239) 비밀집회(*conventicle*). 이 말의 원의미는 집회(*meeting*)이다. 17세기 영국의 경우 비국교도나 영국국교도인 교인들의 집회는 불법이었다.

그러나 나는 정의로운 규범 그리고 꿋꿋함에 의해 통치되는 국가나 바위같이 굳건한 믿음과 참된 지식 위에 세워진 교회는 그렇게 소심해서는 안된다고 확신한다. 종교계는 아직 그렇게까지 되지는 않았지만 저술하는 자유가 고위성직자로부터 모방한 방식과 종교재판으로부터 배운 방식에 의해 억압을 받아 허가관의 마음에 따라 우리 모두가 다시 침묵당하게 되어 모든 학식있는 사람과 종교적인 사람들에게 의혹과 좌절을 안겨 준다면 이에 대해 그들에게 제시할 수 있는 명분이 있어야 한다. 이런 정치적 동향의 교묘함과 이를 획책하는 자가 누구인가를 우리는 생각해 보지 않을 수 없다. 주교들이 곰놀리기[240]에서의 곰처럼 지쳐 빠져 있을 때는 모든 출판은 자유로울 수 있었다. 의회의 시대에 출판의 자유, 그것은 인민의 생득권이며 특권이었고 어둠을 뚫고 비치는 빛이 아니었던가?[241]

그러나 지금 교회의 주교제는 폐기되고 주교들은 축출되었지만, 마치 그 이상 추구되어야 할 개혁은 없는 것처럼 주교자리는 다른 이름으로 다른 사람들에게 만들어 주어지고 감독

---

240) 원문은 'baited down'임. 영국에 있었던 곰놀리기 놀이(*bear-baiting*)에서 유래한 말. 즉, 쇠사슬에 곰을 묶어 놓은 후 개가 덤벼드는 놀이이다. 놀이 끝에 곰이 지쳐 쓰러진 상태와 같이 주교들이 지쳐 있는 상태를 비유한 말로 해석됨. 밀턴 시대 이 놀이는 금지되었으나 사라지지도 않았고 또 사람들이 잊지 않고 있었다.

241) 의문부호 '?'는 헤일스판과 록우드판에는 있으나 써럭판과 엘리어트판에는 없다. 여기서는 전자를 따랐다.

제의 기술은 다시 꽃피기 시작하여 진리의 항아리에는 기름이 말라버렸으며 출판의 자유는 다시 고위성직자 20인의 출판허가위원회[242] 하의 노예상태에 들어갔으며 인민의 특권은 무효화되었다. 그리고 더욱 나쁜 것은 학문의 자유는 다시 지난날의 족쇄에 묶이고 신음소리를 다시 내지 않으면 안되게 되었다는 것이다. 이 모든 것이 지금 열리고 있는 당신들의 이 의회에서 만들어진 것이다. 고위성직제를 반대하는 최근의 주장과 반론은 지난날의 그들을[243] 상기시킨다. 그러나 이러한 폭력적인 억압은 대부분의 경우 말 그대로 그것이 추구하는 목적과 전적으로 반대되는 결과를 낳는 행위이다. 즉, 교파와 종파를 억제하는 것이 아니라 그것은 그들의 영향력을 더욱 증대시키고 그들의 명성을 높여주게 된다. 비스카운트(Viscont)의 성 알반스(St. Albans)는 "지혜에 대한 처벌은 지혜의 권위를 높인다" 그리고 "저술을 금지하는 것은, 그들의 면

242) 성청령에 의해 런던시에서는 출판 및 서적판매업이 오직 20명에게 허가되었다.

243) 지난날 반대자에게 가혹한 형벌을 가한 자들을 지칭하는 것으로 해석된다. 예로서 1630년도 후반 국교파와 청교도 간의 갈등이 첨예화되었을 때 로드(Laud) 등은 청교도 저술가들에 대해 일련의 폭력을 행사하였다. 로드에 반대했던 변호사였던 윌리암 프린(William Prynne)에게는 선동비방죄(*seditious libel*)라는 죄목으로 그 약자 'SL'을 그의 뺨에 새겼다. 그는 이미 3년 전에 여왕을 비방했다는 죄목으로 귀를 잘린 바 있었다. G. E. 에일머, 임희완 역, 《청교도혁명에서 명예혁명까지》, 삼문, 1986, 107쪽 참조.

전(面前)에서 번뜩이는 진리의 불꽃을 짓밟아 없애려는 것이다"[244] 라고 했다.[245]

그렇기 때문에 이 명령은 종파의 유모(乳母)임이 증명될 것이고 그리고 나는 여기서 그것이 진리(*Truth*)[246]의 무정한 계모가 될 것이라는 것을 쉽사리 보여주겠다. 그리고 그것은 무엇보다 먼저 우리로 하여금 이미 알고 있는 바의 것을 유지하는 것을 불가능하게 함으로써 그렇다.

숙고하는 데 숙련된[247] 사람은, 우리의 믿음과 지식이 우리의 팔다리나 기질과 마찬가지로 훈련에 의해 잘 성장할 수 있다는 것을 익히 알고 있다. 성경에서 진리는 물이 쉬지 않고 솟아 나오는 샘에 비유된다. 만약 끊임없이 물이 솟아 나오지 않는다면, 그들은 순응주의와 전통의 진흙탕 속에서 썩어 못 쓰게 될 것이다. 사람은 진리를 믿는 데 이단적(*heretics*)[248]이

244) 주 211) 참조. 이 말은 원래 베이컨이 한 말이다.

245) 밀턴이 주장하는 네 번째 주장은 다시 세 가지로 세분된다. 여기까지가 그 첫 번째이다.

246) 밀턴은 진리를 대문자의 Truth로 유별나게 쓰고 있다. 이는 강조하기 위해 대문자를 사용한 것으로 해석될 수도 있다. 그러나 그보다는 대문자 'T'는 절대적이며 보편적인 하나의 진리를 의미하는 것으로 해석하는 것이 온당할 것으로 보인다.

247) 원문은 'uses'임. 이는 'is accustomed'로 해석된다.

248) '이단'(*heretic*)의 어원은 그리스어임. 이 말은 '선택' 혹은 '사상이나 행동의 선택'이라는 의미이다. 이 말은 또 알려지지 않은 외국어를 쓰는 것을 의미하기도 한다. 여기서 밀턴이 의미하는 것은 알지 못하면서 진리라고 믿는 것을 뜻한다.

될 수도 있다. 그리고 만일 그가 다른 근거는 없이, 단지 그의 목사(*Pastor*)[249]가 그렇게 말했기 때문에, 그리고 의회가 그렇게 결정했기 때문에 믿는다고 한다면, 비록 그런 믿음이 사실이라 할지라도, 그가 믿고 있는 진리 그것은 단지 이단(*heresy*)에 지나지 않을 뿐이다. 사람들은 어떤 다른 문제에서보다 종교에서는 더 쉽게 자신의 책임이나 일을 다른 데에 미루어 버린다. 그리하여 로레토(Loretto)[250]의 열렬한 교황 절대주의자처럼 맹목적인 믿음(*implicit faith*)[251] 속에서 형편없는 바보처럼 살다가 죽는 프로테스탄트들 그리고 이를 공개적으로 인정하는 신교도[252]들이 있다는 것을 우리 모두는 알고 있다.

쾌락과 이윤에 중독된 부자는 종교란 너무 복잡하게 얽혀

---

249) 국교회를 제외한 개신교의 사제, 즉 목사. 주 233) 참조.

250) 이탈리아 중부에 있는 중세부터 현대에 이르기까지 순례자가 가장 많이 찾는 성지의 하나이다. 이곳 가톨릭 성당에는 성모 마리아가 예수 그리스도의 유년시절 그와 함께 살았다는 마리아의 집 산타 카사(Santa Casa)라는 베들레헴의 집(Holy House)이 있다. 이 집은 13세기 말 터키의 침입으로 달마치아(Dalmatia) 등으로 이전되었다가 이곳으로 1295년에 이전되었다. Hales, p. 127 n. 8.

251) 개인의 탐구에 의한 믿음이 아니라 타인의 권위 ― 특히 교회 ― 에 의해 믿는 것. 즉 의혹감이나 알려고 하는 것이 없이 단순하게 믿는 것.

252) 원문은 'professor'임. 이는 공개적으로 자신의 종교를 밝히는 사람을 의미하는 데 주로 로마가톨릭을 반대하는 프로테스탄트들 가운데 그런 자들을 의미한다.

있고 또 너무나 부실한 계산이 많은 거래여서 그가 거래를 위해 물품관리를 어떻게 해야 하는지 이해할 수 없는 전혀 불가사의한 사업이라고 생각한다. 그는 무엇을 해야 하는가? 그는 기꺼이 자신이 신자라고 할 것이며 그리고 옆의 다른 신자들과 보조를 맞추면서 신앙생활을 해나갈 것이다. 그렇기 때문에 그가 할 수 있는 것은 애써 믿는 것 외에 다른 해결책은 없으며 그리고 어떤 사람을 찾아 그의 배려와 신망을 믿으면서 자신의 종교문제에 관한 관리를 전부 맡길 수밖에 없다. 그들 관리자들은 성경을 해석하고 판단할 수 있는 성직자들이다. 그 부자는 성직자를 믿고 모든 자물통 및 열쇠와 함께 그의 종교의 전 창고를 그의 성직자가 관리해 주도록 맡긴다. 그의 종교는 실로 바로 그 성직자가 만든다. 그가 그 성직자와의 관계를 존중하는 것은 그의 신앙심을 입증하는 충분한 증거이고 그의 경건한 신앙을 높이 평가한다는 것을 의미하는 것이다. 그래서 어떤 사람은 그의 신앙심은 이제는 더 이상 그 자신 안에 있는 것이 아니라 그 자신으로부터 분리되어 움직이는 것[253]으로 그 훌륭한 성직자[254]가 얼마나 그의 집을 자주 방문하느냐에 따라 그를 떠나기도 하고 찾아오기도 하는 것이라고 말할 수 있다.

---

253) 원문은 'dividual'임. 신앙심은 각자의 마음속에 있는 것이 아니라 자신의 마음 밖에 있는 것으로 성직자와 같은 다른 사람에게 달려 있다는 의미.

254) 원문은 'good man'임. 이는 위에서 말한 종교문제를 전적으로 담당하고 있는 성직자를 지칭한 것이다.

그는 그런 성직자를 즐겁게 하고, 선물을 주며, 그에게 잔치를 베풀고, 그가 머물 곳을 제공한다. 그의 신앙심인 성직자는 밤이 되고 기도할 때는 집으로 돌아와 저녁을 먹은 후 편안하게 잠자고 일어나 인사를 받고 그리고 맘미산 백포도주(*malmsey*)나 잘 익은 맥주를 든 후 그가 즐겨 먹는 베다니(Bethany)와 예루살렘(Jerusalem) 사이에서 나는 파란 무화과가 나오는 아침식사보다 더 좋은 아침을 든다. 그의 신앙심인 그 성직자는 8시에는 밖으로 나가고 그의 이 친절한 환대자가 하루종일 신앙심은 잊고 자신의 상점에서 장사를 하도록 내버려둔다.

또 다른 류의 사람들도 있다. 그들은 모든 것은 명령되고 규제되어야 하며 그리고 정해져야 하고, 모든 진리는 톤세(*tonaging*)[255]와 파운드세(*poundaging*)를 징수하는 세리의 세관을 거치지 않고는 아무것도 자유롭게 씌어질 수 없다는 말을 듣게 되면 곧바로 그들 자신을 당신의 손에 맡기고 종교가 좋아하는 대로 그들의 글을[256] 고치고 잘라내는 사람들이다. 그

255) 헨리 7세(Henry Ⅶ)는 그의 재위중 수출입 물품에 '톤세와 파운드세'라는 이름의 세금을 징수, 왕실수입으로 하는 입법을 한 바 있다. 찰스 1세는 이를 의회의 동의없이 부과하려 하였다. 장기의회의 제1차 회기에서 이 문제는 격렬한 논쟁을 낳았고 결국 1641년 일정한 기간동안만(그해 7월 15일까지) 이 세금의 징수에 동의하였다. 이 사건으로 찰스는 의회의 동의없는 세금징수를 할 수 없다는 것에 동의하게 되었다. 세금은 수입되는 포도주의 경우 한 통에 3실링 다른 물품은 파운드당 1실링이었다.

256) 원문은 'make em and em out what religion ye please'임. 'em'

곳에는 그들의 눈과 귀를 즐겁게 하는 환희와 즐거움이 있으며 그들은 해가 떠서 지는 하루하루를 기쁨 속에서 보내고 지겨운 한해를 환희의 꿈처럼 감동적인 것으로 만들 것이다. 다른 사람들이 그토록 엄격하고 그토록 획일적으로 간섭하면서 그들이 먹을 양식을 마련해 주는데 왜 그들이 그들의 머리를 고통스럽게 만들 필요가 있는가? 이는 우리가 바보같이 안이하게 우리의 지식 탐구를 중지할 때 사람들에게 주어질 미래의 결과이다. 이와 같은 순종적인 만장일치란 가능하다면 얼마나 바람직하고 훌륭한 것인가. 이런 훌륭한 동질성은 우리 모두를 단단하게 하나로 만드는 것이 아닌가! 그것은 의심할 필요없이 1월이면 얼어붙는 얼음덩어리 같은 것이다.

그 결과는 성직자 자신의 경우에도 크게 나은 것은 아닐 것이다. 보수를 받으면서 성직록(聖職祿)과 헤라클레스 자리(Hercules pillas)[257]에서 후한 혜택을 누리고 있는 교구 사제가 만일 그의 연구를 향상시키려는 아무런 노력도 하지 않는 경우 그는 영어로 된 용어 색인집(*English concordance*)[258]과 공

은 오늘날의 them으로 엘리자베스 시대 영어에는 흔히 나오는 것임.

257) 지브롤터(Gibraltar) 해협 양안에 있는 두 개의 커다란 바위로 고대인들은 이를 헤라클레스가 세운 지구의 서반구를 지지해 주는 기둥으로 생각하였다. 밀턴은 최고의 야심과 욕망을 갖고 있다는 의미로 사용한 것이다.

258) 콘코던스(*concordance*). 용어 색인집이라는 뜻. 밀턴 이전 시대에 몇 종류가 출판되었다. 최초의 것은 1225년에 나온 라틴어 성경의 영어판 성경(Vugate Bible)에 대한 용어 색인이었다. 이외

관서(共觀書, topic folio)[259]를 끝으로 그의 수업과정(*circuit*)을 마치면 되고, 그리고 대학에서 안정된 생활[260]을 하려는 경우는 교부들의 특정한 공통적인 교의들을 그들의 용도와 동기, 특징 그리고 방법 등에 주의를 기울이면서 공부하고, 하모니(*harmony*)[261]와 카테나(*catena*)[262]를 읽는 것으로 그들의 연구를 끝낸다는 이야기는 오늘날 처음 듣는 이야기가 아니다. 그리고 마치 알파벳이나 도레미파 음계를 갖고 이들을 구성하고 재구성하면서 다양하게 합하고 분리하는 것처럼 이들 책들로부터 한 권의 작은 책을 만드는 기술과 두어 시간의 명상으로 그가 매주 행하는 설교 의무를 다할 수 있다. 행간번역 성경(*interlinearies*)[263]이나 일과(日課) 기도서(*breviaries*)와 개관서(*synopses*)와 다른 게으름뱅이를 위한 서적들의 도움을 끝없이 받는 것은 제외하더라도 그렇다.

그러나 미리 인쇄되어 쌓여 있는 어렵지 않은 내용으로 된 수많은 설교 교본들이 있었고 그래서 우리 런던의 시장(市

1523년에 만들어진 히브리어판 성경 용어 색인집이 베니스에서 출판되었고 1621년까지 재판이 나왔다. 1638년 그리스어 신약성경 용어 색인집이 발행된 바 있다.

259) 공관서. 명문만을 뽑아 만든 비망록과 같은 책.

260) 원문은 'sober graduateship'임. 이는 대학에서의 안정된 직업생활을 뜻하는 것임. Hales, p. 130 n. 28.

261) 성경에 기술된 그리스도의 삶 가운데 일치하지 않는 것을 조화롭게 해석, 정리한 핸드북.

262) 교부들의 글 가운데 정수를 뽑아 이를 시리즈로 묶은 성경 주석집.

263) 행마다 번역되고 주석이 붙은 성경.

場)[264]인 성 토마스(St. Thomas) 그리고 성 마틴(St. Martin)과 성 휴즈(St. Hugh) 성당의 성스러운 곳으로 지정된 곳에는 이미 기성품으로 만들어진 것 외에는 없다.[265] 그곳에 책들이 풍요하게 많이 있지만, 설교에서 금하는 책이 있을 염려는 전혀 할 필요가 없을 정도로 궁핍하다. 혹 그가 사방으로 완전히 포위당하지 않아서 그리고 완고한 허가관이 비밀의 문을 지키지 않아서 대담한 내용의 책이 간혹 나와 참호 속의 연년(年年)히 내려오는 책들을 공격할 수도 있다. 이런 책들은 그들 성직자들의 관심을 자아낼 것이고 그들을 깨어나게 하고 감시를 하게 만들 것이다. 그리고 이는 그가 이미 받아들이고 있는 의견들에 대해서 감시자와 파수꾼을 세우는 것이고 그의 동료 누구 하나라도 유혹의 길로 빠질까봐 걱정하면서 그의 동료 감시자와 함께 둘러보고 다시 둘러보게 할 것이다. 이렇게 하는 동안 그들은 아마도 더 나은 가르침과 훈련 그리고

---

264) 당시 이들 성당 근처에 시장이 있었다. 이 시장에서는 다른 물건들도 있었지만 다양한 설교용 글들이 인쇄되어 판매되고 있었다. Hales, p. 130 n. 6 참조.

265) 이 구절 가운데는 애매한 부분이 있음이 지적되고 있다. 예를 들어 성 휴즈 성당이 그 곳에 있었는가 하는 문제 같은 것이다. 헤일스는 그런 이름의 성당을 확인할 수 없다고 밝히고 있다. 그러나 밀턴이 말하고 있는 내용은 분명하다. 그 곳에서 살 수 있는 것은 오직 정해진 내용—금지되지 않은—을 담은 인쇄된 설교문뿐이었다는 것이다. 밀턴은 무식한 목사나 설교자들이 이들을 구입하여 설교를 하였다는 당시 성직자의 무지와 무능을 비판한 것이다. Hales, p. 131 n. 153 참조.

수련을 받을 수 있을 것이다. 하나님은 이런 부지런함의 무서움을 옹호하셨는데 그렇다면 우리도 그러해야 하는데도 허가명령은 우리로 하여금 교회의 게으름에 영향을 미치지 못하게 만들고 있다.

만일 우리가 옳다는 것을 확신하고, 진리를 불의(不義)하게 막지 않는다면[266] 또 그렇게 되지 않을 것이라는 점을 믿는다면, 그리고 우리가 스스로 우리 자신들이 가르치는 것이 허약하고 천박한 것이라고 비하하지 않는다면 또 사람들을 신앙심도 없고 배운 것도 없는 떠도는 군중이라고 생각하지 않는다면, 우리가 잘은 모르지만 분별력있고 배운 바 있는 양심적인 사람이 우리가 알고 있는 바의 것을 우리에게 가르친 그들이 선이라고 여기는 것을 위험스럽게 집집마다 찾아다니며 말할 것이 아니라 공개적으로 그의 생각이 무엇인가를 쓰고 그리고 그 이유가 무엇이고 그런 이유로 지금 생각하는 것들이 왜 건전한 것이 될 수 없는지를 세상에 밝히는 것 이상 더 공정한 일이 있을 수 있겠는가?[267] 그리스도는 공중[268] 속에서 설교

---

266) 원문은 'hold the truth guiltily'임. 이 구절은 로마서 1장 18절에 나오는 것이다. 그 구절은 "하나님의 진노가 '불의한 행동으로 진리를 가로막는 인간의 온갖 불경과 불의'를 치시려고 하늘로부터 나타납니다"이다. 영어로는 "for the wrath of God is revealed from heaven against all ungodliness and unrighteousness of men, 'who hold the truth in unrighteousness'"이다(위의 ' ' 표시는 역자가 붙인 것임). 밀턴의 'hold the truth guiltily'는 성경의 'who hold the truth in unrighteousness'와 동일한 의미임. Hales, p. 132 n. 22 및 성경 로마서 1장 18절 참조.

하는 것을 고집하였는데 그럼으로써 그는 자신의 입장을 정당화하였다. 더구나 글은 설교보다 더 공개적이다. 반론을 펼치기에도 더 쉽다. 만일 필요에 의해 단순히 진리의 우승자가 되려고만 하더라도 그렇게 되기 위해서는 거쳐야 할 수많은 관문들이 있고 그리고 전문적으로 수행되어야 할 일들이 있다. 만일 이런 것들을 무시한다면 그 이유는 게으름이나 무능력 외에 무슨 다른 이유가 있을 수 있겠는가? 그래서 우리가 알게 되는 참된 지식을 향해 나아가는 데 허가라는 과정은 많은 장애를 낳아 지식을 더 추가하는 것을 못하게 한다. 허가관들은 세상의 다른 세속적인 직업과 달리 성직자 관리기관[269]의 요구에 응해야 하기 때문에 그들 스스로가 더 크게

267) 의문부호 '?'는 헤일스판과 록우드판에는 있고 써럭판과 엘리어트의 하버드판에는 없다. 여기서는 전자를 따라 옮겼다.

268) 이 이야기는 요한복음 18장 20절에 나온다. 그 구절은 "나는 세상 사람에게 버젓이 말해 왔다. 나는 언제나 유다인들이 모이는 회당과 성전에서 가르쳤다. 내가 숨어서 말한 것이라고는 하나도 없다"이다.

269) 성직자 관리처(Ministry). 원래는 'Ministery'이지만 판에 따라 'Ministry'로 되어 있는 것도 있다. 이 기관은 목사나 성직자의 임명 등을 관리하는 기관이었다. 그리고 밀턴은 여기서 허가명령이 종교문제에 대한 검열을 주된 목적인 것처럼 말하고 있다는 인상을 주고 있는데 사실은 그렇지 않았다는 것에 주의할 필요가 있다. 실제로 허가관 34명 가운데 종교계를 대표한 허가관은 12명이었을 뿐이다. 허가 명령은 실은 당시 왕당파와 의회파가 내전을 하고 있던 상황에서 왕당파의 팸플릿을 억압하기 위한 것이었다. Sirluck, p. 548 n. 218 참조.

마음의 상처를 받고 부담을 갖는다. 때문에 만일 그들이 하지 않으면 안되는 공적 임무를 다하려면 필연적으로 이 임무든 저 임무든 한 가지는 무시하지 않으면 안되는데, 그렇다면 나는 읽고 안 읽고 하는 것은 각자 개인들이 판단하는 문제이기 때문에 그들이 그곳에서 그들 자신의 양심에 따라 결정해야 한다고 주장한다.[270)]

나는 이런 허가라는 책략이 우리에게 믿을 수 없을 만큼 많은 손실과 해악을 준다는 것을 밝혔다. 그러나 아직 말해야 할 것이 더 있다. 이들보다 더욱 나쁜 것은 이것이다. 만일 바다에서 적이 선박의 정박처와 항구 그리고 만(灣)을 봉쇄한다면 그것은 우리들의 가장 값진 물품인 진리의 수입을 방해하고 지체시킬 것이다. 그러나 그것만이 아니다. 그것은 반(反)크리스천적인 세력이 악의와 기만[271)]적인 술책으로 가능한 한 개혁의 빛을 말살하기 위해 그리고 허위를 정착시키기 위해 행한 것이었다. 그것은 투르크(Truk)[272)]가 인쇄의 금지

---

270) 여기까지가 밀턴이 주장한 네 번째 주장의 두 번째 항목은 끝나는 것으로 해석된다.

271) 원문은 'Antichristian malice and mystery'임. 밀턴 시대의 프로테스탄트들은 로마 가톨릭을 바빌론과 같은 것으로 확신하고 있었다. 적그리스도 이야기는 요한계시록 17장 3장에서 7장의 "그 짐승의 몸에는 하나님을 모독하는 이름들이 가득히 적혀 있었고 머리 일곱에 뿔이 열 개나 달려 있었습니다. … 그리고 그 이마에는 온 땅의 탕녀들과 흉측한 물건들의 어미인 대바빌론…"이라는 구절에 나온다. 'mystery'는 잔꾀나 기만과 같은 뜻이다.

272) 터키에서는 19세기 초반까지 출판의 자유가 없었고 1831년까지

를 통해서 코란(Alcoran)[273]을 확립시켰던 것과 조금도 다르지 않은 것이다. 우리는 우리가 향유하는 진리의 양이 대단히 많다는 것을 부정하지 않으며 그리고 특히 우리와 교황과의 관계에서 주요 논쟁점인 우리 성직자들의 예속 문제에서 우리가 예속되어 있지 않다는 것에 대하여 대부분의 다른 나라들보다 더 크게 하나님께 감사하고 경배해야 한다는 것을 기꺼이 고백한다. 그러나 우리가 이 정도에서 텐트를 치고 머물러야 한다고 생각하고 그리고 우리가 최고 수준의 개혁에 달했다고 생각하는 사람도 그것을 우리가 거울[274]에 비추어 보면 희미한 것으로 완전한 상태의 진리가 되기까지는 아직 많이 부족하다는 것을 알게 된다고 나는 주장한다.

진리는 실로 지난날 신성한 구세주와 함께 이 세상에 왔었고 보기에 가장 영광스러운 완전한 모습이었다. 그러나 그가 하늘로 승천하자 그의 사도들이 그를 따라 잠들게 되고 사악

는 신문도 없었던 것으로 보인다. 터키 최초의 신문은 정부 기관지였던 *Tatler of Events*로 콘스탄티노플(Constantinople. 현재의 이스탄불)에서 발행된 것이었다.

273) 원문은 'Alcoran'임. 'Al'은 'the'이고 'coran'은 강연(*lecture*) 혹은 독서(*reading*)의 뜻임.

274) 원문은 'mortal glass'로 희미하게 보이는 거울을 의미한다. 이 말은 고린도전서(1) 13장 12절에 나오는 것이다. 그 내용은 "우리가 지금은 거울에 비추어 보듯이 희미하게 보지만 그때에 가서는 얼굴을 맞대고 볼 것입니다. 지금은 내가 불완전하게 알 뿐이지만 그때에 가서는 하나님께서 나를 아시듯이 나도 완전하게 알게 될 것입니다"이다. Hales, p. 133 n. 33 참조.

한 사기꾼들이 곧바로 나타났다. 이 사기꾼들은 이집트의 타이폰(Typhon)과 그의 공모자들이 선한 오시리스(Osiris)를 다룬 이야기[275]에 나오는 것처럼 더럽혀지지 않은 동정녀와 같은 진리를 수천의 조각으로 토막내어 사방으로 흩뿌렸다. 이를 슬퍼한 그의 친구들은 오시리스의 토막난 몸체를 찾기 위해 이시스(Isis)가 행한 조심스러운 수색을 모방하여 오르고내리면서 사지 하나하나를 찾아 맞추어 마침내 그 몸체를 다시 온전하게 만들었다. 상·하원의 의원 여러분, 우리는 아직 그들을 다 찾지 못했다. 주님이 재림하실 때까지는 또 그럴 수도 없을 것이다. 하나님께서 그들 모두를 함께 가져가셔서 그들을 가지고 사랑과 완전함을 가진 하나의 불멸의 형상을 만드실 것이다. 기회가 있으면 어떤 곳에서든 행해지는 검열을 통한 금지, 진리의 끊임없는 탐구를 금하고 방해하는 것 그리

275) 타이폰(Typhon)은 악의 신이고 선의 신 오시리스(Osiris)의 형제이다. 오시리스가 세상을 한 바퀴 둘러보고 돌아오자 그 동안 그를 죽이려는 음모를 꾸미고 타이폰은 아름다운 상자를 하나 만든 후 이 속에 들어가 보는 자에게 이를 주겠다고 말한다. 오시리스만이 자원하여 그 속에 들어가 눕자 타이폰과 그 일당은 뚜껑을 닫은 후 꽁꽁 묶은 다음 이를 강에 버렸다. 오시리스의 누이이며 아내인 이시스(Isis)가 그 상자를 고난 끝에 찾아냈다. 그러나 이시스가 잠시 자리를 비운 사이에 타이폰은 다시 오시리스의 시신을 14개로 잘라 사방에 뿌렸다. 그의 아내 이시스는 다시 아들 호러스(Horus)와 함께 시신 조각을 찾아내 몸통을 회복한 후 타이폰을 몰아냈다. Hales p. 134 n. 7 및 Lockwood p. 114 n. 5 참조.

고 우리들 순교자의 찢겨진 몸을 계속 경배[276]하는 것을 금지하고 방해하는 일을 그만두는 것을 고통스러워하지 말라.

우리는 우리의 빛을 자랑스럽게 여긴다. 그러나 만일 우리가 태양을 지혜롭게 보지 않으면 태양의 빛은 우리를 어둠 속으로 빠지게 한다. 행성들은 태양과 함께 뜨고 지며 엄청난 양의 빛을 내지만 우리는 그들이 태양에 접근해 있을 때는 그들의 빛을 보지 못하고 오직 그들의 궤도가 반대로 움직이는 새벽이나 밤이 되어야 그 빛을 볼 수 있다. 우리가 보는 빛은 그것을 영원히 쳐다보게 하기 위해서가 아니라 그것을 통해 우리의 현재 지식으로부터 멀리 떨어져 있는 것들을 발견하게 하기 위해 우리에게 주어진 것이다. 한 국가를 행복하게 만드는 것은 한 사제의 제복이나 모자를 벗기거나 장로의 자리에서 그를 제거하는 것이 아니다. 그런 것이 아니다. 경제, 정치 양 분야에서의 삶의 규범과 관련된 문제도 교회의 문제만큼 큰 것인데 만일 이들 문제들이 주의깊게 검토되지 않았고 개혁되지 않았다면 그 이유는 우리가 너무 오랫동안 쯔빙글리(Zwinglius)와 칼뱅(Calvin)[277]이 불붙인 봉화의 불빛을 바라보느라 지금 우리의 눈이 멀어 버린 때문이다.

종파(*schisms*)[278]와 교파(*sects*)[279]들에 대해 끊임없이 불평

---

276) 원문은 'obsequies'임. 흔히 장례식이라고 번역되지만 여기서는 경배 행위(*acts of worhip*)를 의미함. Hales, p. 135.

277) 쯔빙글리(Zwinglius : 1484~1531)와 칼뱅(Calvin : 1509~1654)은 모두 종교개혁의 선구자이다.

278) 종파(*Schism*). 의도적으로 교회의 통일성으로부터 단절하고자

하는 사람들이 있다. 그들은 그들 각 종파 및 교파의 계율이 서로 달라 이에 대해 의견차이를 갖지 않는 사람이 없도록 만들고 이는 재앙이라고 불평한다. 이런 고통을 낳는 원인은 기백없이 들을 수도 없고 그렇다고 확신을 갖고 믿지도 못하는 그들의 자부심과 무지이다. 그러면서도 그들의 안내 교본[280]에 없는 것은 모두 억제되지 않으면 안된다. 그들은 문제를

하는 세력으로서 이들은 종교개혁기 교회분리론자(*Schismatics*)라는 비판을 받았다. 어거스틴은 교회의 통일성을 강조했으며 교회가 오류를 범하는 것으로 보일 때 기존의 교회와 단절된 집단을 구성하려는 유혹을 강력히 비판했다. 프로테스탄트들은 어거스틴의 은총론은 지지하였지만 그의 이러한 교회론은 받아들이지 않았다. 밀턴은 이와 관련하여 프로테스탄트의 주장을 지지하였다. 주 77) 및 A. E. 맥그리스, 박종숙 역, 《종교개혁 사상 입문》, 성광문화사, 154쪽 참조.

279) 밀턴 연구의 권위자인 매슨(Masson)은 그의 *The Multiplication of Heresies in 1644*에서 이 문제를 논하고 있다. 영국에서의 교파와 이단의 증가는 특별한 논쟁을 일으켰고 장기의회에서도 이 문제로 논쟁을 거듭했다. 이 문제는 왕권과 의회 간 갈등의 원인이 되어 내란의 단서가 되었다. 당시의 교파들은 대체로 다음과 같다. Baptists, Anabaptists, Old Brownists, Antinomians, Familists, Millenaries 혹은 Chiliasts, Seekers, Divocers, Anti-Sabbatarians, Traskites, Soul-Sleepers 혹은 Moralists, Arians, Socinians, 그리고 다른 Anti-Trinitarians. Lockwood, p. 116 n. 3 참조.

280) 원문은 'Syntagma'임. 헤일스와 록우드는 이를 일반적인 핸드북 혹은 요약으로 록우드는 안내서 혹은 교본으로 해석하고 있음. Hales, p. 135 n. 13 및 Lockwood, p. 117 n. 1 참조.

일으키는 인물들이고 통합을 깨는 분리주의자들이다. 그들은 진리의 본체를 회복하기 위해 조각난 파편들을 찾아 이들을 다시 합치려는 사람들을 무시하고 허용하지 않는 자들이다. 우리가 아는 바의 것에 의해 우리가 알고 있지 못한 것을 계속 탐구한다는 것 그리고 우리가 발견한 진리와 진리를 서로 합하는 것은(왜냐하면 그 몸체가 동질적이고 조화로운 것이기 때문에)[281] 산수(算數)에서만이 아니라 신학에서도 황금률이고 이것이 교회의 조화를 최고로 만드는 것이다. 최고의 조화는 차갑고 중립적이며 내적으로 분열된 정신이 힘에 의해 강요된 통합을 통해서는 성취될 수 없는 것이다.

상·하원의 의원 여러분, 당신들이 속한 그리고 당신들이

---

281) 원문은 괄호로 'for all her body is homogeneal and proportional'이 삽입되어 있다. 여기서 'homogeneal'이란 동질적이라는 의미로 이는 진리라는 몸체는 모두 진리만으로 구성되어 있다는 뜻이다. 그리고 'proportional'이란 파편화된 진리의 조각들은 전체 진리와 특정한 관계를 갖고 있다는 것이다. 다시 말하면 진리의 조각들은 하나의 전체 진리를 구성하는 데 저마다 자리해야 하는 위치가 있다는 것이다. 이를 헤일스는 이들 진리들의 조각들은 서로간에 저마다의 독립적인 가치를 지니고 있기 때문에 어떤 진리가 다른 진리를 지배하는 것이 아니라고 해석하고 있다. 이로부터 이 구절의 의미는 하나의 완전한 진리는 부분적인 진리의 파편들이 모여 구성되는데 이런 통합에서 진리의 각 부분들은 저마다의 고유한 자리가 있기 때문에 어떤 특정한 진리가 다른 진리를 억압할 수 없다는 것이다. 이런 의미에서 각 부분들은 전체와의 관계에서 고유한 특징을 갖고 있다는 것이다. Hales, p. 135 n. 18 참조.

통치자인 이 나라가 과연 어떤 나라인가를 생각해 보아라. 국가는 둔하고 어리석지 않으며 오히려 민첩하고 영특하며 통찰력있고 예민한 창의성이 있으며 치밀하고 강건하게 사고하고 그리고 그것은 인간의 능력으로 이를 수 있는 최고로 높은 수준의 것이다. 그렇기 때문에 영국이라는 나라는 학문의 탐구를 고대로부터 가장 심도있게 연구하였으며 우리들로 하여금 대단히 탁월한 능력을 지니도록 했다. 이러한 고대로부터의 훌륭한 전통과 유능한 판단력을 지닌 저술가들 중에는 심지어 피타고라스(Pythagoras) 학파[282]와 페르시아인의 지혜도 이 섬의 고대 철학으로부터 비롯되었다는 견해를 가진 자도 있는데 이는 믿을 만한 것이다. 그리고 카이사르를 대신하여 이곳을 한때 통치했던 현명하고 예의바른 로마인 줄리우스 아그리코라(Julius Agricola)[283]는 프랑스인의 노고어린 연구들보다 영

---

282) 캠브리지(Cambridge) 대학에는 16세기 이래 피타고라스 학교(Pythagoras school)로 불리는 건물이 있다. 헤일스에 의하면 이 곳에서 피타고라스가 수업을 받은 것을 기념하여 이렇게 이름을 붙였다는 것이다. 그러나 써럭에 의하면 이것이 사실인지의 여부는 정확하지 않다. 그는 피타고라스라는 이름이 붙여진 것은 캠브리지대학과 옥스퍼드대학 간의 스포츠 경기의 하나인 양 대학의 역사를 둘러싼 '거짓말 경기'(*lying match*)에서 나온 것일 가능성이 있다고 말하고 있다. Hales, p. 136 n. 31 및 Sirluck, p. 551 n. 230 참조.

283) 아그리코라(Julius Agricola)는 베스파시안(Vespasian), 티투스(Titus), 도미티안(Domitian) 황제 때 집정관으로 영국에 있었다. 그의 사위인 타키투스(Tacitus)의 "Life of Aglicola"에 의하면 그는 집정관 시절 그곳 지도자의 자제들에게 자유로운 교육

국인의 자연스러운 지혜를 더 선호했다. 또한 진지하고 소박한 트랜실베이니아인(Transylvanian)[284]이 우리의 언어와 신학을 배우기 위하여 러시아의 산악 접경 지역에서 헤르시니안(Hercynian)[285]의 거친 광야를 넘어 청소년들이 아니라 성숙한 사람들을 해마다 보낸 것은 의미없는 일이 아니다.

그러나 무엇보다 천국을 기리고 이를 사랑하는 우리는 우리 자신에 대해 우리만의 독특한 상서로운 태도와 경향성을 지니고 있다는 것을 크게 주장할 수 있다. 왜 다른 나라가 아니라 이 나라에서 마치 시온(Sion)[286]에서처럼 종교개혁의 첫 파도

을 하였으며 영국사람들(Britons)의 우수성에 깊은 호감을 갖고 있었다. 또 그 책에는 영국인들은 로마어를 경멸하면서 그들 자신의 언어를 아주 우수하게 발전시켰다는 견해가 실려 있다. 여기서 밀턴은 그가 카이사르를 대리하여서도 영국에 주재하였다고 쓰고 있지만 이는 정확한 것이 아니다.

284) 트랜실베이니아(Transylvania)는 '숲을 지나서 있는 나라'라는 뜻임. 1535~1689년 사이에는 독립 도시국가였지만 오스트리아(Austria)에 의해 정복당했다. 현재의 루마니아(Roumania) 남부지역의 강력한 프로테스탄트 국가로 영국(Britain)과 우호적인 관계를 맺고 있었다.

285) 헤르시니안(Hercynian). 독일의 남부 및 중부의 산악 지역으로 카이사르(Julius Caesar)가 붙인 이름이다.

286) 구약의 요엘서 2장 1절에 나오는 이야기. 그 내용은 "시온에서 나팔을 불어라. 이 땅에 사는 모든 사람이 떨도록 나의 거룩한 산에서 경보를 울려라. 야훼께서 거동하실 날이 왔다. 그 날이 다가오고 있다"이다. 밀턴은 영국을 여기에 나오는 시온으로 본 것이다.

와 나팔소리가 울려나와 전유럽으로 울려 퍼지게끔 선택되어야 했는가?[287] 그리고 완고하고 사악한 우리 성직자들이 신성하고 존경할 만한 정신을 가진 위클리프(Wyclif)에 반대하여 그를 종파주의적이고 혁신자라고 하여 억압하지 않았다면 아마도 보헤미안 출신의 후스(Huss)나 제롬(Jerome)은 물론 루터나 칼뱅의 이름도 영원히 알려지지 않았을 것이다. 우리의 모든 이웃나라들의 개혁이라는 영광은 전적으로 우리의 것이었다. 그러나 지금 우리는 완고한 성직자들이 폭력적으로 문제를 잘못 다루고 있기 때문에 가장 뒤떨어지고 후진적인 학자들이 되었는데 이들 학자는 하나님이 우리로 하여금 그들을 선생으로 삼게 한 사람들이다.

이제 다시 한번 나타나고 있는 모든 징후들과 성스럽고 독실한 사람들의 일반적인 직감으로 미루어 볼 때 그들이 매일 그리고 엄숙하게 그들의 생각을 표현하고 있는 것처럼 하나님은 그의 교회에 하나의 새롭고 위대한 시대, 심지어 개혁 그 자체에 대한 개혁의 시작까지 선언하고 계신다. 우리는 이에 주의를 기울이지 않고 또 그것을 무가치한 것으로 받아들이고 있지만 하나님은 그의 종들에게 무엇인가를 계시하고 계시며 그리고 그런 계시를 영국인들에게 제일 먼저 하고 있으시다고 나는 말한다.

보아라, 이제 이 거대한 도시, 하나님의 보호 안에 둘러싸

287) 의문부호 '?'는 써럭판과 엘리어트의 하버드판에는 없으나 헤일스판과 록우드판에는 있다. 여기서는 후자를 따랐다.

여 있는 피난의 성(*city of refuge*),[288] 자유의 대저택을, 그곳의 무기 공장에서는 이제 괴롭힘을 당하는 진리를 지키기 위해, 정의의 갑옷과 무기를 만들기 위한 모루와 망치의 잠 깨는 소리가 아니라, 펜과 펜대가 등불을 밝히고 그 옆에서 명상하고 탐구하면서 새로운 관념과 아이디어를 궁리하고 이들을 가지고 충성과 신의 속에서 더욱더 발전된 개혁에 도달하려 한다. 그리고 다른 사람들은 모든 것을 가능한 한 빨리 읽고 모든 것을 실험하며 이성과 확실한 신념의 힘에 찬동을 보낸다. 이렇게 지식을 추구하는 성질과 융통성을 지닌 국가에서 한 사람이 지식을 추구하기 위해 무엇을 더 요구할 수 있는가? 그렇게 상서롭고 비옥한 땅에 배움이 있는 국민과 예언자의 나라,[289] 철인의 나라, 그리고 현자의 나라를 만들기 위해서 필요한 것으로 현명하고 성실하게 노력하는 자 외에 무엇이 더 있을 수 있는가? 우리가 씨를 뿌리고 거두기 위해서는 다섯 달 이상이 걸린다는 것을 안다.[290] 이 일[291]을 위해

288) 도피의 성. 여호수아서 20절에 나오는 고대 유대에서 실수로 살인한 자의 보호지로 인정받은 6개의 성읍. 밀턴은 런던을 도피성의 하나라고 생각했다.

289) 모두가 예언자가 되는 나라. 구약의 민수기 11장 27~28절에 나오는 이야기이다. 그 내용은 "… 한 젊은이가 모세에게 달려와 엘닷과 메닷이 진중에서 입신하고 있다고 보고하였다. 젊었을 때부터 모세를 섬겨온 눈의 아들 여호수아가 아뢰었다. '우리의 영도자여 그대로 두어서는 안됩니다.' 모세가 그를 타일렀다. '너는 지금 나를 생각하여 질투하고 있느냐? 차라리 야훼께서 당신의 영을 이 백성에게 주시어 모두 예언자가 되었으면 좋겠다".

서는 다섯 주도 필요없다. 우리가 눈을 떠서 둘러보면 들판은 이미 벌써 하얗게 무르익었다.[292] 배우려는 욕구가 많은 곳, 그럴 필요성이 있는 곳에는 많은 주장과 저술 그리고 의견이 있게 마련이다. 왜냐하면 의견이란 훌륭한 사람들에게는 지식을 형성하는 데 오직 도움이 될 뿐이기 때문이다. 우리가 분파와 종파주의에 대한 이런 놀랄 만한 위협을 하고 있는 것은 하나님이 이 도시에 불러일으킨 지식과 오성을 따르려는 정직하고 열정어린 갈망을 우리가 학대하고 있다는 것을 말한다. 우리가 슬퍼해야 하는 것은 종교를 잘못 다루는 것으로 악명 높은 그런 사람들 손에 그들의 종교를 다시 맡기는 것을, 또 사람들에게 경건한 신앙을 내세우며 주제넘는 행위를 하려는 경향을 오히려 기뻐하고 찬양해야 한다는 것이다. 약간의 관대한 분별력, 서로에 대한 작은 인내 그리고 자비의 마음을 갖고자 하는 이런 모든 노력은 진리에 대한 보편적이고 형제애(愛)적인 추구와 결합을 획득할 수 있게 하는 것들이다. 우리는 우리의 그 복잡한 자유의식(*free consciences*)과 크리스천의

290) 밀턴은 의회가 영국을 개신교 국가로 만들 것이라는 희망을 갖고 있었다. 그는 크롬웰의 의회군이 왕군을 패배시킬 것이라고 생각하였는데 아레오파지티카가 씌어질 당시는 크롬웰의 신형군이 만들어졌을 때이다. 그래서 여기서 '5개월'이라는 말은 크롬웰이 승리하는 데 필요한 기간을 상징한 것으로 해석된다. Hales, p. 139 n. 14.

291) 허가명령을 폐지하는 일.

292) 들판의 곡식이 무르익었다는 말로 이는 허가명령을 폐지할 때가 이미 되었다는 것이다.

자유들(*Christian liberties*)을 인간이 만든 법규와 계율 속에 묶는 고위성직제도라는 전통 없이는 지낼 수 없는가. 나는 그럴 수 있다는 것을 의심하지 않는다. 만일 한 민족의 성격과 기질을 분별할 수 있을 만큼 현명하고 그리고 그들의 고귀한 희망과 목적들을 관찰하면서 진리와 자유를 추구하는 우리들의 넓게 뻗쳐나간 사상과 사고의 부지런한 열의를 통치할 만큼 현명하면서도 로마인의 겸허함과 용기에 감탄하면서 피루스(Pyrrhus)[293]가 외친 것처럼 "만일 나의 에피로스 국민(*Epirots*)들이 이렇게 훌륭하다면 나는 교회와 왕국을 행복하게 만드는 그 가장 위대한 계획을 성공할 수 있을 것"이라고 부르짖을 수 있는 위대하고 현명한 어떤 사람이 우리들 사이에 나타난다면 그럴 수 있을 것이라는 것을 의심하지 않는다.

그렇지만 이런 부르짖음이 오히려 종파와 분파를 비난하는 사람들의 소리로 나오고 있다. 주님의 성전이 지어지는 동안은 어떤 사람들은 자르고, 다른 사람들은 대리석을 다듬고, 또 다른 사람들은 송백나무[294]를 베는 것처럼 하나님의 집이

---

293) 피루스(Pyrrhus : B. C. 318~272). 에피루스(Epirus) 왕국의 왕. 에피루스는 기원전 280년 헤라클레아(Heraclea) 전투에서 로마군을 패배시킨 후 만일 그의 군사가 로마군과 같이 용감하거나 아니면 그가 로마의 왕과 같이 훌륭한 왕이라면 세계를 정복하는 것도 쉬울 것이라는 말을 했다고 전해 온다. 여기서 밀턴이 말하는 것은 영국인이 에피루스가 말한 로마군처럼 훌륭하다는 것을 의미한 것으로 해석된다.

294) 송백나무(*cedar*). 이 구절은 구약의 열왕기 상 5장 및 6장에 나오는 나무이다. 그 내용은 솔로몬이 성전건축을 준비하면서 띠로의

지어지기까지는 돌과 나무를 다루는 데 수많은 종파가 생기기도 하고 또 이들이 해체될 수도 있다는 것을 생각하지 않는 일단(一團)의 비합리적인 사람들이 있다. 그리고 모든 돌을 솜씨좋게 하나로 맞추어 놓는다 하더라도 그것은 하나로 결합될 수 있는 것이 아니다. 이 세상에서는 그것은 단지 인접해 있을 수 있을 뿐이다. 건물의 모든 조각들이 한 모양일 수는 없다. 그런 것이 아니라 절도있게 다양한 것들과 크게 조화를 해치지 않는 형제적인 차이들로부터 나오는 완전함이 전체 건물의 모양과 구조를 훌륭하게 만들고 우아한 조화에 이르도록 하는 것이다.

그러므로 위대한 개혁이 기대되는 이때, 우리는 더욱 사려깊은 건축가가 되고 영적 건축을 위해서 더욱 현명해지도록 하자. 왜냐하면 우리들의 70명 장로들뿐만 아니라 주님의 모든 백성들이 예언자가 될 때 우리의 위대한 예언자 모세의 그 잊을 수 없는 영광스러운 소망[295]이 충족된 것을 보고 기뻐할

왕 히람이 솔로몬의 청을 들어 레바논의 송백나무를 베어 성전 건축을 위해 뗏목으로 만들어 보냈다는 이야기이다.

295) 민수기 11장 24절에서 29장에 나오는 모세의 소망. 그 내용은 주 289)에서도 부분적으로 인용된 것인데, 다시 인용하면 다음과 같다. “모세는 백성에게로 나아가 야훼의 말씀을 전하고 백성 가운데 나이 많은 장로 70명을 불러 모아 장막 주위에 둘러 세웠다. 야훼께서는 구름 속으로 내려오시어 모세와 말씀하시고 그에게 내리셨던 영을 70장로들에게도 나누어 주셨다. 영이 그들에게 내려 머물자 그들은 입신하였다. 그러나 다시는 그런 일이 일어나지 않았다. 그런데 장로명단에는 올라 있는데 성막으로 가지

그런 때가 지금 다가오고 있기 때문이다. 비록 일부의 사람들이 선하지만 그들이 여호수아(Joshua)처럼 선(善)함이 아직 미숙하여 예언자들을 시기할 수도 있다는 것은 놀라운 일이 아니다. 그들은 이렇게 분파를 이루고 또 그 분파에서 다시 분파를 낳는 것이 우리를 타락시킬까봐 초조해 하고 그들 자신의 나약함 때문에 고뇌를 한다. 반대자[296]는 다시 환호하며 그들의 때를 기다린다. 그들은 이들 스스로가 아주 작은 분파들로 나누어지게 되면 자신들의 시대가 될 것이라고 말한다. 어리석은 자가 아닌가! 그는 비록 가지들로 갈라져 있지만 우리 모두는 하나의 굳건한 뿌리로부터 나왔다는 것을 보지 못한다. 그는 우리의 교파들이 잘못 결합되었고 비실제적으로 만들어졌기 때문이라는 시각에서 다룰 수 있게끔 작은 교파로 나누어졌다는 것을 깨닫지 못할 것이다. 그리고 우리가 말하

않고 진중에 남아 있던 사람 두 명이 있었다. 그 한 사람의 이름은 엘닷이요 또 한 사람의 이름은 메닷이었다. 그들에게도 영이 내려 진중에서 입신하였다. 한 젊은이가 모세에게 달려와 엘닷과 메닷이 진중에서 입신하고 있다고 보고하였다. 젊었을 때부터 모세를 섬겨온 눈의 아들 여호수아가 아뢰었다. '우리의 영도자여 그대로 두어서는 안됩니다.' 모세가 그를 타일렀다. '너는 지금 나를 생각하여 질투하고 있느냐? 차라리 야훼께서 당신의 영을 이 백성에게 주시어 모두 예언자가 되었으면 좋겠다.' 모세는 이스라엘 장로들과 함께 진중으로 돌아왔다." 밀턴은 모든 사람들이 예언자가 되기를 바라는 모세의 소망을 자신의 소망으로 말하고 있는 것이다.

296) 밀턴은 분명 로마 가톨릭을 지칭한 것이다.

는 이들 분파와 종파들이 더 좋은 결과를 낳을 것이라는 희망을 가질 수 있다. 그리고 이와 관련하여 우리를 괴롭히는 이들 종파와 분파에 대한 지나치지만 아마도 정직한 그들의 근심은 필요치 않은 것이고 그리고 우리들의 차이들에 대하여 악의적으로 갈채를 보내는 자들에 대해서는 결국 마지막에는 비웃게 될 수 있을 것이라고 나는 나 자신을 설득할 수 있는데 그 이유는 이런 것이다.

첫째로, 한 도시가 포위당하고 봉쇄되어 사방에서 습격을 당하고 방어하려는 전투와 전쟁이 성벽까지 접근했으며 근교 진지에서도 벌어지고 있다는 소식이 전해진 경우 그런 경우 다른 때와 달리 더욱 많은 사람들이 모두 일어나 시정되어야 할 가장 중요한 문제들을 면밀히 검토하면서 토의하고 사고하고 읽고 새로운 것을 생각해내고 대화를 나누는데, 진기하고 감탄할 만한 일은 전에는 이야기되거나 씌어진 일이 없는 것까지 논의한다는 사실이다.297) 그리고 무엇보다 먼저 알아야 할 것은 그들은 상·하원 의원 여러분의 신중한 선견지명과

297) 여기서 밀턴이 말하고 있는 것은 당시 런던시가 찰스의 왕당파와 대결하던 상황을 비유한 것이다. 1642년 내란 초기 찰스의 왕군은 전투에서 의회군을 압도하고 있었다. 그리하여 의회파의 본거지였던 런던시를 침공하려 하였다. 런던은 거의 무방비 상태였다. 1642년 9월(혹 10월) 의회는 방어기지를 구축하라는 명령을 시민들에게 내렸다. 그리하여 어린아이와 부녀자를 포함하여 모든 런던 시민들이 하나가 되어 매일 도랑을 파고 돌을 날라 방어 진지를 만들었다. 런던 시민들은 대단히 협조적이었고 자발적이었다. Hales, p. 140 n. 13 및 Sirluck, p. 557 n. 249 참조.

그들의 정부에 대한 후의와 만족감을 갖고 이에 대해 특별한 선의(善意)를 갖고 있으며 그런 속에서 이러한 토론을 한다는 사실이다. 이로부터 그들의 진정한 용맹성과 적에 대한 확실한 자신감이 나오는 것이다. 우리들에게 이와 같은 위대한 정신이 결코 적지 않은데 그것은 마치 로마가 한니발(Hannibal)에 의해 완전포위되었지만 로마 시민들은 한니발로 하여금 그의 군대를 진주시켰던 땅의 한 조각도 값싸게 얻을 수 없게 만들었던 그런 정신과 같은 것이다.[298)]

다음으로, 그것은 우리로 하여금 좋은 결과와 승리를 예견케 하는 분명하고 밝은 조짐이다. 우리 육체가 그런 것처럼 피가 신선하면 정신이 순수해지고 활발해지며 생기(生氣)뿐만 아니라 합리적인 능력이 생기며 그렇게 되면 지혜와 정교함이 최고로 예민하고 활발하게 작동하는 것이다. 사람들 마음속에 이렇게 쾌활함이 솟아나게 되면 육체의 상태와 체질이 튼튼해져서 그들 자신의 자유와 안전을 지키게 될 뿐만 아니라 논쟁과 새로운 생각의 가장 핵심적이고 탁월한 점을 생각하는 여유를 가질 수 있게 된다. 그것은 치명적인 쇠퇴로, 퇴보하는

---

298) 밀턴의 이 이야기는 카르타고의 한니발(B.C. 247~183)이 로마를 침입하여 기원전 219년 시작된 제2차 포에니 전쟁 또는 한니발 전쟁 때 로마 시민들의 용기를 말한 것이다. 로마는 한니발로 하여금 이 전쟁에서 많은 희생을 치르게 하였다. 특히 기원전 211년 로마는 한니발의 공격을 막아냈을 뿐만 아니라 207년 메타우루스(Metaurus) 강가에서 철저하게 섬멸 전쟁의 전환점을 만들었다.

혹은 고개를 숙이는 조짐이 아니라 작금에서 위대하고 명예로운 것이 될 진리와 번영하는 덕으로 들어가는 격통과 다시 젊어지려는 기운을 누르려는 부패라는 낡고 주름진 껍질을 벗어버리는 것이다.

나에게는[299] 내 마음속에서 한 장사[300]가 잠에서 깨어나 그를 묶고 있던 완강한 쇠사슬을 끊고 일어나는 것처럼 한 고귀하고 힘있는 나라가 깨어나고 있는 것으로 보인다. 나에게 그것은 털갈이[301]를 마친 한 마리의 힘찬 젊은 독수리 그리고 한낮의 태양광선처럼 불꽃 튀기는 독수리의 눈빛처럼 보인다. 그것은 오랫동안 잘못되어 있던 그의 시력을 천상의 샘물에서 정화해서 때를 벗은 그런 눈이다. 그러나 한편에서는 소심하고 떼를 지어 날아다니는 새들의 무리[302]가 있다. 그들은 황혼과 여명을 좋아하여 이 무렵이면 무리를 지어 다닌다. 그들은 자신들의 생각에만 사로잡혀 이들 분파나 종파가 한 해나 갈 것인가 하면서 시기심으로 가득한 무의미한 소리를 재잘거린다.

그렇다면 결국 당신들이 하게 되는 것은 자극을 받아 솟아

---

299) 원문은 'methinks'임. 이는 'it seems to me'의 뜻임. Hales, p. 141 n. 14 참조.

300) 삼손(Samson).

301) 원문은 'mewing'임. 밀턴이 무엇을 의미하려 했는지 불분명하다. 그러나 아마도 그가 어린 것에서 더욱 힘이 센 어른이 되는 털갈이를 하면서 새롭게 태어나는 것을 의미하는 것으로 해석된다.

302) 원문은 'noise'임. 그러나 그 의미는 'company' 혹은 'concert'로 해석.

오르는 지식이라는 꽃봉오리를 자르고 이 도시에서 지금 매일 같이 떠오르는 새로운 빛을 억압하는 것이다. 당신들은 당신의 부셀(*bushel*)[303]로 우리를 위해 재는 것이라고 하면서 실은 우리로 하여금 그것이 무엇인지 아무것도 모르게 하는데, 이는 우리의 정신에 다시 궁핍함을 가져다주게 될 20명의 독점자에 의한 소수 독재를 하겠다는 것이 아닌가? 상원과 하원의 의원 여러분, 이러한 억압을 권고하는 사람들은 당신들에게 당신들 자신을 억압하라고 권고하는 것이라는 사실을 알아야 한다. 그리고 나는 곧 어떻게 해서 그런가 하는 것을 보여주고자 한다.

만일 당신들의 정부가 이렇게 자유롭게 쓰고 말하는 것을 이해하려는 욕구를 지니고 있다면 당신들의 정부는 정당하고 자유로우며 인도적인 정부이고 그보다 더 참된 정부는 없을 것이다. 상·하원 의원 여러분, 자유는 당신들의 용감하고 훌륭한 사려에 의해 얻어진 것이고, 이 자유는 모든 위대한 지혜의 유모(乳母)이다. 그리고 이 자유는 천상의 힘처럼 우리의 정신을 정화시키고 계몽하였다. 자유는 우리의 이해력을 해방시키고 확장하였으며 그리고 그들 스스로를 최고의 수준으로 끌어올렸다. 당신들이 이제 우리로 하여금 진리를 추구하는 데 능력을 덜 갖게 하고 덜 알도록 하며 그리고 덜 열렬하게 추구하도록 만들려 한다면 먼저 당신들 스스로를 참된 진리를 덜 사랑하고 덜 지지하게 만든 후가 아니면 그렇게 만

303) 양을 재는 용기, 즉 측정의 수단. 원뜻은 상자임.

들 수가 없다. 당신들이 과거 우리가 그러했다는 것을 알고 있는 것처럼 우리는 다시 무지하고 우둔하며 형식적이고 노예처럼 될 수도 있다. 그러나 그렇다면 당신들이 먼저 억압적이고 자의적이며 독재적이 되어야 하는데 당신들은 그렇게 될 수 없을 것이다. 왜냐하면 당신들이 우리를 그러한 상태로부터 해방시켰기 때문이다. 우리들의 마음은 이제보다 큰 포용력을 지니게 되었으며 우리의 사고는 사물을 최대 그리고 최고로 정밀하게 추구하고 또 그런 것을 기대하게 되었는데 이는 당신들이 우리들 사이에 보급해준 덕목들이다. 만일 당신들이 아버지가 그들의 자식을 멋대로 처리해 버리는 폐기된 그 무자비한 법[304]과 같은 것으로 보충하지 않는다면 당신들은 억압할 수 없다. 그리고 그렇게 된다면 누가 당신의 동기보다 더 가까운 벗이[305] 있어 다른 이들을 깨우쳐 줄 수 있겠

---

304) 고대 로마에서는 아버지가 그의 아이들을 마음대로 처리할 수 있는 무제한의 권한을 법적으로 갖고 있었다. 아버지는 그의 자녀를 감금할 수 있었으며 심지어 노예로 팔 수도 죽일 수도 있었다. 그의 아들이 사회적으로 출세를 해서 국가의 최고의 직위에 있다 하더라도 그러하였다. 이러한 법적 권한은 명목적인 것만은 아니었다. 이런 일은 고대 로마 초기에는 드물지 않게 있었고 로마법 12동표에도 기록된 것이다. 그러나 후에는 이 법은 이론적으로는 존속하였지만 실제로는 존재하지 않는 것과 같았다. 공식적으로 이 법은 서기 318년 폐기되었다. 밀턴이 이 글을 쓸 당시 인쇄허가명령은 법이었지만 실제로는 거의 적용시키지 못하는 사문화된 상태에 있었다. 밀턴이 여기서 주장하는 것은 이미 사문화된 명령은 폐기되어야 한다는 것이다.

305) 밀턴은 인쇄허가명령이 효력을 발휘하기 위해서는 아버지가 아

는가? 그는 군(軍)세(*coat and conduct*)[306]와 주화(*nobles*)[307]로 4냥인 데인세(Danegelt)[308]에 반대하여 무기를 든 사람이 아니다. 비록 나는 검열관의 지적에 내가 무죄임[309]을 정당하게

들을 마음대로 할 수 있는 고대 로마의 무자비한 법과 같은 것으로 보강해야 하는데 이렇게 되면 동기보다 가까운 벗처럼 충고를 해줄 수 있는 사람이 없어진다는 것이다. 밀턴의 이 구절은 잠언 18장 24절에 나오는 "동기보다 가까운 벗도 있다"에서 나오는 것이다.

306) 군인의 군복과 수송을 위해 부과된 세금. 이 세금은 영국인들의 원성의 대상이 되었고 가끔 불법적인 세금이라고 저항을 받았다. 그래서 가난한 사람들은 이를 거부하였다.

307) 영국 노르만(Normans) 왕조의 에드워드 3세(978~1015) 때 만들어진 주화. 서기 980년 데인(Dane)족이 앵글로 색슨족의 영국을 침입하여 승리한 후 영국으로부터 세공을 받기로 하였다. 이를 위해 에드워드 3세는 데인겔드(Danegeld)라는 금과 은으로 된 주화를 만들었다.

308) 영국사에서 10세기 후반의 침입자인 데인 사람에게 바칠 공물 또는 대항하기 위한 군비로 바치던 공물 혹은 조세. 후에는 토지세가 됨.

309) 면제의 원문은 'immunity'임. 헤일스와 록우드는 이와 관련하여 밀턴이 내란 중 의회군에 참여하여 전투한 일이 없다는 병역면제 문제와 관련하여 긴 주석을 붙이고 있다. 밀턴의 병역 문제는 그에 관한 많은 연구서가 중요하게 다루고 있는 내용이다. 그러나 역자는 이 구절의 'immunity'를 밀턴이 검열관의 결정에 이의를 제기하면서 자신이 옳다는 주장을 해야 하는 경우 이를 마다하지 않지만 그러나 그런 일을 하면서 싸워야 하는 것보다는 평화를 더 사랑한다고 해석하였다. 때문에 허가명령은 폐지되어야 한다는 것이다. 이 부분은 특히 의역을 많이 하였다.

주장하는 것을 마다하지는 않지만 그러나 그런 일을 해야 하는 것보다 나는 나의 평화를 더 사랑한다. 나에게 어떤 자유보다 양심에 따라 자유롭게 알고 말하고 주장할 수 있는 자유를 달라.[310)]

그렇다면, 만일 새로움을 추구하는 의견 혹은 관습적으로 받아들이는 것과 부합하지 않는 의견을 억압하는 것이 그렇게 해로운 것이며 또 부당한 것이라면 무엇이 가장 좋은 조언이 될 것인가에 대한 이야기는 나의 몫이 아닐 것이다. 나는 단지 당신들의 영예로운 의원들 가운데 한 분으로부터 배운 바를 되풀이하고자 한다. 그는 올바른 귀족이었고 신앙심이 독실한 인사였다. 그리고 만일 그가 교회와 국가를 위해 그의 생명과 재산을 바치지 않고 지금까지 살아 있었더라면 그는 나의 주장을 지지하는 귀중하고 확실한 후원자가 되었을 것이 틀림없고 그래서 우리가 지금 그를 아쉬워하고 애통해 하지 않아도 되었을 그런 사람이다. 당신들이 그를 알고 있다고 나는 확신한다. 나는 그 분의 명예가 영원할 것이라고 생각하며 명예롭게 그 이름을 밝히는데 그는 브룩 경(Lord Brook)[311)] 이

---

310) 여기서 밀턴의 네 번째 주장의 세 번째 항목이 끝나는 것으로 해석된다. 마지막 구절은 언론의 자유이론에서 가장 흔히 인용되는 부분의 하나이다. 다음 구절부터 밀턴의 충고가 시작된다.

311) 브룩 경(Lord Brook : 1608~1643). 원래의 이름은 Robert Greville이다. 그는 상원의 의회파 지도자 중의 한 사람이었으며 내란(*the Civil War*) 중에는 의회군의 장군으로 전투에 참여하였다가 1643년 3월 2일 리치필드 캐서드랄(Lichfield Cathedral)에서 있었던 전투에서 전사하였다. 그는 영국인들로부터 많은 존경과

다. 그는 분파와 종파에 관한 그의 생각을 밝힌 《성직제도》(*Episcopacy*)라는 저서에서 그의 간절한 소망을 당신들에게 남겼으며 그는 죽음에 직면해서 내가 아는 것으로는 온유함과 생명력이 더할 수 없이 충만한 너무나 소중하고 영예로운 말을 당신들에게 남긴 사람이다. 예수님이 그의 제자에게 사랑과 평화를 전하신 그 말씀[312]을 빼고는 나는 그의 말보다 더 온유하고 평화로 가득 찬 말을 읽은 적도 들은 적도 나의 기억에는 없다. 그는 거기에서 우리에게 그들의 양심의 최고의 지도자인 하나님의 명령에 따라 순수하게 살려는 것이 아무리 잘못 이해될지라도 겸손과 인내를 갖고 경청하며 그리고 그들이 다소 우리와 다르다 할지라도 이를 관용할 것을 권고하고 있다. 그가 의회에 바친 그 책[313]은 이 세상에 널리 알려지게 되면 더욱더 많은 것을 우리에게 말해줄 것이고 그것은 그가 살아 있을 때나 죽은 후에도 음미해야 할 만한 가치가 있는 충고들을 남겼다.

그리고 특별히 지금 이 시기는 쓰고 말하는 특권을 통해 논쟁이 되고 있는 문제에 대한 토론을 더욱 진전시키기에 적절

사랑을 받았다. 그는 또 영국의 교회제도와 종교개혁에 대한 다수의 저서를 남겼다.

312) 요한복음 14장 27절에 나오는 말이다. 그 내용은 "나는 너희에게 평화를 주고 간다. 내 평화를 너희에게 주는 것이다"이다.

313) 그 책의 이름은 *A discourse opening the nature of that Episcopacie which is exercised in England*로, 여기에서 그는 겸손하게 영국의 교회가 추구하는 평화와 개혁의 소망을 말하고 있다.

한 시기이다. 토론을 좋아하는 두 개의 얼굴을 가진 야누스(Janus)[314]의 신전이 지금 아무 의미없이 열려 있는 것은 아닐 것이다. 그리고 이 땅에서 모든 교의들의 온갖 소리들이 활개치고 다닐 수 있게 풀려 있다 할지라도 진리(*Truth*) 역시 그들과 함께 그 들판 안에 있으며 그러므로 우리가 진리의 힘을 의심하여 허가와 금지를 하는 것은 유해한 일인 것이다. 진리와 허위가 맞붙어 논쟁을 하도록 하라. 누가 자유롭고 공개적인 대결에서 진리가 불리하게 되는 것을 본 일이 있는가. 진리의 논박이 허위를 억제하는 최선의 그리고 가장 확실한 방법이다.[315] 우리에게 빛과 더욱 명료한 지식을 주십사 하는 기도소리를 듣고서 그는 이미 우리에게 맞게끔 구조화되고 조립된 제네바의 교리[316] 이상의 어떤 것을 생각하고 있을는지

---

314) 야누스(Janus). 두 개의 얼굴을 가진 로마의 신. 야누스 신전의 문은 서로 반대 방향으로 두 개의 문이 있는데, 평화시에는 문이 닫혀 있고 전쟁 때는 열려 있다. 밀턴은 그 시대를 야누스의 문이 열려 있는 전시라고 믿었다. 즉, 진실과 허위가 싸우는 전쟁이 벌어지고 있다는 의미이다.

315) 이 부분이 밀턴이 사상의 자유시장 이념을 제시한 것으로 후세의 사상가들에 의해 해석되고 있다. 동시에 이 구절도 언론의 자유이론에서 가장 일반적으로 인용되는 밀턴의 말이다.

316) 원문은 'the discipline of Geneva'임. 이는 장로파의 교리, 즉 가르침을 의미하는 것이다. 여기서 밀턴이 의미하는 것은 장로파가 규정한 진리도 완전한 진리는 아니라는 것이다. 따라서 장로파의 교리가 허용한 것 이상은 허용되지 않아야 한다는 것인가 하는 질문을 제기하면서 비판을 한 것이다. 다시 말하면 개혁은 지속적으로 항상 진행되어야 한다는 것이다. 이는 밀턴의 진리관과도

모른다.

그러나 우리가 우리 위에 비춰질 것을 간곡히 원했던 그 새로운 빛이 비추어지더라도 만일 그 빛이 자신들의 창에 처음 비추어지는 것이 아니라면 이를 시기하고 반대하는 사람들이 있게 마련이다. 우리가 현인들로부터는 숨겨진 보물처럼[317] 지혜를 아침부터 밤늦게까지 부지런히 탐구하라는 요구를 받으면서 또 한편으로는 법이 우리에게 허락하는 것 외에는 알아서는 안된다는 또 다른 명령을 받는다는 것은 무슨 일인가. 한 사람이 지식이 묻혀 있는 깊은 탄광에서 최대의 노동을 할 때 그는 그가 캐낸 모든 것으로 무장을 갖추게 되는 것이다. 그리고 그러한 이성은 군대의 전투에서 그의 적을 평원으로 불러내 바람과 태양이 그에게 유리한 위치를 선택하게 한 후 대결하여 그들 모두를 산산조각내고 패배시키는 것과 같은 것이다. 오직 그의 주장 가운데 약점을 그가 논하도록 허용하는데도 불구하고 그의 적은 살금살금 기어가 매복한 후 그의 도전자가 통과해야 하는 허가라는 좁은 다리를 지키는 것은 병사로서는 그렇게 하는 것이 용맹스러운 것일는지는 몰라도 진

연결된 것이다. 즉, 그는 구세주가 재림할 때까지는 진리는 완성될 수 없는 것이며 진리는 지속적인 탐구를 통해 더욱 발전한다고 보았다.

317) '보물처럼'이란 구절은 구약의 잠언 2장 4~5절에 나오는 이야기이다. 그 내용은 "은을 찾아 헤매듯 그것을 구하고, 숨은 보화를 파헤치듯 그것을 찾아라. 그래야 눈이 열려 야훼 두려운 줄 알게 되고, 하나님이 어떤 분이신지 알게 되리라"이다.

리와의 싸움으로서는 저질의 것이고 비겁한 것이다.

절대자 다음으로는 진리가 무엇보다 강하다는 것을 어느 누가 모르겠는가.[318] 진리는 승리를 위해 정책도 전략도 허가도 필요로 하지 않는다. 그런 것들은 오류가 진리의 힘에 대항하기 위한 속임수이며 방어책일 뿐이다. 진리에게는 단지 대결의 장(場)을 허용하라. 진리가 잠들었을 때 그를 묶어 놓지 말라. 왜냐하면 고대의 신 프로테우스(Proteus)[319]는 오직 잡혀서 묶여 있을 때만 신탁을 말하였지만 진리는 묶이면 진실을 말하지 않기 때문이다. 묶이게 되면 진리는 자신의 본래 모습이 아닌 온갖 다른 모든 모습으로 변하여, 아합(Ahab) 앞에서 미가야(Micaiah)[320]가 그랬던 것처럼 자신의 본래 모습

---

318) 의문부호 '?'는 헤일스판에는 있으나 써럭, 록우드 그리고 엘리어트의 하버드판에는 없다. 여기서는 후자를 택했다.

319) 프로테우스(Proteus)는 바다의 신이다. 그는 예언을 피하기 위해 각종의 다른 모습으로 변하곤 하였는데 그러나 그가 잡혀 말하지 않을 수 없게 되면 그는 미래에 대한 진실을 말하곤 하였다.

320) 아합(Ahab)과 미가야(Micaiah). 열왕기 상 22절 1절에서 40절까지 나오는 이야기. 아합은 이스라엘의 왕으로 시리아에게 뺏긴 라옷길르앗을 찾기 위해 전쟁을 하려 했다. 그는 예언자들을 모아 놓고 전쟁의 승패를 물었다. 모든 예언자들은 그가 승리할 것이라고 하였다. 그러나 마지막으로 미가야를 불러 물으니 그는 반대를 할 것이라고 예상했는데 그도 또한 승리할 것이라고 말했다. 왕은 화를 내면서 진실을 말하기로 해놓고 왜 진실을 말하지 않는가 따졌다. 그러자 미가야는 왕을 죽이기 위해 야훼께서 그렇게 말하라 하셨다고 말했다. 아합은 전쟁을 시작하였다가 죽고 말았다. 미가야는 자유로운 상태에서 물어야 진실을 말하는 예언

으로 돌아가도록 간절히 청할 때까지는 시간에 따라 그녀의 목소리를 바꿀 것이다.

그러나 진리가 하나 이상의 모습을 갖는다는 것이 불가능하지는 않다. 진리 외에 그 자신을 손상시키지 않으면서도 이편에 설 수도 있고 저편에 설 수도 있는 일련의 중립적인 것[321]들이 과연 있는가. 손으로 쓴 규례를 폐지한 후 이를 십자가에 못박아 없애 버린 것[322]은 아무 소용이 없다는 것인가? 바울이 그토록 자주 자랑했던 이 기독교적 자유란 얼마나 위대한 획득인가?[323] 바울의 교의는 먹는 사람이든 먹지 않는 사

자였다.

321) 중립적인, 즉 진리도 아니고 허위도 아닌 것.

322) 이는 신약의 골로시아인에게 보낸 편지 2장 14절에 나오는 것이다. 그 내용은 "하나님께서는 여러 가지 달갑지 않은 조항이 들어 있는 우리의 빚문서를 무효화하시고 그것을 십자가에 못박아 없애 버리셨습니다"이다. 밀턴이 말하는 것은 그 동안 영국인의 자유를 위해 많은 억압적인 법령을 없애 버렸는데, 이 허가조례를 다시 만듦으로써 억압적인 법을 부활시켰다는 것이다.

323) 이야기는 다음과 같은 성경구절로부터 나온 것으로 해석된다. 즉, 로마서 6장 18절 "여러분은 죄의 권세를 벗어나서 이제는 정의의 종이 되었습니다". 갈라디안서 5장 1절 "그리스도께서 우리를 해방시켜 주셔서 우리는 자유의 몸이 되었습니다. 그러니 마음을 굳게 먹고 다시는 종의 멍에를 메지 마십시오." 베드로서 I, 2장 16절 "… 여러분은 언제나 깨끗한 양심을 지니고 사십시오. 그러면 그리스도를 믿는 여러분의 착한 일을 헐뜯던 자들이 바로 그 일로 부끄러움을 당하게 될 것입니다". 이로부터 밀턴이 말하는 자유란 시민적 자유이면서 동시에 크리스천적 자유, 즉 죄로부터의 자유를 의미하는 것으로 해석된다.

람이든, 자기 자신을 위해서 하루를 사는 사람이든 그렇지 않은 사람이든 주님의 뜻에 따라서 하는 것이라는 것이다.[324] 만일 우리가 서로를 판단하는 데 위선이 아니라 오직 박애감을 갖고 한다면 얼마나 많은 것들이 평화롭게 관용될 수 있고 양심에 맡겨질 수 있을 것인가. 그러나 나는 아직도 표면적인 동조를 강요하는 강철로 만들어진 멍에가 노예적인 인쇄물을 낳고 있음을 두려워한다. 지금도 리넨(*linen*)의 품위[325]라는 망령이 우리 주위에서 맴돌고 있다. 우리는 회중(會衆)이 분리되는 것을 비록 그것이 근원적인 것이 아니고 아주 최소한으로 분리되는 것이라 할지라도 이에 당황스러워 하며 인내하지 못한다. 그리하여 앞으로 나아가면서는 억압하고 다른 한편으로는 과거로 되돌아가 관습의 장악으로부터 나온 노예적

324) 로마서 14장 5절에서 8절까지 나오는 이야기임. 그 내용은 "아무것이나 가리지 않고 먹는 사람도 하나님께 감사를 드리며 먹으니 주님을 위해서 그렇게 하는 것이고 가려서 먹는 사람도 하나님께 감사를 드리며 먹으니 그 역시 주님을 위해서 그렇게 하는 것입니다. 우리들 가운데는 자기 자신을 위해서 사는 사람도 없고 자기 자신을 위해서 죽는 사람도 없습니다. 우리는 살아도 주님을 위해서 살고 죽더라도 주님을 위해서 죽습니다. 그러므로 우리는 살아도 주님의 것이고 죽어도 주님의 것입니다"이다.

325) 성직자들이 입는 하얀 색깔의 제복 속에 감추어진 위선적인 품위를 말한다. 밀턴은 그의 다른 글에서도 "성직자들은 그들의 육체를 신성한 것으로 숭배하면서 향을 뿌리고 리넨(*linen*)으로 감싸고 온갖 귀금속으로 장식한다. …"라고 쓰고 있다. 밀턴이 말하는 것은 허가제가 실제로는 지켜지지 않고 있지만 그러나 그 망령은 살아서 우리 주위에서 떠돌고 있다는 뜻이다.

인 진리의 조각을 복귀시키려 하면서 우리는 모든 것 중에서 가장 극단적인 균열이며 분열인 진리로부터 진리가 분리되는 것[326]에는 근심을 하지 않는다. 우리는 곧 다시 하나의 거대한 동조라는 우둔함 속으로 빠져 버릴 수 있고 나무와 지푸라기 그리고 그루터기가 함께 뒤섞여 압축되어 얼어버린 경직되고 죽어 있는 응고물이 될 수 있다. 그리고 이는 종파가 다시 작은 종파로 수없이 나뉘는 것보다 더 급격히 교회를 퇴화시키는 것이라는 것을 우리는 모르고 있다.

내가 가벼운 분리들 모두를 잘 아는 것도 아니며, 또는 교회 안에 있는 것 중 무엇이 금이고 은이며 그리고 보석으로 여겨야 할 것이라는 것을 모두 알고 있는 것도 아니다. 인간은 가라지로부터 밀을 가려낼 수 없고[327] 치어일 때에는 좋은 물고기를 골라낼 수 없다. 그런 일은 세상이 끝나는 날 천사가 하는 일이다.[328] 그런데 만일 모든 사람들이 한마음일 수

---

326) 밀턴이 주장하는 진리관은 파편화된 진리의 조각들이 합쳐져 하나의 완전한 절대적인 진리가 구성된다는 것이다. 따라서 진리의 파편들이 합쳐지는 것이 아니라 분열된다는 것은 진리의 발전이 아니라 후퇴라는 것이다. 이는 가장 나쁜 결과이다.

327) 이 이야기는 마태복음 13장 24절에서 30장에 있다. 그 내용은 "천국은 좋은 씨를 제 밭에 뿌린 사람과 같으니, 사람들이 잘 때에 그 원수가 와서 곡식 가운데에 가라지를 덧뿌리고 갔더니, 싹이 나고 결실할 때에 가라지도 보이거늘 … 주인이 가로되 원수가 그렇게 하였구나 … 가만 두어라 가라지를 뽑다가 곡식까지 뽑을까 염려하노라"이다.

328) 마태복음 13장 37절에서 43장에 나오는 이야기이다. "… 세상이

없다면 — 누가 그래야 한다고 보는가? — 많은 것들이 강제되기보다는 관용되는 것이 더욱더 건전하고 사려깊고 기독교적이라는 것은 의심할 바 없는 것이다. 나는 천주학 교도(*popery*)[329] 나 공개적인 미신에 대해서도 관용을 베풀어야 한다는 것은 아니다. 가톨릭은 모든 다른 종교와 시민적 우월성들을 근절하려 하기 때문에 근절되어야 한다.[330] 그러나 약하고 오도된 자들을 바로잡고 다시 복귀시키기 위해서는 제일 먼저 자비롭고 동정심이 있는 모든 수단이 사용되어야 한다. 이들 또한 관용의 대상이 아니다. 독신(瀆神)이나 절대적인 악 그리고 신앙이나 관행[331]에 대한 부정 또는 어떤 법도 허용할

끝날 날에도 그렇게 할 것이다. 그날이 오면 사람의 아들이 자기 천사들을 보낼 터인데 그들은 남을 죄짓게 하는 자들과 악행을 일삼는 자들을 모조리 자기 나라에서 추려 내어 … ."

329) 원문은 'popery'임. 이는 가톨릭을 비하하는 말로 '천주쟁이', '천주학쟁이'라는 우리말에 해당하는 것으로 이를 '천주학 교도'라고 옮겼다.

330) 밀턴이 주장하는 종교적 관용의 대상에는 가톨릭은 포함되어 있지 않다. 그는 다른 글에서 이렇게 쓰고 있다. "천주교가 관용될 수 있는 것인가 여부를 생각해 보자. 천주교는 이중적인 권력을 요구한다. 하나는 성직에 대한 권력과 다른 하나는 정치적 권력으로 이들 두 가지 권력은 상호 보완적이다. … 그래서 천주교는 우상이고 공적으로는 물론 사적으로도 관용될 수 없다. 오늘날 생각해야 할 일은 이를 어떻게 제거하느냐 하는 것이다." Sirluck, p. 565 n. 285 및 286, Lockwood, p. 134 n. 1 참조.

331) 관행(*manner*). 이는 도덕적인 것과 부도덕한 것을 구분하는 관행이라는 의미에서 '관행'으로 옮겼다.

가능성이 없는 신앙이나 도덕적 행위를 부정하는 것과 법 그 자체를 불법화하려는 것들은 관용의 대상이 아니다. 그러나 내가 말하는 것은 교의에서든 혹은 규율에서든 어떤 점에서 유사하고 가벼운 차이나 대수롭지 않은 차이가 수없이 많다 하더라도 그들이 성령의 통일성을 해하는 것이 아니라면 그리고 우리들 사이의 평화의 유대를[332] 마련하고자 한다면 이런 차이는 관용되어야 한다는 것이다.

그런데 어떤 사람이 글을 써서 우리가 지금 노력하고 있는 이 굼뜨게 진행되고 있는 개혁에 도움을 주려 할 때 또는 진리가 다른 사람들보다 앞서 그가 말하도록 만들 때 혹은 적어도 그가 진리를 말하는 것처럼 보이는데도 우리가 그로 하여금 이런 고귀한 행위를 하는 데 허가를 받아야 하는 어려움을 겪게끔 만드는 음모를 한 자는 누구인가? 이런 점은 고려하지 않더라도, 만일 금지가 행해진다면 진리보다 더 금지될 것은 아무것도 없다. 우리 눈에 진리의 첫 모습은 관습과 편견 때문에 흐릿하고 희미하게 보이며 적지 않은 경우 오류들보다 더 바람직하게도 또 더 그럴 듯하게도 보이지 않는데 이는 심지어 위대한 사람들 중에도 어떤 사람[333]은 보기에 하찮게 보

---

332) 에베소서 4장 3절에 나오는 이야기이다. 그 내용은 "성령께서 평화의 줄로 여러분을 묶어 하나가 되게 하여주신 것을 그대로 보존하도록 하십시오"이다.

333) 고린도전서(2) 10장 10절에 나오는 이야기이다. "바울의 편지는 무게도 있고 단호하기도 하지만 막상 대해 보면 그는 약하기 짝이 없고 말하는 것도 별것이 아니다."

이고 한심하게 보이는 것과 마찬가지이다. 그리고 그들은 그들의 새로운 의견을 말하지만 아무런 소용이 없고 그들이 진정 새로운 것을 말해도 아무도 자신들이 좋아하는 의견을 제외하고는 듣지 않기 때문에 그런 사람들에게는 모두 최악의 그리고 전혀 생소한 의견으로 보이게 된다. 이것이 그렇게 많은 종파와 분파가 생기는 주된 원인이고 참된 지식이 우리로부터 멀리 떨어져 있는 이유이다. 이런 위험보다 더 큰 위험은 있을 수 없다. 하나님께서 강력하고 강건한 폭풍으로 전체 모든 것을 개혁하기 위해 한 왕국을 뒤흔들 때,[334] 많은 당파적 혹은 거짓된 또 가짜 선생들이 선동하는 데 바쁘기 이를 데 없다는 것은 거짓이 아니다. 그러나 이보다 더 진실된 것은 그때 하나님은 보기드문 능력을 가지고 있고 또 보통 이상으로 부지런한 인간을 불러일으켜서 하나님의 일을 하도록 하며 지난날을 돌아보고 지금까지 배운 바를 수정토록 할 뿐만 아니라 좀더 나아가 진리를 발견하기 위한 계몽의 발걸음을 얼마만큼이라도 더 내딛도록 하신다는 것이다.

왜냐하면 하나님은 그의 교회에 명령하셨는데 그것은 우리들 세속적인 눈들이 하나님의 빛을 가장 잘 지켜나갈 수 있도록 교회가 그 빛을 비추고 나누어주라고 하셨기 때문이다.

하나님의 선택된 말씀이 처음 어디로부터 그리고 어디에서 들릴 것인가 하는 장소가 지정되어 있거나 구속되어 있는 것

334) 구약의 학개 2장 6절에 있는 말이다. "나는 이제 곧 하늘과 땅, 바다와 육지를 뒤흔들고, 뭇 민족도 뒤흔들리라."

이 아니다. 하나님은 인간이 보는 것처럼 보시지 않고 인간이 선택하는 것처럼 선택하시지 않기 때문에 우리는 정해진 신성한 장소 그리고 신성한 모임 또 인간의 현세적인 요구[335]와 장소 그리고 모임들에 다시 매달리지 않도록 하신다. 우리는 어떤 때는 오래된 대교구회의(the old Convocation)[336]에 우리의 신앙을 맡기고 또 다른 때는 웨스트민스터 교회에 맡긴다. 교회법에 진실된 것으로 인정[337]되어야 할 모든 신앙과 종교에는 양심의 아주 작은 상처라도 유순하게 만들려는 그리고 성령 속에서 걷고자[338] 하는 가장 평범한 크리스천을 일으켜

---

335) 현세의 사제들의 요구를 의미한다. Hales, p. 149 n. 19 참조.

336) 대교구회의(Convocation). 울지(Wolsey)와 로드(Laud) 대주교까지 영국국교회의 주교들 모임인 대교구회의는 the Chapter House at Westminster에서 열렸다. 1295년 법에 의하여 대주교회의가 최초로 소집되었으며 헨리 8세에 의해 그 권한은 제한되었다. 그러나 완전히 없앤 것은 아니었다. 1603년과 1640년 대교구회의는 특정한 규제를 전국에 가하려 해서 커다란 문제를 낳았다. 1643년 6월 의회는 대교구회의가 갖고 있던 권한을 장로교 성직자총회(Assembly of Divines of the Presbyterian Church)에 이양하고 그때부터 대교구회의는 Henry Ⅶ's Chapel in Westminster에서 개최되었다. 밀턴이 여기서 말하는 것은 이들 회의의 결정이 곧 하나님의 뜻이 아니라는 것이다.

337) 원문은 'canonnized'임. 이는 교회법에 의하여 정전(正典)으로 인정되는 것을 말한다. 즉, 정통적인 것으로 받아들여지기 위해서는 말이나 글이 아니라 믿음이 있어야 한다는 것으로 해석된다.

338) 고린도전서(2) 3장 6절 "우리로 하여금 당신의 새로운 계약을 이행하게 하셨을 따름입니다. 이 계약은 문자로 된 것이 아니고 성령으로 된 것입니다. 문자는 사람을 죽이고 성령은 사람을 살립

세우려는 인내심있는 가르침에 대한 순수한 확신과 이러한 가르침의 자비가 있어야 한다. 인간으로서는 믿을 수 있는 글자로 된 것이라 할지라도 그곳에서는 수없이 다른 소리들이 만들어질 수 있기 때문에 그렇다. 인간의 목소리들로는 충분치 않다. 비록 죽은 헨리 7세가 자신의 무덤 옆에 함께 묻혀 있는 그의 왕족339) 들의 모든 목소리를 빌려와 그 수를 보탠다 하더라도 그렇게 되기에는 충분치 않다.

유력한 종파주의자로 보이는 사람들이 오류를 범해서 우리를 나태하게 만들고 또 우리의 자율의지를 억누르고 올바른 대의를 불신하게 만들는지도 모르기 때문에 우리는 자유롭고 열심인 청중들과 그 문제를 철저하게 토론하고 검토하는 점잖은 모임을 허용하지도 않고 그리고 점잖게 거부하는 관용도 베풀지 않고 있다. 만일 이렇게 하는 것이 그들을 위함이 아니라면 우리를 위한 것인가? 학문의 맛을 본 사람 가운데 누구도 이의없이 진부한 것을 그냥 받아들이는 사람들로부터 이 세계를 관리하고 그리고 새롭게 만드는 데 도움을 받을 수 있

니다"와 로마서 3장 29절의 "오히려 유다인의 속마음을 가져야 진정한 유다인이 되며 할례도 법조문을 따라서가 아니라 성령으로 말미암아 마음에 받는 할례가 참 할례입니다. …"에 나오는 의미로서 '성령 속에서 걷고자'이다.

339) 헨리 7세 성당의 대영묘. 성당을 새로 지은 후 첫 번째로 묻힌 사람은 헨리 7세의 아내 엘리자베스(Elizabeth of York)였다. 6년 후 헨리 7세 그 자신이 묻혔다. 이 대영묘(大靈廟)는 세계 7대 불가사의의 하나로 불린다. 그의 곁에는 그의 모친, 엘리자베스 여왕, 제임스 1세 등 왕족들의 무덤이 있다.

는 것이 많다고 말하는 것을 보지 못했다. 그들 종파주의자들이 우리들 발밑에 흩어져 있는 먼지나 재와 같은 존재라 하더라도 그들이 진리라는 무기를 닦고 광택을 내는 데 봉사하는 한 그 점만으로도 그들은 말 그대로 내던져 버릴 수 있는 것들이 아니다. 그러나 그들이 하나님께서 이 시대에 특별히 사용하려고 특별하고 풍부한 재능을 주신 사람들 중의 하나라면, 그리고 그들이 사제들도 아니고 또 바리세인들이 아니라면, 우리가 흔히 이해하기 앞서 판단하는 것과 같이 성급하고 경솔하게 아무런 구분을 하지 않은 채 그들이 새롭고 위험한 의견을 낳을 것이라는 두려움 때문에 그들의 입을 막기로 하는 것은, 또 그것이 복음을 지키기 위한 것이라고 생각하는 것은, 우리가 박해자가 되는 것으로 우리에게 이보다 더 비탄스러운 일은 없다.

이 의회[340]가 시작된 이래 허가받지 않은 책을 출판하여 허가제를 무시함으로써 우리 가슴을 3중으로 얼어붙이고 있는 얼음을 깨뜨리고 사람들이 광명을 보도록 가르친 사람들이 장로직에 있는 사람들이나 다른 사람들 사이에도 적지 않게 있었다. 나는 바라건대 그들이 스스로 허가제를 무시함으로써 많은 선(善)을 낳은 바 있는데 그들 가운데는 그런 속박을 다시 부활하자고 주장하는 사람이 없기를 희망한다. 그러나 만일 모세(Moses)가 젊은 여호수아(Joshua)를 말린 것[341]이나

340) 1640년 11월 3일 소집된 의회. 후에 장기의회로 불린 회의이다.

341) 모든 백성이 예언자가 되기를 원하는 모세의 말. 주 289) 및 295) 참조.

구세주께서 젊은 요한(John)에게 그가 보기에 허가받지 않았다고 생각한 것을 못하도록 금하는 것을 막는 반대명령[342]을 하신 것도 자유로운 인쇄를 금지하려는 그들의 성급한 분위기가 얼마나 하나님의 뜻에 맞지 않는가라는 것이 우리들의 장로들에게 충분한 교훈을 주지 못하고 있다면, 그리고 만일 이런 허가제로 교회에 들끓게 된 악(惡)과 그리고 이를 지키지 않음으로써 그들 스스로 일구기 시작한 선(善)이 무엇이었는가 하는 데 대한 그들 자신의 기억도 충분한 교훈을 주지 못하고 있다면, 그들은 우리 위에 군림하면서 종교재판의 가장 도미니크회적인 방식을 주장하고 실천할 것이다. 이런 억압을 향한 적극적인 발걸음은 이미 한 걸음 진행되었는데 이러한 억압은 무엇보다 억압하는 자, 그들을 먼저 억압하는 것이라는 사실은 당연한 것이다. 이러한 상태로의 변화는 근자에 그들이 지혜로워지는 데 겪은 어려움보다 더 심한 어려움을 겪어야 하게끔 그들의 처지를 만드는 것이다.

출판(*The Press*)의 규제에 대하여 당신들 자신보다 더 잘 당신들에게 자문할 수 있는 권위를 가지고 있는 사람이 없다고 생각하게끔 만든 것이 이번 명령 바로 앞서 만든 "인쇄인과

---

342) 원문은 'countermand'임. 이 반대명령은 누가복음 9장 49절에서 50절에 있다. 그것은 "요한이 나서서 '선생님 어떤 사람이 선생님의 이름으로 마귀를 쫓아내는 것을 보았는데 그는 우리와 함께 다니는 사람이 아니었습니다. 그래서 그런 일을 못하게 막았습니다'하고 말하였다. 예수께서는 '너희를 반대하지 않는 사람은 너희를 지지하는 사람이니 막지 말라'라고 말씀하셨다"이다.

저자의 이름, 또는 적어도 인쇄인의 이름이 등록되어 있지 않다면, 어떤 책도 출판될 수 없다"는 명령이었다.[343] 다른 문제, 즉 만일 그들이 해악적이거나 명예훼손적이라면 분서와 강제 집행관이 이를 방지하는 것이 가장 시의적절하고 가장 좋은 교정방법일 것이다.[344] 나로서는 꼭 말해야 한다면 책을 허가하는 이런 완전한 스페인식 정책에 따라 허가를 받은 책도 얼마 지나지 않으면 곧 허가받지 않은 책이 될 것이라는 점이다. 그리고 그 허가명령은 떨어진 샛별(Lucifer)[345]처럼 당시의 시대적인 목적을 위해 만들어져 경건성 등의 문제를 다루었던 성청(Star Chamber)[346]의 모습을 즉각적으로 떠오르

---

343) 앞서 몇 개의 인쇄 출판에 관한 규제명령이 하원에 의해 만들어졌다. 하나는 1642년 1월 29일자 명령이고, 다른 하나는 1643년 3월 9일의 명령이다. 〈아레오파지티카〉에서 문제삼고 있는 명령은 세 번째의 것으로 앞서 언급한 것처럼 1643년 6월 14자 허가명령이다. 밀턴은 두 번째 명령과 세 번째 명령을 실은 같은 것으로 보고 있으며, 세 번째 명령은 단순히 두 번째 명령을 더욱 상세하게 보완한 것으로 보았다. 이 문장에서 말하는 '앞서 만든 명령'이란 1642년 1월 29일 명령, 즉 첫 번째 명령을 지칭한 것이다. 본문에 있듯이 밀턴은 이 첫 번째 명령은 지지하고 있다.

344) 이 구절은 밀턴의 언론자유이론에 대한 해석에서 가장 논쟁을 일으키고 있는 것 가운데 하나이다. 즉, 밀턴은 허가와 같은 사전 억제는 반대하였지만 그러나 사후 억제는 찬성하였다는 점에서 그의 자유론은 제한적인 것이라는 주장이 제기되어 왔다.

345) 이사야서 14장 12절의 "웬일이냐 저 새벽여신의 아들 샛별아, 네가 하늘에서 떨어지다니!, 민족들을 짓밟던 네가 찍혀서 땅에 떨어지다니!" 구절의 샛별을 지칭한 것이다.

게 하는 것이었다. 당신들은 비록 책과 선한 행위 사이에 관계가 있다는 것이 하나의 특별한 위선이라 할지라도 그것은 어떤 국가적인 사려, 국민에 대한 사랑, 종교와 좋은 풍습에 대한 배려를 추구하는 것이라고 생각할 수도 있다. 그러나 만일 자격을 가진 전문가가 철저한 조사를 한 후 거기에 몇몇의 오래된 출판 특허권 소유자와 서적 판매 독점권을 가진 자들의 기만[347]이 있을 수 있다는 의견이 나와 이를 우리가 믿게 된다면 전에 잘 지켜진 바 있는 다른 명령들처럼 당신의 이번 명령이 어떻게 높은 지지를 획득할 수 있겠는가. 그들이 고인(故人)의 저술인 체하는 것으로부터 속지 않는 문제[348]는 어

346) 성청은 일종의 행정법원으로 1487년 헨리 7세에 의해 만들어졌다. 헨리는 왕권을 강화하는 데 성청을 이용하였는데, 즉 왕국의 각종 법원들이 국왕에 대한 반항을 합법화하는 데 이용되는 것을 방지하는 기능을 하였다. 또 성청은 재판을 신속 엄정하기 진행하기 위하여 배심원제도를 포함하여 보통법에 의한 재판절차를 무시하기도 하였다. 성청은 피고의 권리를 유린할 수 있었고 결과적으로 사법권의 남용을 낳으면서 17세기에 이르러서는 사회적 비난의 대상이 되었다. 밀턴 시대, 즉 찰스 1세시에는 성청 법원의 모든 판사들은 두 명의 최고판사(Chief Justice)를 제외하고는 모두 추밀원(Privy Council)의 의원이었고 억압의 도구로 규탄의 대상이었다. 성청은 1641년 장기의회에 의해 해체되었다. 왕정복고 직후인 1661년 이를 복원하고자 한 일이 있었지만 실패하였다.

347) 출판 및 판매독점권을 갖고 있던 이들 20명은 이 허가명령이 폐지되면 그들의 특권을 빼앗길까봐 두려워하였다.

348) 허가명령은 출판조합(Stationer's Company)이 고인의 저술은 허

떻게 할 것인가. 또 저작권을 갖고 있는 자가 하나님이 금지한 그래서 허가를 받지 못할 저서를 각자 자신만이 가지고서 의회에서 외양만 그럴듯한 주장을 과장하고 왜곡하기도 할 것인데, 실로 그들은 그들의 동료들에게 자신의 우월성을 보이려는 것 외에 다른 일에는 기여하는 바가 없는 자들이다.[349] 그러므로 학문을 필요로 하는 진정한 전문직에 일하지 않는 사람들은 다른 사람의 가신으로나 있어야 할 사람들이다. 이번 명령을 제정할 것을 청원한 사람들의 일부, 즉 그들의 손에 권력을 장악하고 있는 일부의 사람들이 이번 명령을 청원한 데는 다른 목적이 있는데 그것은 요즘의 현실이 보여주고 있는 것처럼 악의적인[350] 책들이 외국에서 쉽게 뿌리를 내리

가없이 혹은 조합의 장이나 관련자의 동의를 얻어 출판할 수 있도록 하였다.

349) 이 부분은 다소 애매한 부분이 있어 역자가 의역한 것이다. 본문의 'just retaining'은 저작권(*copy right*)과 관련된 의미로 'several'은 '몇 개'가 아니라 '고립되어 있다'(*separated*)는 뜻으로 해석한 것이다. 이런 해석은 헤일스의 주석에 의존한 것이다. 허가 조례에서는 저작권을 인정하고 있다. 이 구절이 의미하는 것은 출판의 자유에 대한 억압으로 여러 사람들이 읽을 수 없는 경우 다른 사람들이 볼 수 없는 점을 이용하여 그 내용을 과장·왜곡하는 폐해를 낳을 수 있다는 것으로 해석된다. Hales, p. 152 n. 3 참조.

350) 원문의 'malignant'란 말은 1641년부터 1660년 사이에 의회파가 왕당파에 대하여 부르던 말이다. 밀턴의 주장은 당시 왕당파와 의회파의 팸플릿 모두가 해외로 많이 유출되고 있었는데 인쇄의 허가제는 결과적으로 왕당파의 출판물들이 해외에서 더욱 확산

고 꽃을 피게 하기 위한 것이다.

그러나 이러한 상품의 궤변과 논박[351]에 나는 익숙하지 않다. 내가 알고 있는 바로는 흔히 오류는 좋은 정부에서나 나쁜 정부에서나 거의 똑같이 일어난다는 것이다. 행정관들은 잘못 알지 않아야 하는데 만일 인쇄의 자유(*liberty of printing*)가 소수의 권력으로 축소된다면 그들은 그런 오류를 훨씬 빨리 범하게 된다. 오류를 범한 것을 기꺼이 그리고 신속하게 교정하는 것 그리고 최고권력에 있는 사람들은 다른 사람들이 사치스러운 뇌물을 건네면서 유혹하더라도 명료하게 통고[352]하는 것을 더 존중하는 것이 그들의 덕목(德目)이고 이것이 존경하는 상·하원 의원 여러분에게 최고로 고귀하고 합당한 행위이며 가장 위대하고 가장 현명한 사람들이 아니면 다른 사람들은 이런 일을 할 수 없는 것이다.

—실은 출판허가제는 의회가 왕당파의 출판물을 억제하려는 의도를 지닌 법이지만—하게끔 만든다는 것이다.

351) 이 구절의 의미는 "이런 상품판매를 위한 서적 판매업자들의 이야기"로 해석된다. Hales, pp. 152~153 n. 14 참조.

352) '통고'의 원문은 'advertisement'임. 이는 공고나 통고(*notice*)를 의미하는 것으로 해석된다. Hales, p. 153 n. 20 참조.

제2부 표현의 자유 원리

〈아레오파지티카〉의 언론사상: 휴머니즘, 공화주의, 그리고 자유주의

임상원

이 글의 일부는 "〈아레오파지티카〉의 언론자유사상"이란 이름으로 《언론과 사회》 제 16권(1997년 여름호)에 실린 바 있다. 이 글은 이를 확대한 것이다.

1. 머리말

언론학 분야에서 〈아레오파지티카〉(Areopagitica)는 결코 낯설지 않은 문헌이다. 그러나 그 상세한 내용은 잘 알려져 있지 않다. 이 글은 존 밀턴(John Milton)의 〈아레오파지티카〉를 이해하기 위한 것이다. 다시 말해 〈아레오파지티카〉의 내용을 소개하고 그 의미를 해석하는 것이 이 글의 목적이다. 그러나 이 글의 더욱 근원적인 목적은 우리가 흔히 표현의 자유(*freedom of expression*) 혹은 언론의 자유(*freedom of speech*)라고 부르는 문제를 해명하는 데 사상사적 접근을 통해 일조하기 위한 것이다. 표현의 자유이론은 밀(J. S. Mill)이 《자유론》(*On Liberty*)에서 구분한 '타자관련행위'라 할지라도 그것이 표현 혹은 언론행위인 경우 다른 종류의 '타자관련행위'보다 특별히 보호받아야 한다는 것이다. 이러한 자유이론은 고대 그리스와 로마의 수사학에 담겨 있는 관용, 르네상스 시대의 휴머니즘, 종교개혁 시대의 신앙의 자유 그리고 자유주의의 역사적 유산 속에서 성숙되어 왔다. 이러한 자유이론의 역사적 진화과정에서 〈아레오파지티카〉는 특별한 위치를 차지하고 있다.

언론학 분야에서의 〈아레오파지티카〉의 위상은 거의 신화적이다. 그러나 좀더 넓게 그리고 언론학의 경계를 넘어서 살펴보면 〈아레오파지티카〉에 대한 평가와 해석은 다양하다. 《언론의 4이론》(*Four Theories of The Press*)에서 시버트(F. Siebert)는 〈아레오파지티카〉의 내용을 "자유방임주의적인 장엄한 지적 자유"의 주장으로 정의한다. 그리고 그의 주장을 정당화하는 논리로 "인간은 이성에 의하여 옳은 것과 틀린 것 그리고 선과 악을 구별할 수 있으며 이러한 능력을 행사할 수 있기 위해서는 인간은 다른 사람의 사상이나 사고에 제한없이 접근할 수 있어야 한다"는 주장을 하고 "진리는 확정적인 것이고 증명가능한 것이며 '자유롭고 공개적인 대결'을 하게 되면 이길 수 있는 독특한 힘을 갖고 있다는 것을 확신하고 있었다" 고 설명하고 있다. 그러면서 시버트는 여기서 현대의 언론자유의 핵심개념인 '사상의 공개시장'(*the open market place of ideas*)과 '자율조정과정'(*self-rightening process*)이 산출되었다고 평가하고 있다(Siebert and et al., p. 44, 강대인, 67~68쪽).

알철(H. Altschull)도 밀턴의 〈아레오파지티카〉에서 주장하고 있는 '지적 자유'를 높이 평가하면서 이를 현대 언론자유이론의 핵심적 요소인 '자율조정과정'이라는 아이디어를 산출한 원전으로 평가하고 있다. 그리하여 밀턴을 언론자유이론의 선구자로 규정하면서 그의 〈아레오파지티카〉를 불후의 고전으로 규정하고 있다(Altschull, pp. 40~41, 양승목, 81~82쪽).

미국의 언론사학자인 에머리(E. Emery)도 밀턴은 진리의 힘에 대한 신뢰를 확인하면서 '사상의 자유시장'이라는 아이디어를 제시하였고 이를 토마스 제퍼슨(T. Jefferson)이 이어 받았음을 시사하고 있다(장룡·박권상, 51쪽).

한 마디로 밀턴의 〈아레오파지티카〉는 언론의 자유를 논의할 때 으레 제일 먼저 인용되는 고전이다. 그리하여 언론의 자유를 이야기할 때는 보통 〈아레오파지티카〉의 한두 구절은 꼭 인용되곤 한다. 이것이 언론학 분야에서 〈아레오파지티카〉의 위상이다.

그러나 이와 다른 평가도 있다. 예를 들어 미국의 언론자유사를 수정주의적인 입장에서 탐구한 레비(L. Levy)는 "물론 밀턴은 로크, 제퍼슨, 밀과 함께 전통적으로 자유정신의 위대한 주창자의 하나로 손꼽히고 있다. 그러나 〈아레오파지티카〉를 주의깊게 읽어본 사람이면 아무도 '모든 사람을 위한 자유언론이 밀턴의 꿈'이었다고 말하지는 않을 것이다"라고 하면서 밀턴은 근원적으로 상이한 의견에 대한 관용은 허락하지 않았으며 오직 형제적인 차이들에 대한 관용만을 주장할 뿐 "로마 천주교와 공개적인 미신"은 자유의 대상에서 제외하고 있음을 지적하고 있다. 그러면서 그는 매튜(W. R. Matthew)의 "밀턴의 자유주의에 대한 과장된 관념은 그의 글을 충분히 읽지 않은 사람들에 의해 이루어진 것"이라는 평가를 들면서 "밀턴은 가톨릭교도, 영국국교도, 무신론자 또는 비그리스도 교도들의 종교적 논쟁에 대한 자유를 지지하지 않았다"고 지적하였다. 그리고 그는 밀턴이 "자유롭고 인도적인 정부는 오직 '자유로운 저술활동과 자유로운 발언이 허용되는 것'에서부터 비롯된다는 그의 단언에도 불구하고 확실히 허가제를 반대조차 하지 않았다"고 지적하면서 그는 "출판의 악용이나 방종함을 처벌하기 위한 법을 예정해 두고 있었다"는 비판적인 평가를 하고 있다(Levy, pp. 93~94).

밀턴 연구가 켄달(N. Kendall) 또한 〈아레오파지티카〉를 주의깊게 읽지 않음으로써 생긴 두 가지 '오해'를 지적하고 있다. 그것은 첫째로 밀턴이 〈아레오파지티카〉에서 논의한 주제는 출판의 자유, 특히 '지적(知的)인 자유' 문제에 관한 것임에도 불구하고 이를 확대해석하고 있다는 것이다. 다시 말하면 그의 출판의 사전 검열 반대주장이 곧 그가 자유주의 정치철학의 보편적인 원리, 특히 열린 사회(*open society*)를 당연한 것으로 전제하고 있는 것으로 해석하는 것은 오해라는 것이다. 또 〈아레오파지티카〉가 주장한 출판의 사전 검열 반대주장에 압도당해 자유주의 원리와 모순되는 그의 다른 주장은 사소한 것으로 간과하는 일이다(Kendall, p. 446). 이런 오해 혹은 왜곡이 발생하는 이유는 켄달이 지적하고 있는 것처럼 원전보다 〈아레오파지티카〉에 관한 2차 자료에 의존하는 데에도—출판의 사전 허가 문제만을 중심으로 논한—원인이 있지만 17세기에 나온 〈아레오파지티카〉를 오늘의 연구자들이 그들의 자유주의 논리와 무리하게 일치시키려는 학문적 왜곡에 그 원인이 있다고 말할 수 있다. 이는 적지 않은 연구자가 〈아레오파지티카〉를 읽지 않고 이를 언급하거나 혹은 제한된 부분만을 선택적으로 읽고 해석하는 위험을 지적한 것이다. 필자는 이러한 지적과 평가를 의미있는 것으로 생각한다.

그러나 필자는 〈아레오파지티카〉에 담겨 있는 언론자유의 정신을 지나치게 과소평가하는 것에는 동의하지 않는다. 왜냐하면 〈아레오파지티카〉에 담겨 있는 밀턴의 주장은 현대적인 의미의 자유주의는 아니라 할지라도, 그것이 자유주의와 언론 자유의 성장과정에서 중요한 기여를 하였다는 점은 인정해야 할 것이라고 평가하기 때문이다.

다시 말하지만 이 글의 목적은 〈아레오파지티카〉를 좀더 심층적으로 이해하기 위한 것이다. 이를 위해 밀턴이 주장한 언론자유 사상의 의미를 검토한 후 〈아레오파지티카〉가 언론학에서 차지하는 위상을 적절히 다시 자리매김하고자 한다. 이 글은 몇 개의 부분으로 구성되어 있다. 첫째는 〈아레오파지티카〉라는 글이 씌어진 당시의 시대적 상황이고, 둘째는 〈아레오파지티카〉에 담긴 밀턴의 주장이며, 셋째는 이에 담겨 있는 사상에 대한 해석 평가이다. 먼저 〈아레오파지티카〉에서 밀턴이 주장한 주제는 그 당시의 시대적 정신과 시대적 문제를 대변하는 내용이라는 뜻에서 〈아레오파지티카〉라는 글이 발표된 당시 상황에 대한 이야기로부터 이 글을 시작한다.

2. 밀턴의 시대

1) 정치 종교적 배경

존 밀턴(John Milton)은 청교도혁명이라는 근대 영국사에서 급격한 변혁기의 인물이다. 그는 스튜어트(Stuarts) 왕조 초기인 1608년 12월 9일 런던(London)에서 태어나, 제임스 1세와 찰스 1세 시대를 살면서 시민전쟁(Civil War)과 크롬웰(Oliver Cromwell)의 공화정시대를 거쳐 찰스 2세(Charles II)의 왕정이 복고된 후인 1674년 11월 8일까지 66년간의 생애를 살았다. 밀턴이 태어난 1608년은 튜더 왕조(The Tudors)의 마지막

왕인 엘리자베스 1세(Elizabeth I : 1558~1603)를 이은 스튜어트(The Stuarts) 왕조가 출발한 지 6년밖에 되지 않은 때였다. 이 시기 영국은 엘리자베스 여왕 시대의 정치적 종교적 안정이 서서히 무너져가고 있었다. 1603년 엘리자베스가 후사없이 죽자 그의 사촌으로 스코틀랜드(Scotland)의 왕인 제임스 6세(James VI)를 영국(England)의 왕으로 영입하였다. 그가 영국의 제임스 1세(James I)이다. 그리하여 스튜어트 왕조가 출발하였다. 제임스는 영리하고 또 교육도 많이 받은 왕이었다. 그러나 영국인들 사이에 인기는 없었다. 그의 재위 중 직면했던 난제는 두 가지였다. 첫째로는 이미 엘리자베스 여왕시대 말기부터 표출되기 시작한 의회와의 갈등이었다. 제임스는 왕권신수설을 주장하면서 의회가 그에게 무조건 복종해야 한다고 주장한 반면, 의회는 의회주권론을 주장하면서 의회의 입법권을 주장했다. 둘째는 종교개혁 문제였다. 당시 영국에는 세 가지 형태의 종교적 세력이 있었다. 그것은 가톨릭 그리고 청교도와 영국국교회이었다(이동섭, 206~207쪽). 종교문제의 경우 제임스는 가톨릭과 청교도 모두를 탄압하면서 영국국교를 강제하였다. 그의 이러한 종교정책은 점증하고 있던 청교도(Puritans)들의 반감을 낳았고 동시에 로마 가톨릭교도들의 불안을 고조시켰다.

1625년 제임스가 죽고 그의 아들 찰스(Charles I)가 왕위에 올랐다. 그는 제임스 재위시의 난제이었던 의회와의 갈등 그리고 종교문제를 그대로 이어받았다. 그는 제임스와 마찬가지로 왕권신수설을 주장하면서 의회와의 갈등 때문에 1629년부터 1640년까지 의회없이 영국을 통치하였다. 종교문제에서도 더욱 강경한 정책을 취했다. 그는 장로파가 지배하던 스코틀랜드에 영국국교회를 강요한 것이다. 이에 저항하는 스코틀랜드를 찰스는 무력으로 진압하려 하였다. 그러나 전비와 병력 부족으로 찰스는 제대로 싸워보지도 못하고 휴전에 들어갔다. 스코틀랜드측이 집단운동을 해체하고 찰스는 종교문제를 의회와 협의하여 결정한다는 조건이었다. 그러나 찰스는 기회를 노리고 있었고 스코틀랜드측은 국교폐지 등을 재천명하고 나섰다. 그러자 찰스는 전쟁을 결심하고 전비를 마련하기 위해 1640년 3월 의회를 소집하였다. 의회는 소집되자마자 찰스의 요청은 거들떠보지도 않고 존 핌(J. Pym) 등의 지휘 아래 찰스의 비리를 공격하고 나섰다. 이에 놀라 찰스는 3주 만에 서둘러 의회를 해산하였다. 이른바 단기의회(The Short Parliament)라고 불리는 것이 이것이다. 의회가 해산되자 런던시에서는 폭동이 일어나 왕의 총신 로드(Laud)의 집을 습격하고 감옥을 파괴하는 등 자못 혁명전야와 같은 분위기가 조성되었다. 1640년 7월 찰스가 스코틀랜드로 북진하자 스코틀랜드 군은 남진, 왕군을 패배시켰다. 결국 찰스는 신교의 자유와 배상금을 지불하기로 하고 다시 휴전하였다. 이것이 '주교전쟁'(Bishops War)이다. 찰스는 배상금을 지불하기 위해 의회를 소집하지 않을 수 없었다. 의회는 1640년 11월 다시 소집되어 1653년 4월 크롬웰에 의해 해산될 때까지, 12년 반 그리고 1659년 5월부터 1660년 3월까지 합하여 20여 년간 지속되었고, 이 의회가 장기의회(The Long Parliament)라고 불리는 것이다.[1)]

장기의회는 처음부터 찰스와 의회 사이의 심각한 대결의 장이었다. 1642년 마침내 의회군과 왕군은 전투를 벌이게 되었다. 내란(Civil War)이 시작된 것이었다. 초기에는 왕군이 우세하였으나 크롬웰(Oliver Cromwell)이 철기군을 조직, 의회군을 이끌면서 승리하였다. 이 내란은 종교적으로 보면 국교회(Anglicanism)로 영국과 스코틀랜드 모두를 통일하려는 찰스와, 국교회의 개혁을 요구하는 청교도들이 중심이 된 의회파 간의 충돌이었다. 그러나 청교도들은 국교회의 주교감독제(Episcopacy) 등 일체의 기존질서를 해체하고 각 교회의 자율성을 주장하는 독립파 등 급진세력과 국교회를 스코틀랜드식의 장로 교회제도를 따라 개편하려는 보수적인 장로파 세력으로 분열되어 있었다. 의회파는 그들 내의 이러한 교파간의 갈등은 미지수로 남겨둔 채 국교회를 강요하는 찰스에 반대하여 연합한 세력이었다. 의회는 종교적 분파문제를 해결하기 위해 1643년 7월 웨스트민스터 종교회의(Westminster Assembly)[2]를 소집, 교회정체(Church-Government) 문제 등을 해결하려 하였지만, 장로파를 설득하지 못하였다. 요컨대 당시 영국에는

---

1) 이 부분은 임희안, 《영국혁명의 수평파 운동》, 신용석 역, 《영국사》 등에 의존한 것임.

2) 이 회의는 상·하원 의원, 청교도 성직자 그리고 완전한 장로교제도를 구축하려는 8명의 스코틀랜드 대표로 구성되어 있었다. 스코틀랜드 대표는 의회군이 왕군과의 대결에서 스코틀랜드의 지원이 중요하였기 때문에 의회파에 영향력을 행사할 수 있었다. 임희안, 《영국혁명의 수평파운동》, 1988, 67쪽 참조.

두 개의 사상적 경향을 지닌 세력들이 대립하면서 갈등을 일으키고 있었다. 그들 두 개의 세력 가운데 하나는 장로파로 그들은 질서와 통합을 위해 자율성을 엄격하게 규제해야 한다는 보수적 입장을 주장하고 있었다. 다른 하나는 독립파로 이들은 교회개혁을 위해 통합보다는 자율성을 우선적으로 확보해야 하고 주교 등 고위성직자의 권력을 박탈하고 교파의 다양성을 인정해야 한다는 진보적 입장을 지닌 측이었다. 다시 말하면 당시의 종교적 갈등은 주교감독제를 고집하는 영국국교회(Anglicanism) 측과 이의 개혁을 주장하는 청교도(Puritan) 사이의 교리와 교회정체를 둘러싼 갈등이었다. 그리고 여기에 더하여 청교도내에서는 중앙집권적인 장로파와 각 교회의 독자성을 주장하는 독립파 간의 갈등이 진행되고 있었다.

밀턴의 〈아레오파지티카〉가 나온 것은 1644년 11월로 이때의 상황은 왕당파와 의회파 간의 전쟁이 전환기를 맞고 있었고 의회파내에서의 장로파와 독립파 간에 교리와 교회정체 문제를 둘러싼 갈등이 더욱 증폭되고 있던 때였다. 이러한 과정에서 의회파내의 각 교파들의 교회정체를 둘러싼 논쟁은 교회의 직분을 가진 자들에게만 머물지 않고 일반 지식인들 사이에까지 확대되었다. 굿윈(John Goodwin), 윌리엄스(Roger Williams), 로빈슨(Henry Robinson), 월윈(William Walwyn), 오버톤(Richard Overtone), 그리고 밀턴(John Milton) 등이 이와 관련된 팸플릿을 내놓고 문제를 제기하였다. 이들이 제기한 문제는 본질적으로 영국이라는 국가체제 내에서 종교적 자유의 범위와 기능이 무엇인가 하는 것이었다. 그러나 결과적으로 이러한 논쟁은 당초의 교회개혁 문제 이상의 것이 되었다. 즉, 양심의 자유, 사상과 표현의 자유, 설교와 출판의 자유, 종교와 정치적 조직의 자유, 법적 지위의 자유, 경제적 기회와 사회적 기회의 자유 등이 그들이 제기한 문제들이었다. 그리하여 프로테스탄트 세력들간에도 대립은 격화되고 교회의 성직자들을 수세적인 위치로 몰았다. 또 이러한 토론의 주도권이 정통적인 기득권 세력으로부터 세속적인 인사들에게 넘어가는 결과를 낳았다. 그리하여 기존의 교회를 어떻게 개혁하느냐 하는 문제는 영국이라는 공동체 안에서 국민들이 어떻게 정신적인 통합을 유지하고 그리고 헌법질서를 유지하는가 하는 더욱 근원적이며 보편적인 문제로 확대·발전하게 되었던 것이다. 밀턴의 〈아레오파지티카〉는 이 과정에서 산출된 청교도혁명을 지원하는 르네상스적 개혁의 지성을 대변하고 있는 글이다(Haller, pp. xiii~xiv).

그러나 밀턴이 청교도혁명 과정에서의 다양한 논쟁 가운데 특별히 출판의 자유문제에 개입하게 된 구체적인 이유가 있었는데, 그것은 그의 〈이혼의 교의와 질서〉(Doctrine and Discipline of Divorce)가 출판허가법 위반으로 문제가 된 사건이었다. 〈이혼의 교의와 질서〉의 초판은 1643년 6월 나왔는데 이때 그는 저자의 이름은 밝히지 않았고 다음해 2월, 이를 보완하여 그 부피가 두 배나 되는 제2판을 내면서 이름을 밝히고 의회와 종교회의에 바치는 서문을 붙였다. 여기서 그는 성격이 맞지 않는 경우 이혼은 허락되어야 하고 이는 성경도 인정하고 있다고 주장하였다. 그는 또 결혼이란 진실된 마음의 결합이라고 주장하면서 교회법이나 국가법이 이를 통제해서는 안된다고 주장하였다. 결혼의 궁극적인 목적은 행복한 대화라고 주장하면서, 그러나 결혼이 잘못되는 경우가 있는데 그렇다면 이를 교정할 수 있어야 한다는 것이다. 만일 부부의 타고난 성격이 서로 달라 맞지 않는다면 그들은 헤어지는 것이 하나님이 설정한 결혼의 정신에 맞는 것이라는 것이 그의 주장이었다. 교회법과 성직자들이 이혼 여부를 결정하는 권한을 갖는 것은 개인의 사적인 자유를 억압하는 것이라는 것이다. 밀턴은 〈이혼의 교의와 질서〉를 정치적인 의도를 갖고 쓴 것은 아니었다. 그러나 그것은 정치적인 것으로 해석되었다. 이를 예상하지 못했던 밀턴은 크게 실망하였다.

당시 영국의회는 위에서 설명한 것처럼 이른바 장기의회가 찰스 1세와 전쟁중이었고, 웨스트민스터 종교회의는 국교파 장로파 그리고 독립파 등과 갈등이 격렬하던 때였다. 의회의 다수를 이루고 있는 장로파는 밀턴의 이 글을 적대적인 독립파의 글로 받아들였다(Haller, pp. 178~180). 그러나 실은 그때까지만 해도 밀턴은 의회의 다수파, 즉 장로파를 지지하는 입장이었다. 그러나 결과는 그렇지 못했다. 그의 팸플릿은 부도덕한 것으로 불태워야 한다는 비난을 받았다. 그리하여 의회는 이 글의 저자와 출판업자를 심문할 것을 요구하였다. 당시 이러한 출판물은 다수 발행되었지만 단지 밀턴의 글을 포함하여 두 개의 팸플릿만이 조사대상이었다. 때문에 밀턴의 글을 문제삼은 것은 정치적인 의도가 있었다고 해석된다. 그러나 밀턴이 소환 조사나 괴롭힘을 받았다는 기록은 없다. 단지 장로파가 그 글을 문제삼아 그들의 적대세력을 억압하기 위한 것이었을 뿐이라고 해석된다.

사실 당시 영국에서는 그 누구도 출판을 엄격히 통제할 수 있는 상황이 아니었다. 출판에 대한 통제는 장기의회가 1641년 성청법을 폐지하였을 때 거의 유명무실해졌고, 허가를 받지 않은 출판물들이 네덜란드나 스코틀랜드로부터 수입될 뿐만 아니라 사람들은 인쇄기를 외지고 한적한 곳으로 여기저기 옮겨가면서 출판물을 인쇄하곤 하였다. 또 검열관들이 무엇을 허용하고 불허해야 할지 알 수 없을 정도로 당시는 혼란스러웠다. 종교개혁으로 프로테스탄트의 경우 성경의 해석권이 일반인에게도 주어짐에 따라 성경을 인용하고 이를 해석한 것이 무엇을 생각하게 하든 허가되지 않으면 안되었고 이와 관련하여 출판물이 수없이 나왔던 것이다. 이런 상황에서 출판물을 검열·통제한다는 것은 실제적으로 불가능한 일이었다. 또 의회 내의 다양한 교파는 그들이 임명한 검열관들이 신성(神性)과 관련된 모든 중요한 주제에 대해 하나의 통일된 기준을 세울 수도 없었다(Haller, pp. 137~140).

〈이혼의 교의와 질서〉를 발표한 후 밀턴은 그의 글 속에 있는 "건전한 주장과 이성이 과소평가되어 설교시에도 한두 마디 정도 언급될 뿐 침묵의 늪 속에 빠져들어 공론화되지 못하고 있다"는 것에 깊은 좌절감을 느꼈다(Haller, p. 178). 물론 그가 출판조합(Stationer's Company)[3]에 의해 고발된 상태에

3) 필자는 "〈아레오파지티카〉의 언론자유사상"에서 이를 '출판공사'로

있다는 것도 고민스러운 문제였을 것이다. 그러나 더욱 중요한 것은 그의 글이 무시당하고 있다는 점이었다. 이런 상황에서 밀턴은 〈아레오파지티카〉를 서둘러 집필한 후 이를 세상에 내놓았다. 〈이혼의 교의와 질서〉 수정판이 나온 것이 1644년 2월이었으니까 이로부터 약 9개월 후의 일이었다.

밀턴의 〈아레오파지티카〉는 이러한 시대에 출판허가제에 항의한 글이다. 그러나 〈아레오파지티카〉가 내세운 명시적인 주제는 출판허가 문제이지만 그것은 그 이상의 문제를 함축하고 있다. 다시 말하면 밀턴은 출판허가법이라는 구체적인 문제를 통해 지적 탐구행위의 자유를 정당화하고 그리고 종교적인 신앙의 자유문제를 양심의 자유문제로 한 단계 승화시켰다고 평가된다.

2) 통제의 역사[4]

〈아레오파지티카〉에서 밀턴은 출판의 검열과 허가제를 트렌트공의회와 스페인의 종교재판을 영국의 고위성직자들이 모방한 것이라고 주장하고 있다. 그는 1643년의 출판허가법을

번역·사용한 바 있다. 이 글에서는 이를 '출판조합'으로 바꾸었다. Stationer's Company의 정확한 의미는 출판업 특허권을 받은 인쇄업자들의 모임, 즉 일종의 길드(*guild*)로 '출판조합'이라는 말이 더 적절하다고 생각하기 때문이다.

4) 이 부분은 주로 써럭(1959, pp. 158~164)과 헤일스(pp. xiv~xxvi)의 책에 소개된 내용에 기초한 것이다.

"성청령을 즉각적으로 상기케 하는 것…"이라고 비판하면서 검열과 허가제는 영국적인 정책이 아니고, 이러한 정책은 1637년 성청령에서 주교들이 로마를 흉내내 도입한 것이라고 주장한다. 그의 이러한 지적은 반드시 정확한 것은 아니다. 영국에는 검열과 허가제가 그 이전부터 있었다. 그러나 1637년 성청령은 그 이전의 법들보다 광범위하고 엄격한 검열과 허가제를 요구하는 것이었고, 이를 사람들이 충격적인 일로 받아들이면서 처음 있는 일로 생각하게 만들었던 것이다. 이런 의미에서 밀턴의 주장은 광범위하고 엄격한 통제가 처음이라는 의미로 해석할 때는 맞는 말이다. 그래서 밀턴이 "우리들의 선조들이 남긴 아무런 법도 없다"라고 말한 것은 과장된 것이기는 하지만 이해할 수는 있다. 그러나 다시 말하지만 영국에서 검열과 허가제가 결코 처음은 아니었다.

영국에서의 출판 통제와 관련된 역사를 보면 이를 알 수 있다. 트렌트공의회보다 137년 앞서—영국에 출판기술이 도입되기 68년 전—1408년 아룬델(Arundel) 대주교 회의에서 옥스퍼드대학과 캠브리지대학 성직자들의 허가 없이는 어떤 출판물을 읽을 수도 복사할 수도 없다는 일종의 긴급조처가 있었다. 그러나 영국에서의 검열은 주로 종교적인 내용에 관한 것이었다. 1400년대에는 반가톨릭 서적은 금지되었지만 매리 여왕(Mary I : 1553~1558) 이전에는 정치적인 문제를 다룬 출판물일지라도 금지되지는 않았다. 검열의 대상은 이교도, 선동과 반역적인 내용으로 이들의 출판은 물론 금지되었다. 그러나 당시 영국의 출판에 대한 억압은 프랑스와 같은 대륙국가에서처럼 그렇게 조직적이고 철저한 것은 아니었다. 영국에서는 또 종교재판이 그렇게 강력하게 작용한 일도 없었다. 영국국교가 로마로부터 분리된 후 출판물 검열은 왕실이 그 권한을 장악하고 통상적으로 왕이 검열관을 임명하곤 하였다. 의회는 출판물 검열문제에 대해서는 거의 관심을 갖고 있지 않았다. 재판이나 처벌은 성청 법원에 의해 이루어졌다.

1530년 헨리 8세가 로마와 결별하기 전에 이미 영어판 성경출판은 주교관구의 검열과 허가를 받아야 하였다. 그리고 이러한 허가는 검열인의 이름과 출판인의 이름을 명기하게 하였다. 헨리 8세는 1538년 교회의 수장이 된 후 이러한 권한을 교회로부터 왕실자문회의(Privy Council)로 이관하고 허가절차를 설정하였다. 이러한 정책은 에드워드에 의해 1551년령, 매리 여왕의 경우는 1553년령 및 1558년령 그리고 엘리자베스 여왕시에는 1559년 왕실령에 의해, 이들 검열허가제는 재확인·지속되었다. 1566년 6월 29일자 왕실자문회의의 령은 당시 만들어진 출판조합의 행정체계를 구성하기 위한 것으로, 1586년 7월 11일자 찰스의 성청령은 그 법원의 소송절차를 밝힌 것이었다. 제임스는 이들 법령들을 1611년과 1613년 재확인하였다. 이러한 일련의 출판통제 조처가 최고로 강화된 것이 1637년 7월 11자의 성청령이었다.

성청령은 당시 출판물의 영향력이 커짐에 따라 그 동안의 불확실한 통제방식을 확실하게 하기 위한 왕실의 조처이었다. 그리하여 출판과 관련한 성청의 명령이 1637년에 이르러 선포되었다. 이 명령은 모두 33개 조항으로 구성되어 있으며 그

주요 내용은 다음과 같은 것이었다.[5)]

(1) 종교, 교회, 정부, 통치자나 특정한 개인에 대한 비방을 목적으로 하는 선동적, 종파적 혹은 불건전한 책이나 팸플릿을 인쇄·출판할 수 없으며 그리고 이런 종류의 출판물을 제작, 수입판매할 수 없다.
(2) 모든 출판물은 허가를 받아야 하고 그리고 동시에 출판조합에 등록하여야 한다.
(3) 출판물의 내용에 따라 면허권자는 정치적인 내용은 내무대신의 허가를, 종교나 철학, 시 등은 캔터베리 대주교나 런던 주교의 허가를 받아야 한다.
(4) 출판물의 저자와 제작자 이름은 그 출판물에 명기되어야 한다.
(5) 출판업에서 7년간의 도제과정을 수료하지 않은 사람은 서적의 출판, 판매, 수입업을 할 수 없다.
(6) 성청법원은 인쇄업자 20명을 지정하고(이들의 명단은 동 명령에 밝히고 있으나 여기서는 생략하였다 : 필자주) 그들만이 인쇄소를 설치·운영할 수 있다.
(7) 과거 허가를 받은 책이라 할지라도 재판발행 때에는 다시 허가를 받아야 한다.
(8) 한 인쇄업자가 거느릴 수 있는 인쇄공 도제의 수는 3인으로 제한한다.

---

5) 성청령의 내용은 Sirluck, *Complete Prose Works of John Milton*, Vol. II, pp. 793~796 및 Hales, pp. xviii~xxiii에 실린 내용을 참고로 필자가 다시 요약·정리한 것이다. 더욱 상세한 내용은 위의 문헌 참조.

(9) 이 명령을 위반하는 자는 목에 칼을 쓴 채 런던시를 도는 형벌 등 가혹한 처벌을 받아야 한다.
(10) 캔터베리 대주교와 런던 주교가 지명하는 수석-인쇄업 면허소지자는 필요한 경우 허가없이 인쇄를 행하는 장소나 그런 일을 행하는 자의 주택을 수색, 감시, 이들을 체포하고 캔터베리 대주교나 런던 주교에게 그 인쇄된 내용의 적법성을 검토하도록 요구한 후 그 결과를 공표한다.
(11) 활자 주조업자의 수를 4명으로 제한하며 각 2명의 도제를 두도록 한다.
(12) 런던 항을 제외한 어떠한 장소에서도 상인이나 선원들은 인쇄물을 하역하는 것을 금지한다 등이었다.

요컨대 성청의 명령은 모든 출판물은 ― 외국에서 수입하는 서적까지 포함하여 ― 허가를 받아야 하고, 모든 저자들은 반드시 그 이름을 명기해야 하며, 출판조합의 회원을 제외한 다른 사람들은 서적 판매업을 금지하며, 그리고 이 조합의 조합원은 7년 이상의 도제생활을 한 자여야 하고 런던의 경우 그 숫자는 20인으로 제한하며, 그리고 제한된 수의 인쇄기와 도제의 수만이 허용되고, 그리고 활자 주조업의 경우에도 오직 4명의 활자제조업자만이 허락되고 그곳의 도제의 수도 제한된다는 내용들이다. 이에 대한 모든 감시와 운영은 출판인협회의 회원들에 의해 관장된다. 뿐만 아니라 외국에서 서적이나 팸플릿을 수입할 수 있는 항구도 런던으로 지정하고 있다. 출판 인쇄와 관련된 모든 영업권을 20명의 인쇄업자들이 독점하는 특허권을 부여한 후 이들이 출판물을 검열·통제하는 간접적인 언론통제의 양식을 고안해낸 것이 1637년의 성청령이었다.

그러나 1641년 7월 5일자로 장기의회에서 성청령이 폐지되자 영국의 출판업은 어떤 법적 규제도 받지 않게 되었다. 그러나 장기의회에서 성청령이 폐기되면서 왕권에 의한 출판의 통제체제가 무너지자 이번에는 의회가 인쇄출판에 대한 권력을 행사하기 위한 조처로서 허가명령을 만든 것이었다. 1643년 6월의 허가명령은 1637년의 성청령에 포함되어 있던 핵심적인 내용을 부활한 것이었다. 즉, 허가, 등록, 서명, 수입통제, 수색과 압수, 의회의 위원회 명령과 이 법에 따른 출판조합에 의한 구금 권한 등이 포함된 것이었다. 〈아레오파지티카〉는 이 법에 대한 항의인 것이다.

성청령이 장기의회에서 폐지되자 사고하고 말하는 새로운 자유는 홍수처럼 확대되어 시사문제에 대한 팸플릿 저자들을 수없이 많이 낳았다. 당시 의회와 왕당파 간의 갈등과정에서 왕당파 팸플릿이 대량으로 유통되자 의회는 이에 어떻게든 대처하여야 했다. 그리하여 1641년과 1642년에 인쇄 출판과 관련된 명령이 입법되었는데, 그것은 출판조합에 팸플릿의 등록을 좀더 철저히 이행할 것을 요구한 것이었다. 1642년에는 출판업자들에게 저자의 이름이 없는 출판물의 인쇄금지를 명령하는 것이었고, 1643년 3월에는 하원은 동 조합의 조사위원회로 하여금 무허가 인쇄소를 색출하고 그곳에 있는 서적을 압수한 후 범법자를 검거·투옥할 것을 지시하였다. 마침내 의회는 그 자신들을 보호하기 위해 1643년 6월 4일 인쇄의 허가령을 공포하게 된다.

밀턴이 표현의 자유를 주장한 〈아레오파지티카〉에서 그가 격렬하게 반대한 허가제는 장로파들이 요구하여 만든 법령이었다. 1640년 11월 소집된 장기의회부터 1643년 6월까지 의회의 허가명령이 나올 때까지 출판은 실제적으로는 자유로웠다. 출판조합에 출판하려는 책을 등록하는 관례도 거의 무시되고 있었다. 이런 상황에서 1643년 6월 14일에 다음과 같은 명령이 의회에 의해 입법화되었다. 이것이 밀턴이 반대하면서 폐지를 주장한 이른바 "1643년 면허령"(The Licensing Order of 1643)이다.

1643년 면허령은 기본적으로 1637년의 성청령과 그 내용을 같이하는 것이다. 그러나 성청령은 왕실의 명령이었지만 "1643년 면허령"은 왕실의 성청령을 폐지한 장기의회가 그로부터 몇 년 후 의회의 권한으로 이를 다시 부활시킨 명령이었다. 성청령은 모두 33개 항으로 된 것이었는 데 비해, "1643년 면허령"은 출판의 허가 등을 요구하는 비교적 간단하지만 검열과 허가제라는 통제수단을 부활시킨 서술문 형식으로 되어 있다. 그 내용은 크게 3개 부분으로 되어 있다. 그 내용은 다음과 같다.[6]

(1) 서론으로 명령을 내리는 이유를 설명하고 있다. 그 내용은 종교와 정부에 명예훼손 등 해악을 낳는 출판물을 규제하

---

6) 더욱 상세한 내용은 Sirluck, 1959, pp. 797~799 및 Hales, pp. xiv~xvi 참조.

기 위한 법이 거의 실효성을 잃고 있으며 이를 방지하기 위한 법을 필요로 한다는 것이다.

⑵ 서적, 팸플릿, 신문 등 모든 출판물은 인쇄, 출판, 제본, 판매를 할 때 의회의 양원, 즉 상·하원 어느 한 기관에서 지명한 면허권자의 허가를 받아야 한다는 것이다. 이와 함께 출판물은 저자의 이름을 명기해야 하고 이를 출판조합에 등록해야 한다는 것이다.

⑶ 허가없는 인쇄행위를 적발하여 처벌하기 위해 이런 불법인쇄가 자행되고 있다고 추정되는 장소를 수색, 체포, 압수할 수 있다는 사법권을 출판조합에 부여하고 있다. 이들은 모두 폐지된 성청령에 있던 인쇄 출판의 허가제와 동일한 내용의 것이었다.

당시 밀턴은 충실한 의회의 장로파였다. 그러나 그는 장로파가 주도하여 만든 이 명령에 승복하지 않았다. 그는 허가받는 법적 절차를 거부한 채 그의 글을 팸플릿으로 발행하곤 하였다. 1643년 8월 그는 〈이혼의 교의와 질서〉를 허가없이 출판하였으며 그의 책은 의회에서 불태워야 한다는 비판을 받기도 하였다. 그해 8월 24일 출판조합에 의해 불법적인 서적이라는 청원이 의회에 제출되었고 결과적으로 의회는 이 문제를 조사하기 위한 위원회를 구성하기까지 하였다. 그러나 그가 처벌받았다는 기록은 없다. 사실 밀턴이 검열을 전적으로 거부한 것은 아니었다. 예로서 그가 허가를 받아 〈이혼의 교의와 질서〉 수정판을 출판한 것이 그 증거이다.

3. 〈아레오파지티카〉의 주장들

출판의 자유를 주장한 밀턴의 〈아레오파지티카〉는 고전적 수사학 모형에 의존한 서론, 본론 그리고 결론으로 구성된 연설문 형식의 글이다. 본론에서 그가 전개한 주장은 네 부분으로 되어 있다.[7] 이 글은 의회를 대상으로 한 것이지만 그러나 밀턴은 이 글의 독자를 의회만이 아니라 장로파는 물론 독립파 및 에라스투스(Erastus)파 등 종교세력과 의회군 등 당시 영국사회를 이끌고 있던 다양한 세력을 대상으로 삼은 것으로

---

7) 써력이 구분한 4개의 주장은 다음과 같다. (1) p. 493 "But I have first to finish …"에서 p. 507의 " … the properties it has …"까지, (2) p. 507 "But I have first to finish …"에서 p. 521의 "Inquisition could ever yet"까지, (3) p. 521의 "which is what I promise'd …"에서 530의 "it bears the intention"까지 (4) p. 530의 "I lastly proceed …"에서 p. 560의 "above all liberties"이다. 그리고 다시 마지막 (4) 부분은 다시 3개 주제로 나누고 있다. 그들은 ① p. 530에서 543의 "in being first the greatest discouragement … a nursing mother to sects", ② p. 543에서 548의 "but I shall easily shew … how they will decide it there", ③ p. 548에서 560까지의 "There is yet behind … above all liberties"이다. 써력은 이렇게 구분하면서 그러나 이러한 구분은 자신의 수사학적 분석을 위한 것이라고 밝히고 있다. 그가 이렇게 〈아레오파지티카〉를 4개로 구분한 것에 대해 필자는 내용상으로도 가능하다고 생각한다. 이에 관한 자세한 내용은 이 글의 참고문헌에 있는 *Complete Prose Works of John Milton*, Vol. II, p. 171 참조. 위의 페이지는 이 책 pp. 486~570에 전재되어 있는 밀턴의 〈아레오파지티카〉의 페이지 숫자임.

해석된다(Sirluck, 1959, pp. 171~178). 먼저 본론 부분에서 밀턴이 제기한 주장의 요점과 그 의미를 살펴본다.

1) 검열제의 역사적 뿌리

첫 번째 부분은 출판허가제의 역사적 뿌리가 무엇인가에 대한 내용이다. 밀턴은 고전에 대한 그의 풍부한 지식과 이해를 갖고 역사에 나오는 예를 들면서 출판허가제의 뿌리를 로마 가톨릭 교회라고 주장한다. 그는 단호하게 말한다. 허가제는 로마의 교황들이 세속적인 권력의 맛을 들이면서부터 시작되었다는 것이다. 그는 이렇게 말한다.

> 오늘의 이 허가라는 계획은 중세의 종교재판(*Inquisition*)[8]에서부터 은밀하게 퍼져나온 것이고 이를 우리들의 고위성직자(*prelates*)들과 일부의 우리들 장로파 장로(*presbyters*)들이 채택한 것이다(〈아레오파지티카〉:31~32쪽).[9]

---

8) 종교재판소는 스페인의 경우가 가장 악명높았다. 1440년 스페인의 페르디난드(Ferdinand)와 이사벨라(Isabella) 왕에 의해 설치되면서 첫해에만 298명이 화형에 처해졌다. 종교재판소의 주된 업무의 하나는 출판의 통제였다. 그리하여 당시 유럽에는 로마교황청이 허가한 출판물 이외에 다른 출판물은 발행될 수 없었다. 〈아레오파지티카〉 본문 31쪽의 주 35) 참조.

9) 이하 '〈아레오파지티카〉:쪽'은 이 책에 실린 번역본 〈아레오파지티카〉의 쪽수임.

가톨릭의 종교재판소가 만들어지기 이전에는 금서정책이 그렇게 가혹한 것이 아니었다는 것을 입증하기 위해 그는 고대 국가에서의 예를 풍부하게 들고 있다. 그는 먼저 그리스의 예를 든다. 그에 의하면 그리스 아테네에서는 행정관이 관여하는 두 종류의 저술은 독신과 무신론 그리고 타인에 대한 비방뿐이었다. 예로서 아테네의 경우 "에피쿠로스(Epicurus)나 키레네(Cyrene)의 자유사상가 혹은 견유학파(Cynic)의 무례한 언동 어느 것도 법에 의해 문제가 되었다는 사실을 들어본 일이 없다"(〈아레오파지티카〉:34쪽)고 말한다. 허가제와 같은 것이 고대 그리스—스파르타를 포함하여—에는 없었다는 것이다.

그는 다음으로 고대 로마의 경우를 예로 든다. 로마는 스파르타처럼 군사력을 강조하는 국가였다. 그러나 그리스의 카네아데스(Carneades) 등 소피스트들이 로마를 방문, 정의(正義)에 관하여 두 번의 강연을 한 일이 있는데, 한 번은 정의를 옹호한 후 다시 이를 뒤집어 소피스트로서의 능력을 과시한 일이 있었다. 이에 로마의 검열관이었던 카토(Cato : B.C. 234~140경)가 그들을 선동자로 고발 추방한 후 그런 자들이 다시 입국하는 것을 금지하도록 원로회의에 요청한 일이 있었다. 그러나 원로회의는 카토의 엄격한 검열정책을 지지하지 않았다. 고대 로마의 경우에도 이렇게 비방과 독신을 제외하고는 표현에 대해 관(官)은 개의치 않았다는 것이다.

콘스탄틴(Constantine) 황제가 기독교를 관용한 후 로마가 기독교화된 후에도 출판에 대한 엄격한 통제는 없었다. 이교도(異敎徒) 책들이 조사받곤 하였지만 그들이 금지되거나 불태워진 일이 없었다. 여러 차례의 종교회의에서 일부 서적에 대해 권할 만한 것이 못된다는 선언을 한 일이 있었지만 선언 이상의 조치는 없었고 그런 책들을 읽든 읽지 않든 각자의 양심에 맡겼다. 이런 정책이 서기 800년 후까지 지속되었다고 밀턴은 회고한다.

그러나 로마의 교황들이 정치적인 권력을 장악하면서부터 책을 불태워버리기 시작하였다고 밀턴은 주장한다.

> …이 시기 로마의 황제[10]들은 기독교도가 되었다. 그러나 그들 황제들이 그들의 원칙을 실천하는 데 그 이전보다 더 가혹했다는 것을 나는 발견하지 못했다. 저명한 이단 서적들은 교회 총회에서 조사받고 반박당했으며 그리고 비난받았다. 그러나 그때까지는 이방인의 서적들이 황제에 의해 금지되거나 불태워진 일이 없었다. …로마의 교황들은 정치적인 권력을 그들 손에 장악한 후 이를 향유하면서부터 지배권을 확장하고 사람들의 눈을 지배하면서 그들이 좋아하지 않는 것을 결정하고 이를 불태우고 금지하였다(〈아레오파지티카〉:42~46쪽).

요컨대 밀턴의 주장은 출판의 검열과 허가제란 정치적인 권력에 맛을 들인 타락한 고위성직자들의 음모라는 것이다.

---

10) 콘스탄틴(Constantine) 황제는 306년에서 337년까지 재위했는데 그는 313년 기독교를 관용하는 칙령을 내렸다.

그래서 로마 가톨릭측이 "위클리프(Wiclif)[11]와 후스(Huss)"의 반란이 확대되자 그들의 패권을 유지하기 위해 엄격한 금서 정책을 취하기 시작했다고 본다. 그리고 그 후계자들은 더욱 자의적으로 금서정책이라는 칼을 휘둘렀다고 하면서 밀턴은 이렇게 말한다.

> 그들은 이단적인 것만을 문제삼은 것이 아니라 그들의 기호에 맞지 않는 것은 어떤 것이든 모두 금서로 묶거나 삭제목록에 넣어 버리곤 했다. 이러한 침해를 완벽하게 하기 위한 조처로 그들이 고안해낸 마지막 방법은 (마치 성 베드로가 출판에 대한 열쇠를 천국에서 그들에게 내려준 것처럼) 모든 책, 팸플릿, 문서는 출판 전에 이들만을 끈덕지게 읽고 검열하는 2~3명의 수도사에 의해 인증받거나 허가를 받아야 한다는 명령이었다(〈아레오파지티카〉:48~49쪽).

이러한 금서정책은 트렌트(Trent) 종교회의와 스페인의 종교재판(Spanish Inquisition)에서 더욱 강화되어 금서와 삭제목록이 만들어졌다. 금서목록이란 독서가 금지된 서적의 목록으로 이 목록은 트렌트 종교회의의 제안에 따라 만들어진 위원회에서 만들어진 것이었다. 이 금서목록은 3개 부분으로 구성

11) 위클리프(John Wyclif : 324경~1384). 성서를 영어로 번역하고 교황의 교권에 대항적인 교리를 주장한 종교개혁의 선구자이다. 그는 후스(John Huss) 등에게 큰 영향을 미쳤고 그의 유해가 화형당하는 형벌을 받았다. 〈아레오파지티카〉 본문 46쪽 주 87) 및 88) 참조.

되어 있다. 첫째는 모든 금서의 이름을 기록한 목록이고, 둘째는 금서로 분류되지는 않았지만 금서목록에 올라 있는 동일 저자의 책이름 목록이며, 그리고 마지막으로는 1519년 이후 저자의 이름없이 출판된 금서의 이름과 과거 로마교회 학자들이 읽어왔지만 비난받아야 할 책과 저자 이름의 목록으로 구성된 것이었다. 밀턴은 이를 어기면 "무덤 속으로 파묻히는 것보다 더 가혹한 결과"가 따랐으며 "그들은 이단적인 것만을 문제삼은 것 아니라 그들의 기호에 맞지 않는 것은 어떤 것이든 모두 금서로 묶거나 삭제 목록에 넣어버리곤 했다"고 회고하였다(〈아레오파지티카〉:48쪽). 그리하여 최종적으로 모든 책, 팸플릿, 문서는 출판 전에 2~3명의 검열담당 수도사의 허가를 받아야 한다는 명령이 공포되었다. 이렇게 회고하면서 밀턴은 출판허가 조례를 만든 의회에 대하여 이렇게 말한다.

> 그래서 당신들은 서적 허가라는 것을 고안해낸 자와 그 수단의 원형을 키워낸 혈통을 그대로 계승한 셈이다. 우리는 우리의 고대 국가나 정체 혹은 교회, 옛날 혹은 근년의 우리들 조상들이 이런 허가제를 남겼다는 말을 들은 바 없다. 또 외국의 어떤 개혁된 도시나 교회의 현대적 관습에도 이런 것이 있다는 이야기를 들은 바 없다. 이런 일은 오직 가장 반기독교적인 종교회의와 전제적인 종교재판에서 행해진 심문에서나 있던 일이라는 이야기를 들었을 뿐이다. 그렇다면 그런 억압이 있기 전까지는 모든 생명과 마찬가지로 책도 세상에 태어나는 것이 자유로웠다. 두뇌를 억압하는 것은

자궁을 억압하는 것과 마찬가지이다. 아니 이는 시기심이 많은 여신 주노(Juno)가 인간 지성의 샘 위에 다리를 포개고 앉아 생명의 출산을 억누르고 있는 것이다. 그러나 만일 그것이 괴물이라면 불태워지고 바다 속에 버려져야 한다는 것을 누구인들 거부하겠는가. 그러나 하나의 책이 그것이 태어나기도 전에 죄를 범한 영혼보다 더 나쁜 조건 아래서 심판관 앞에 서야 한다면 그리고 그것이 광명으로 건너가는 나루터를 지나기도 전에 라다만스(Radamanth)와 그의 동료들의 심판이라는 암흑 속을 거쳐야 한다는 것은 종교개혁이 처음 일어날 때 문제를 일으켰던 그 괴상한 불법행위 이전에는 들어본 일이 없는 일이다. 그것은 우리의 책을 지옥의 망령들과 함께 가두어 버릴 수 있는 새로운 연옥과 새로운 지옥을 만들려는 것이다. 이는 아주 작고 하찮은 것까지 참견하다가 죽이는 것이고 심문에 광적인 종교재판을 열광적으로 추구하는 주교들과 그들을 따라 다니는 수사들이 크게 잘못된 것을 모방한 것이었다(〈아레오파지티카〉:51~54쪽).

그리고 밀턴은 의회가 이 명령을 철회하도록 설득한다. 밀턴의 이야기는 다음과 같다. 당신들 의회의 의원들이 고귀하고 진리를 존중한다는 것을 사람들은 모두 알고 있다. 이와 함께 당신들은 이 허가법을 마지못해 만들었다고 믿는다. 혹은 이 법 자체는 나쁘다 할지라도 이를 잘 이용하면 좋은 결과를 낳을 수 있다고 주장할 수도 있다. 즉, 이런 허가제를 고안한 자들은 비록 나쁘다 할지라도 허가제 자체는 모든 사람들을 위해서 좋은 것일 수도 있다는 것이다. 그럴 수도 있다. 그러나 이런 발명품으로부터 어떤 좋은 결과를 만들어내는 것은 룰리우스(Lullius)가 알고 있는 모든 것보다 더 어려운 연금술이다. 이런 이유에서 이 허가명령은 오직 위험한 결과를 낳을 것이다. 이것은 거의 확실한 사실이다. 왜냐하면 이 허가명령이라는 나무는 그들을 잉태하고 있기 때문이라고 말한다(〈아레오파지티카〉:55쪽).

밀턴은 이렇게 허가명령의 정당성을 역사적으로 부정하면서 그의 첫 번째 주장을 마감한다. 이러한 역사서술 속에서 나타난 인쇄 출판의 검열과 허가제에 대한 밀턴의 인식을 요약하면, 종교가 정치화되면서, 다시 말하면 교회권력이 정치적 영역까지 확산·침투하면서 나타난 현상이 언론의 통제라는 것이다. 즉, 로마 가톨릭 교회는 자신들의 권력을 보존하기 위한 수단으로서 허가제를 만들었다는 것이었다. 그리고 영국국교회의 주교와 장로파 고위성직자들과 같은 특권층이 이를 모방하여 그들이 패권을 장악하려 한다는 것이다. 결국 밀턴이 강력하게 거부하고 있는 이 허가명령은 당시 의회파가 주도적으로 수행하고 있던 영국의 개혁이라는 혁명을 방해하고 있다는 것이다. 때문에 이러한 혁명을 추구하고 있는 의회가 이런 법을 만들었다는 것은 모순된 일이니 이 법을 폐지하라고 밀턴은 주장한 것이다.

2) 독서, 지식의 의미

두 번째 주장은 과연 책을 읽는다는 것은 무엇을 의미하며 그리고 무슨 책이든 읽기만 하면 이로운가 아니면 좋은 책만이 이로운 것인가 하는 질문을 제기한 후 독서란 어떤 것이든 이롭다는 논증을 전개한다. 그는 먼저 모세(Moses), 다니엘(Daniel), 바울(Paul) 등이 그리스인에 대한 지식이 풍부했는데 그 이유는 그들이 여러 가지 책을 읽었기 때문이라고 말하면서, 바울은 성경을 만들 때 성경을 오염시킬 것이라는 우려가 제기되었던 3명의 그리스 시인들의 글을 성경 안에 넣었다는 것이다. 로마황제 율리아누스(Julian)가 기독교인들의 교육을 오직 기독교에 관한 것만으로 국한하고 다른 교육은 일체 금지하는 명령을 내렸을 때 그 명령은 어떤 다른 억압보다 더 가혹한 것이었다고도 지적한다. 그러면서 밀턴은 "고대 헬레니즘의 학문에 대한 지식을 박탈하는 이 법이 낳은 해악은 참으로 큰 것이어서 이는 데키우스(Decius)나 혹은 디오클레티안(Diocletian)의 공개적인 잔인성보다 더 나쁜 음흉하고 은밀한 박해였으며 교회를 더욱더 쇠퇴하게 만드는 것으로 생각되었다"고 말한다(〈아레오파지티카〉:55~59쪽).

한 마디로 밀턴은 지식이란—선의 지식이든 악의 지식이든 —이로운 것이라는 근대적 신념을 표명한다. 그 이유를 그는 이렇게 말한다.

그때 갑자기 하나님이 계시를 내려주셨는데 그것은 그의 서

> 한이 증거하고 있는 것인데 "너는 올바로 판단하고 그리고 검사하는 충분한 두 가지 능력 모두를 갖고 있으니 너의 손에 들어오는 책은 무엇이든 읽어라" 하는 말이었다. … 그 누구도 우리에게 이러이러한 서적을 읽는 것은 법에 어긋난다는 생각을 제시한 사람은 없다. 그럼에도 불구하고 하나님이 우리가 어떤 한계를 지니는 것이 좋은 것인가 하는 데 대한 생각을 확실히 갖고 계셨다면 무엇을 읽을 때 우리로 하여금 권태로움을 느끼게 만드는 것이, 어떤 것이 법에 어긋나는가를 말하는 것보다 훨씬 더 상책이었을 것이다(〈아레오파지티카〉:62~67쪽).

밀턴의 이러한 신념과 주장 밑에는 두 종류의 주된 관념 혹은 원리가 전제되어 있다. 그 하나는 기독교적인 원죄의식이고 또 다른 하나는 자연권으로서의 인간이성과 자율성이다. 밀턴의 주장 가운데 이 부분이 표현의 자유 이론사에서 결정적으로 중요하게 기여를 한 대목이고 '아이디어의 시장'(*market place of ideas*)이라는 개념 그리고 '자율조정'(*self-rightening*) 원리와 관련된 부분으로 해석되고 있다.

먼저 그의 원죄의식에 대한 주장을 살펴보자. 밀턴은 이 세상의 선과 악은 함께 있다고 하면서 다음과 같이 말한다.

> … 이 세상에서의 선과 악은 거의 분리됨이 없이 함께 자라는 것이라고 알고 있다. 그리고 선에 관한 지식과 악에 관한 지식은 함께 얽혀 있으며 서로 구별하기 어려울 만큼 교묘하게 유사하며 이들 씨앗들은 서로 섞인 채 영혼(*Psyche*)에

뿌려져 있어 이들을 추려내고 가리는 데 그 이상 혼란스러울 수 없을 정도로 섞여 있다. 두 쌍둥이가 함께 붙어 이 세상에 태어나는 것처럼 선의 지식과 악의 지식은 함께 태어났는데 이것은 선악과를 맛본 결과이다. 그리고 아마도 이로부터 아담은 선과 악을 함께 알고 악에 의해 선을 알게 되는 운명을 지니게 된 것이다(〈아레오파지티카〉:68~69쪽).

이는 인간의 원죄적 조건을 의미하는 것으로 읽을 수 있다. 이러한 그의 인식은 그의 자연법 이론(*natural law*)을 상기하게 한다. 써럭에 의하면 밀턴의 자연법 이론은 두 종류의 자연법으로 구성되어 있다. 밀턴에 의하면 태초의 천지창조는 완전한 것이었고 그래서 에덴의 동산을 지배하는 법은 원초적 자연법(*primary law of nature*)이었다. 그러나 에덴의 동산에서 쫓겨난 인간은 타락하게 되고 그것은 원초적 자연법의 세계가 아니다. 그러나 타락한 인간과 세계에 적용될 수 있는 법이 전혀 없는 것은 아니다. 그 대신 제2의 자연법(*secondary law of nature*)이 주어졌다. 이 제2의 자연법은 원초적 자연법의 일부를 포함하는 것이다. 다시 말하면 제2의 자연법은 원초적 자연법과 같이 완전한 것은 아니지만 원초적 자연법의 일부인 '올바른 이성'(*right reason*)을 포함하고 있다(Sirluck, 1964, p. 209). 이를 다른 말로 표현하면 다음과 같다.

인간이 타락하여 에덴의 동산에서 쫓겨나올 때 맨몸으로 쫓겨나온 것이 아니라 완전한 인간일 때 지니고 있던 일부의 능력을 갖고 나왔다. 그것이 '올바른 이성'(理性)이라는 것이다.

인간이 완전한 존재, 즉 신(神)적인 속성의 일부를 갖고 이 세상에 나왔고 그리고 이러한 신적인 요소가 제2의 자연법을 가능하게 하였다는 것이다. 신은 인간을 믿고 인간에게 이성을 부여하여 그 자신이 선택자가 되게 하였다고 말한다. 이것이 밀턴의 자연법이다. 밀턴은 이러한 인간의 신적인 요소, 즉 '이성'을 강조한다.

그는 또 지식은 순수한 것이라고 주장한다. 그래서 그는 성경에 나오는 바울의 편지를 인용하면서 "선한 지식이든 악한 지식이든 모든 지식은 순수한 것이다. 지식(그 자체는)은 부정한 것일 수 없다"고 쓰고 있다(〈아레오파지티카〉:63쪽). 그리고 이러한 중립적인 지식이 인간의 이성에 의해 선이 될 수도 있고 악이 될 수도 있음을 주장한다. 그는 또 다음과 같이 믿는다.

> 책도 고기나 음식과 같은 것이다. 그 본질에는 선한 부분도 있고 악한 부분도 있다. 그리고 하나님은 성경의 계시를 통해 단호히 말씀하셨다. … 좋지 않은 위(胃)에 좋은 고기란 좋지 않은 고기와 아무런 차이가 없고 최선의 책이라도 좋지 못한 정신에게는 악의 기회가 되지 않는 것이 아니다. 나쁜 고기라도 가장 좋은 조제약을 만드는 데 재료가 되는 일이 드물게는 있다. … 나쁜 책일지라도 분별력있고 현명한 독자에게는 많은 것을 발견하게 하는 것이 있다(〈아레오파지티카〉:63~64쪽).

그의 "너는 올바로 판단하고 그리고 그를 검사하는 충분한 두 가지 능력 모두를 갖고 있으니 너의 손에 들어오는 책은 무엇이든 읽으라"는 구절은 인간의 이성에 의한 선택능력, 즉 자율성에 대한 절대적 신뢰를 상징하는 것이었다.

다시 말하지만 오늘날 밀턴이 제시했다고 평가되는 이 자율성 혹은 자율조정 능력과 관련된 부분이 바로 이것이다. 이에 관한 밀턴의 주장은 다음과 같다.

> … 그렇기 때문에 나는 생각건대 하나님이 단지 절제의 규칙을 제외하고는 인간의 육체를 위한 음식의 종류를 넓게 허용하셨는데 하나님은 정신을 위한 양식에서도 육체의 양식을 결정하실 때와 마찬가지로 그 종류와 양은 사람들이 그들에 의하여 자율적으로 결정하도록 하셨다. 그리하여 모든 성숙한 인간은 그 자신들이 이를 결정하는 힘을 행사하도록 하신 것이다. … 하나님은 특정한 법이나 규정을 만들지 않으신 채 인간을 크게 신뢰하시고 모든 성인(成人)의 경우 그 관리를 전적으로 그에게 맡기셨다. … 하나님은 인간을 어떤 규율 아래 어린아이처럼 묶어놓고 사용하시는 것이 아니라 사람에게 이성이란 선물을 주신 후 그 자신이 선택자로서의 신뢰를 주셨다. 만일 이들에게 법과 강제가 그렇게 단단하게 가해져서 오직 훈계에 의해서만 지배된다면 설교할 것이 거의 없을 것이다(〈아레오파지티카〉:65~67쪽).

써럭은 〈아레오파지티카〉의 두 번째 주장은 — 첫 번째 부분이 역사적인 사실에 근거하여 반론을 제기하고 있는 데 반해 — 출판허가제를 지식이론에 근거하여 반대하고 있다고 해석하면서 이 반대이론의 핵심적인 개념을 이와 같은 절제(혹은 자제)라고 말한다(Sirluck, 1959, p. 165). 써럭은 이를 절제라고 지적하고 있지만 이를 언론학의 이론으로 해석하면 그것은 바로 자율조정을 의미하는 것이다. 이 자율조정은 이성에 의해 지배를 받는 자율조정이다. 다시 말하면 이 자율조정은 외적인 법이나 강제에 의해 작용하지는 않지만 인간—성숙하고 분별력을 갖춘—이 내적으로 갖추고 있는 이성에 의해 작용하는 과정을 의미하는 것이다.

요약하면 밀턴의 두 번째 부분의 주장은 이런 것이다. 책, 즉 지식은 이로운 것인가 아니면 해로운 것인가 하는 질문을 제기한 후 결론적으로 이로운 것이라는 주장이다. 그는 이 세상에는 선과 악이 혼재되어 있으며 인간의 환경은 선으로만 구성되어 있지 않으며 따라서 악과의 대면은 불가피한 원죄이다. 그러나 우리는 이성의 판단에 따라 선택할 수 있는 능력을 갖고 있기 때문에 책을 통해 지식을 획득함으로써 악을 배제하고 선을 선택할 수 있다는 것이다.

3) 허가제의 부작용

밀턴의 세 번째 주장은 먼저 허가제는 현실적으로 실천하기가 불가능하다는 것을 지적한다. 그는 이렇게 말한다.

> 만일 우리가 인쇄를 규제해서 우리의 관습을 교정하려고 한다면 우리는 인간에게 즐거움을 주는 모든 여흥이나 오락도

규제하여야 한다. 음악도 안되고 노래를 짓거나 불러도 안되고 오직 근엄한 것과 도리스풍(Doric)[12]의 것만이 허용되어야 한다. 허가받은 무용수들만이 있어야 하며 젊은이들에게는 어떤 제스처나 동작 그리고 행동 양식도 허가없이 가르쳐서는 안되며 오직 허락받은 것만이 정직한 것이라고 생각하도록 어려서부터 가르쳐져야 한다. … 우리의 의상 또한 그 모양이 방종하게 재단된 것인지 아닌지를 맑은 정신을 지닌 지도자에게 물어보고 허가받아야 할 것이다. … 또 누가 어떤 내용의 대화를 해야 하고 어떤 생각은 허락되고 그 이상은 안된다고 정해 줄 수 있는가?(〈아레오파지티카〉:85~89쪽)

그는 출판물 외에도 악이 전파될 수 있는 길은 다양하기 때문에 악이 전파되는 모든 길을 막는다는 것은 불가능하다고 지적한다. 그래서 허가명령은 공원의 문을 닫고서는 공원 안의 모든 까마귀를 가두어 놓았다고 생각하는 것과 같은 어리석은 일이라고 개탄한다. 밀턴의 주장은 이렇다.

… 우리가 앉고 걷고 여행하면서 혹은 대화하면서 듣고 보는 것, 무엇이든 그것은 우리가 책이라고 부르는 것이 될지도 모르고 그리고 이들 저술과 동일한 효과를 낳을 수가 있는데도 불구하고 오직 책만을 금지하는 이 명령은 지금까지

12) 도리스풍의 음악이란 근엄하고 씩씩한 곡조의 음악을 의미하는 것이다. 더욱 상세한 설명은 이 책 〈아레오파지티카〉 본문 85쪽의 주 173) 참조.

그 법이 의도한 목적을 성취하는 데 크게 모자라는 것으로 보인다. … 그러나 확실한 것은 만약 지금의 허가 명령을 집행한다 해도 그 결과는 아무것도 달라지는 것 없이 그저 눈가림에 지나지 않는 것이 된다면 … (〈아레오파지티카〉:92~93쪽).

허가제가 소기의 목적을 달성할 수 없는 또 다른 이유로 검열관의 자질문제를 들고 있다. 밀턴의 주장은 이렇다.

그들 검열관들은 보통 이상으로 부지런하고 학식있고 그리고 판단력을 갖추어야 한다. 즉, 무엇이 통과될 수 있고 통과될 수 없는가 하는 검열에서 작은 실수라도 있어서는 안 된다. 그런 실수가 생긴다면 그것은 작은 해악이 아니다. 만일 그가 그러한 자격을 지니고 있는 자라면 선정되지도 못하는 거대한 양의 책과 팸플릿들을 쉬지 않고 읽어야 하는 일은 그에게 인두세보다 더한 시간의 손실을 낳는 것이고 그보다 더 지루하고 괴로운 막일 같은 것은 없을 것이다. 때에 따라 책은 읽히기도 하고 그렇지 않기도 하다. 그러나 때를 가리지 않고 항상 책을 읽어야 한다면 그리고 그가 읽기 싫을 때 그것도 읽기 어려운 악필 원고를 읽어야 할 때 어떤 경우든 단 석 장만이라도 제대로 읽는다는 것은 시간과 그 자신의 노력을 높이 평가하고 민감한 감수성을 지닌 사람에게는 짐스러운 일이고 그리고 그가 그런 일을 견디어낼 수 있을 것이라고 나는 믿지 않는다(〈아레오파지티카〉: 96~97쪽).

그는 검열관은 그 직책을 그저 직업으로 삼아 먹고살기나 하려는 사람이 아니라 진정으로 훌륭한 사람이어야 하는데 지금은 그렇다 하더라도 미래에도 모두가 그렇게 된다는 보장은 없으며 그렇게 되면 결국 검열은 소기의 성과를 거둘 수 없다는 것이다.

그는 허가제를 현실적으로 적용하기 불가능할 뿐만 아니라 인간의 자율성을 침해함으로써 하나님의 뜻을 어기는 것이라고 주장한다.

> … 만일 성인(成人)들의 모든 행위가 선한 것이든 악한 것이든 아주 작은 부분만이 자유롭게 허용되고 대부분의 행위가 지시와 강제에 의해 행해지는 것이라면 무엇이 이름뿐만이 아닌 진정한 덕(德)이고 그리고 훌륭한 행동에 대해 무슨 칭찬을 할 수 있으며 신중함과 옳음 그리고 절제에 어떤 감사를 할 수 있는가?
>
> 아담이 죄를 짓고 고통을 겪도록 한 신의 섭리에 대해 불만을 말하는 사람들이 많다. 어리석은 말들이다! 하나님이 아담에게 이성을 주실 때 그것은 하나님이 아담에게 선택하는 자유를 주신 것이다. 왜냐하면 이성은 곧 선택하는 것이기 때문이다. 그렇지 않다면 그는 하나의 단순히 만들어진 아담일 뿐이다. 이런 아담은 그저 인형극 속의 인형일 뿐이다. 인간의 존귀함은 힘에 의한 순종이나 사랑 또는 재능 때문이 아니다. 그렇기 때문에 하나님은 아담을 자유롭게 하시고 항상 그의 눈앞에 하나의 자극을 일으키는 목적이란 것을 장치하셨다. 여기에 인간이 공훈을 세울 수 있는 가능

> 성이 있으며, 여기에 인간이 보상받을 수 있는 권리 그리고 그의 절제가 칭찬받을 수 있는 권리가 있을 수 있다. 그래서 하나님은 우리 안에 격정을 심어주시고 우리들 주변에 쾌락을 창조하시고 그리고 이들을 올바르게 절제 속에서 다루는 것을 덕의 요소 바로 그것이 되게끔 하신 것이 아닌가?(〈아레오파지티카〉:90~91쪽)

그는 허가제가 얼마나 독선적인 사유의 산물인가를 지적하고 있는데 이러한 지적은 아마도 오늘날의 자유주의가 주장하고 있는 가장 전형적인 사고의 하나라고 할 수 있다.

> 죄를 낳는 문제 그 자체를 제거함으로써 죄를 제거할 수 있다고 상상하는 사람들은 인간의 일들에 대해 숙성된 사고를 하는 사람들이 아니다. 왜냐하면 죄를 줄이려는 바로 그러한 행위 자체가 죄를 더욱 크게 하여 거대한 죄더미를 만들기 때문이다. 그러한 노력이 한때 일부 사람의 죄를 부분적으로는 줄일 수 있을지 모르나 책과 같은 모든 사람이 관련된 보편적인 문제인 경우 그들 모두를 죄로부터 자유롭게 하지는 못한다.
>
> …이러한 방법으로 죄를 추방할 수 있다고 가정해 보자. 이렇게 해서 당신들이 추방하는 죄의 양과 그와 함께 추방하게 되는 덕의 양을 생각해 보아라. 당신이 죄를 제거한다는 것은 똑같은 양의 덕을, 즉 두 가지 모두를 제거하게 되는 것이다. 하나님은 우리에게 절제, 정의, 금욕을 명령하셨지만 그러나 우리 앞에 우리가 욕망하는 모든 것을 아주 후하게 쏟아 놓으시고 우리의 마음이 그 한계와 포만의 단

> 계를 넘어서서 배회할 수 있게 하셨다. 이것이 고귀한 하나님의 섭리이다. 그렇다면 왜 우리는 덕을 시험하고 진실이 활동하도록 책을 자유롭게 허용하는 수단을 축소하고 이런 자유에 인색함으로써 하나님의 방식과 자연의 본성을 그렇게 극심하게 반대해야 하는가?(〈아레오파지티카〉:91~92쪽)

그는 하나님은 우리에게 절제, 정의, 금욕을 명령하시면서 우리에게 욕망 또한 심어주셨는데 이는 우리가 이들 욕망을 자율적으로 절제하면서 선택하도록 하신 것이다. 그런데 고위성직자들이 이러한 우리의 자율성을 제한하려 한다는 것이다. 한 마디로 하나님의 섭리는 책을 자유롭게 허용하는 것이라는 것이다.

요컨대 밀턴의 세 번째 주장은 공리적인 그리고 현실적인 차원에서 허가제의 부적절성을 지적하는 것이다. 그러나 여기서 그가 주장한 선의 추구방법 밑바탕에는 현대 자유주의의 원리가 깔려 있다. 그 중의 하나는 인간의 이성과 자율조정능력에 대한 믿음이다. 또 다른 하나는 플라톤의 이상국가와 같은 것은 존재할 수 없는 국가형태라고 하는 반(反)유토피아적인 사유이다. 이 점은 그가 종교적인 것 같으면서도 세속적인 세계관을 보여주는 사유의 한 증거라고 평가된다. 이들은 모두 현대자유주의에서 중요한 요소들이다. 그러나 이들이 자유주의라는 이념에 필요조건이기는 하지만 충분조건까지 충족시키는 것은 아니다.

4) 진리론

〈아레오파지티카〉의 네 번째 주장은 출판의 허가제가 진리의 발견을 억제할 뿐만 아니라 개인이나 사회(국가)의 지적 발전에 장애를 낳는다는 진리론이다. 이 부분은 위의 다른 세 가지 주장들보다 다소 복잡하다. 앞의 다른 주장에서 언급된 내용이 반복된 부분도 있고 또 서로 얽힌 채 제시되고 있기 때문이다. 써럭은 이를 다시 3개의 주제로 나누고 있는데 필자도 이에 따라 살펴본다(Sirluck, 1959, p. 171).[13]

그는 먼저 검열과 허가제가 낳는 부작용을 비판하면서 시작한다. 밀턴은 허가제는 학문과 학자들에게 최대의 좌절과 모욕을 가하는 것이라고 주장하면서 이런 구속하에서는 저자들은 차라리 침묵하는 것이 낫다고 개탄한다.

> 어떤 한 사람이 글을 써서 세상에 내놓을 때는, 그는 이를 위해 그의 모든 이성을 동원하여 숙고를 다한다. 그는 탐구와 명상을 하고 부지런히 노력하고 그리고 현명한 친구들의 자문을 구하고 의논을 한다. 이런 온갖 노력을 통해 그는 그보다 앞서 씌어진 글에 대해 잘 알 뿐만 아니라 마찬가지로 그가 쓰고 있는 글도 스스로 잘 알 수 있게 된다. … 만일 그보다 나이도 어리고 또 판단력도 뒤지는 그리고 책을 쓰는

---

13) 그러나 그 내용의 독해는 써럭의 해석만을 좇지는 않았다. 필자 나름대로의 해석을 덧붙인 부분이 있다. 예로서 지식인의 자긍심에 대한 밀턴의 언급이 하나의 예이다. 이 부분에 대해서는 써럭은 거의 언급이 없다.

> 노고를 결코 경험한 일이 없는 바쁜 허가관이 황급히 해버리곤 하는 검열을 위해 저자가 그의 모든 사려 깊은 노력을 다해야 하고 한밤중까지 잠도 자지 않으면서 팔라스 여신(Palladian)[14]의 기름을 소비해야 한다면 그리고 또 만일 그가 퇴짜를 맞지 않거나 혹은 무시당하지 않고 허가를 받는다 하더라도 검열관 때문에 하찮은 책이 되어 나오지 않으면 안되고 그리고 책제목 뒷장에는 그가 바보나 선동자가 아니라는 검열관의 허가와 보증서가 붙어서 나와야 한다면 이는 저자와 책 그리고 학문의 특권과 존엄성에 대한 불명예와 손상을 낳을 뿐이다.
>
> …허가관이 마음내키는 대로 하는 판단의 편협한 기분에 맞추어 그대로 먹칠하고 변경하여야 하는 그의 가부장적인 교정 지시하에 있어야 한다면 저자들은 차라리 침묵하는 편이 더 낫다(〈아레오파지티카〉:100~102쪽).

그는 이와 함께 이러한 검열과 허가제는 참다운 교육이나 지적 활동을 불가능하게 만든다는 점을 지적하면서 그렇다면 우리가 어떻게 가르침의 생명인 권위를 가지고 가르칠 수 있겠는가 개탄하면서 "나는 주먹을 갖고 감시하면서 나를 후견인의 보호를 받는 미성년자로 만드는 교사를 참을 수 없다"라고 한다(〈아레오파지티카〉:103쪽).

그는 또 진리라는 것은 법에 의해 결정되는 것이 아니며 지

---

14) 팔라스 여신의 기름(Palladian oil)이란 말은 고대 로마 시대에 관용구로, 연구하고 저술하는 인간의 능력과 지혜를 말한다. 더욱 상세한 내용은 〈아레오파지티카〉 본문 101쪽 주 206) 참조.

식은 표준화된 옷감이나 양모와 같은 상품이 아니라고 하면서 그런데 우리가 우리의 지식을 검열관의 기준에 따라 고쳐야 한다면 이는 우리가 노예임을 의미하는 것이라고 주장한다.

> 진리와 오성이라는 것은 티켓(*ticket*)[15]에 의해, 법률 조항 그리고 어떤 표준에 따라 독점되고 거래되는 그런 것이 아니다. 우리는 지상의 모든 지식을 판매 허가를 받은 옷감이나 양모처럼 마크를 넣고 감찰할 수 있는 주요 상품으로 생각하지 않아야 한다. 우리가 우리 자신의 도끼와 보습을 벼르도록 허락받지 못하고 모든 것을 20명[16]의 허가관의 주형대로 고쳐야 한다면 우리는 불레셋(Philistines)[17]에 의해 강요당하는 노예 이외의 무엇이라고도 할 수 없다(〈아레오파지티카〉:106~107쪽).

그는 또 허가제는 저자에게뿐만 아니라 일반 독자에게도 모욕이라고 말한다. 그는 허가제가 사람들을 악으로부터 보호하기 위한 것이라는 주장에 대해서도 분노한다.

> … 더욱 한심한 것은 채무자와 비행범은 감독자 없이 밖으로

---

15) 판매허가를 받은 것이라는 표시. 더욱 상세한 것은 〈아레오파지티카〉 본문 106쪽 주 216) 및 217) 참조.

16) 당시의 허가관 수를 의미함. 그러나 정확한 수는 아니다. 더욱 상세한 것은 〈아레오파지티카〉 본문 107쪽 주 219) 참조.

17) 불레셋. 고대 이스라엘 남부에 살며 그들을 괴롭혀온 민족. 더욱 상세한 설명은 〈아레오파지티카〉 본문 107쪽 주 220) 참조.

> 나다닐 수 있는 반면에 불법적이지 않은 책들이 책제목이 씌어진 표지에 명백히 알아볼 수 있는 교도관의 소인이 없이는 유통될 수 없다는 사실이다. 보통 사람들에게도 그것은 모욕이다. 왜냐하면 이는 그들이 경솔하고 타락하였으며 무지한 사람들이기 때문에 영어로 된 팸플릿을 읽는 것도 마음을 놓을 수 없어서 그들을 감찰해야 한다는 것이기 때문이다. 이는 우리가 … 의혹에 찬 감시하에 허가관의 파이프를 통하지 않고는 아무것도 얻을 수 없다고 평가하는 것이다. … 그리고 이것이 평신도들에 대한 교황주의자들의 보살핌이고 사랑이라고 하는 것이다. … 우리는 이를 지혜라고 부를 수 없다(〈아레오파지티카〉: 108~109쪽).

그는 이탈리아 방문의 경험을 예로 들어 지적 자유가 통제하에 있는 나라에서는 지적 발전을 이룰 수가 없음을 호소하면서 영국도 지금 그렇게 되고 있다고 비판한다. 결국 여기서 밀턴이 주장하고 있는 것은 지적 탐구의 자유인 것이며 지식인의 진리탐구 행위에 대한 신뢰와 존엄성을 허가제가 훼손하고 모욕하는 것이라는 것을 주장하고 있는 것이다. 그러나 밀턴이 말한 부작용 가운데 더욱 중요한 것은 허가제가 인간의 자율적 선택능력을 불신하고 이를 무시하는 반(反)자연법적인 제도라는 것이다. 그는 하나님이 아담에게 이성을 주신 것은 하나님이 아담에게 선택하는 자유를 주신 것이라고 말한다. 그리고 우리가 인간의 존엄성을 말할 수 있는 이유는 이런 자율적인 선택능력을 지니고 있기 때문이다. 하나님은 아담을 자유롭게 하시고 인간이 선과 악 가운데 선을 선택하여 공훈을 세워 보상을 받을 수 있는 권리 그리고 그의 절제가 칭찬 받을 수 있는 권리를 주셨다는 것이다. 허가제는 고위성직자들이 이러한 능력을 저해하고 그리고 하나님이 주신 이러한 권리를 박탈하고 우리를 노예로 만들려는 목적을 갖고 있다는 것이다.

그의 네 번째 주장, 즉 진리론의 두 번째 부분은 진리란 역동적인 존재라는 것이다. 그는 먼저 진리의 세계를 성경을 인용하여 항상 새로운 물이 솟아 나오는 샘과 같은 것이라고 규정하면서 만일 샘에 새로이 솟아 나오는 물이 없으면 그 샘은 썩어버리게 된다고 말한다. 그는 전통과 관습이라는 이름 아래 변화없이 군림하는 진리를 거부한다.

> … 성경에서 진리는 물이 쉬지 않고 솟아 나오는 샘에 비유된다. 만약 끊임없이 물이 솟아 나오지 않는다면, 그들은 순응주의와 전통의 진흙탕 속에서 썩어 못쓰게 될 것이다. 사람은 진리를 믿는 데 이단적(*heretics*)이 될 수도 있다. 그리고 만일 그가 다른 근거는 없이, 단지 그의 목사(Pastor)가 그렇게 말했기 때문에, 그리고 의회가 그렇게 결정했기 때문에 믿는다고 한다면, 비록 그런 믿음이 사실이라 할지라도, 그가 믿고 있는 진리 그것은 단지 이단(*heresy*)에 지나지 않을 뿐이다(〈아레오파지티카〉:119~120쪽).

그리고 그는 계속하여 이렇게 말한다. 즉, 진리가 진리이기 위해서는 공개적인 토론이라는 과정을 통과해야 한다고 그는 주장한다. 예수의 경우를 인용하면서 그는 공개적으로 그의 생각이 무엇인가를 쓰고 그 이유가 무엇이고 그런 이유로 지금 생각하는 것들이 왜 건전한 것이 될 수 없는지를 세상에 밝히는 것 이상 더 공정한 것이 없다고 주장한다. 그리고 이렇게 하지 않는 것은 그가 게으르거나 무능한 때문일 것이라고 비판한다. 그는 이렇게 말한다.

> 만일 우리가 옳다는 것을 확신하고, 진리를 불의(不義)하게 막지 않는다면 또 그렇게 되지 않을 것이라는 점을 믿는다면, 그리고 우리가 스스로 우리 자신들이 가르치는 것이 허약하고 천박한 것이라고 비하하지 않는다면 또 사람들을 신앙심도 없고 배운 것도 없이 부유하는 군중이라고 생각하지 않는다면, 우리가 잘은 모르지만 분별력있고 배운 바 있는 양심적인 사람이 우리가 알고 있는 바의 것을 우리에게 가르친 그들이 선(善)이라고 여기는 것을 위험스럽게 집집마다 찾아다니며 말할 것이 아니라 공개적으로 그의 생각이 무엇인가를 쓰고 그리고 그 이유가 무엇이고 그런 이유로 지금 생각하는 것들이 왜 건전한 것이 될 수 없는지를 세상에 밝히는 것 이상 더 공정한 일이 있을 수 있겠는가? 그리스도는 공중 속에서 설교하는 것을 고집하였는데 그럼으로써 그는 자신의 입장을 정당화하였다. 더구나 글은 설교보다 더 공개적이다. 반론을 펼치기에도 더 쉽다. 만일 필요에 의해 단순히 진리의 우승자가 되려고만 하더라도 그렇게 되기 위해서는 수많은 거쳐야 할 관문들이 있고 전문적으로 수행되어야 할 일들이 있다. 만일 이런 것들을 무시한다면 그 이유는 게으름이나 무능력 외에 무슨 다른 이유가 있을 수 있겠는가? 그래서 우리가 알게 되는 참된 지식을 향해

나아가는 데 허가라는 과정은 많은 장애를 낳아 지식을 더 추가하는 것을 못하게 한다(〈아레오파지티카〉:126~127쪽).

여기서 밀턴이 강조하며 한 가지 더 덧붙여 주장하는 것은 영국인은 공개적인 토론 속에서 진리를 판별할 수 있는 능력을 갖고 있다는 영국 지식인의 자긍심이다. 그는 이를 담보로 공개적인 토론을 주창할 수 있는 근거 한 가지를 더 부연하고 있다. 이런 의미에서 그의 공개적 토론의 안전성은 개명된 영국국가 그리고 진리판별 능력을 지닌 지식인을 전제로 하고 있다고 할 수도 있다. 그는 영국인이 '… 부유하는 군중이' 아니고 영국의 학문 연구는 아주 오래되었고 '탁월'하며 한때 영국을 지배했던 로마의 통치자도 영국인의 자연스러운 지혜를 상찬한 바 있다는 그의 조국에 대한 자부심은 이 글 여러 곳에 표현되어 있다. 특별히 그는 당시 영국인이 개혁을 개혁하라는 시대적 소명을 계시받고 있다는 확신을 말하고 있다. 이러한 그의 주장은 그의 공개장(場) 개념은 시공을 초월한 보편적인 원리이기보다는 특별한 시대의 특정한 사회(영국)를 전제로 하고 있다는 해석을 가능케 한다. 그러나 이와는 다른 해석도 가능하다. 즉, 밀턴은 출판의 검열과 허가제가 인간의 본성이나 건전한 사회에 결코 적합한 제도가 아니라는 사실을 역사를 통해 보편적으로 증명하려 하였다는 해석이 그것이다. 이렇게 보면 그가 공개적인 사회가 더욱 많은 진리를 보유하고 있다는 주장을 하였다고 해석할 수도 있다. 이렇게 서로 다른 해석이 가능하지만 밀턴의 주장이 보편적인 원리의 것이든 아니면 특수성을 지닌 것이든 그가 주장한 공개적인 토론이라는 사상이 오늘날 언론의 자유를 정당화하는 이론과 덕목으로 수용되고 있다는 점에서 중요한 기여를 한 것으로 평가할 수 있다.

이처럼 그는 진리는 허위와의 투쟁을 두려워할 필요가 없다는 주장을 한다. 이로부터 공개적인 토론과 아이디어의 시장이란 개념이 도출되는 것이다. 진리의 발견을 위해서는 자유롭고 공개적인 토론이 필요하다는 것이다.

〈아레오파지티카〉의 진리론의 마지막 세 번째 부분은 허가제의 더욱 나쁜 점은 진리의 획득을 저해한다는 주장이다. 그러나 그것만이 아니라 허가제는 반(反)기독교세력이 종교개혁의 빛을 약화시키기 위한 술책이라는 것이다. 물론 영국이 대부분의 다른 나라들보다 더 큰 개혁을 성취하였지만 그러나 아직 많이 부족하다고 밀턴은 주장한다.

그러면서 그는 기독교적인 진리론을 전개한다. 그에 의하면 지난날에는 객관적이며 완전한 진리가 있었지만 지금은 그 진리가 파편화되어 흩어져 버렸다. 그리하여 지금 우리는 이 흩어져 있는 진리를 탐색하면서 다시 수집하는 과정에 있다고 그는 말한다. 이러한 노력을 허가제는 방해하고 있다는 것이다. 그의 이야기는 이렇다.

> 진리는 실로 지난날 신성한 구세주와 함께 이 세상에 왔었고 보기에 가장 영광스러운 완전한 모습이었다. 그러나 그가 하늘로 승천하자 그의 사도들이 그를 따라 잠들게 되고

> 사악한 사기꾼들이 곧바로 나타났다. 이 사기꾼들은 이집트의 타이폰(Typhon)과 그의 공모자들이 선한 오시리스(Osiris)를 다룬 이야기[18]에 나오는 것처럼 더럽혀지지 않은 동정녀와 같은 진리를 수천의 조각으로 토막내어 사방으로 흩뿌렸다. 이를 슬퍼한 그의 친구들은 오시리스의 토막난 몸체를 찾기 위해 이시스(Isis)가 행한 조심스러운 수색을 모방하여 오르고 내리면서 사지 하나하나를 찾아 맞추어 그 몸체를 마침내 다시 온전하게 만들었다. … 우리는 아직 그들을 다 찾지 못했다. … 주님이 오실 때까지는 또 그럴 수도 없을 것이다. 하나님께서 그들 모두를 함께 가져가셔서 그들을 가지고 사랑과 완전함을 가진 하나의 불멸의 형상을 만드실 것이다. 기회가 있으면 어떤 곳에서든 행해지는 검열을 통한 금지, 진리의 끊임없는 탐구를 금하고 방해하는 것 그리고 우리들 순교자의 찢겨진 몸을 계속 경배하는 것을 금지하고 방해하는 일을 그만두는 것을 고통스러워하지 말라(〈아레오파지티카〉:129~131쪽).

밀턴은 다양한 여러 종파와 교파들이 저마다 진리의 한 부분을 지니고 있을 수 있다고 주장한다. 따라서 이러한 종파와 교파들은 오히려 진리의 전체 몸통을 재구성하는 데 필수적이

18) 타이폰(Typhon)은 악의 신이고 선의 신 오시리스(Osiris)의 형제이다. 오시리스는 그의 형제 타이폰에 의해 살해당한 후 그 시신은 찢겨서 사방에 뿌려졌다. 그러나 그의 아내와 아들이 시신 조각을 찾아낸 후 이들을 맞추어 시신을 회복한 후 타이폰을 몰아내었다는 이집트의 신화. 더욱 상세한 내용은 〈아레오파지티카〉 본문 130쪽 주 275) 참조.

라고 그는 말한다.

> 종파(*schisms*)와 교파(*sects*)들에 대해 끊임없이 불평하는 사람들이 있다. 그들은 그들 각 종파 및 교파의 계율이 서로 달라 이에 대해 의견차이를 갖지 않는 사람이 없도록 만들고 있는데 이는 재앙이라고 불평한다. … 그들은 진리의 본체를 회복하기 위해 조각난 파편들을 찾아 이들을 다시 합치려는 사람들을 무시하고 허용하지 않는 자들이다. 우리가 아는 바의 것에 의해 우리가 알고 있지 못한 것을 계속 탐구한다는 것 그리고 우리가 발견한 진리와 진리를 서로 합하는 것은 (왜냐하면 그 몸체가 동질적이고 조화로운 것이기 때문에) 산수(算數)에서만이 아니라 신학에서도 황금률이고 이것이 교회의 조화를 최고로 만드는 길이다. 최고의 조화는 차갑고 중립적이며 내적으로 분열된 정신이 힘에 의해 강요된 통합을 통해서는 성취될 수 없는 것이다(〈아레오파지티카〉:131~133쪽).

다시 말하지만 밀턴은 종파 및 교파적 차이를 더욱 적극적으로 해석한다. 이와 관련하여 그는 이렇게 말하고 있다.

> … 주님의 성전이 지어지는 동안은 어떤 사람들은 자르고, 다른 사람들은 대리석을 다듬고, 또 다른 사람들은 송백나무를 베는 것처럼 하나님의 집이 지어지기까지는 돌과 나무를 다루는 데 수많은 종파가 생기기도 하고 또 이들이 해체될 수도 있다는 것을 생각하지 않는 일단(一團)의 비합리적인 사람들이 있다. 그리고 모든 돌을 솜씨 좋게 하나로 맞추

> 어 놓는다 하더라도 그것은 하나로 결합될 수 있는 것이 아니다. 이 세상에서는 그것은 단지 인접해 있을 수 있을 뿐이다. 건물의 모든 조각들이 한 모양일 수는 없다. … 그러므로 위대한 개혁이 기대되는 이때, 우리는 더욱 사려 깊은 건축가가 되고 영적 건축을 위해서 더욱 현명해지도록 하자. … 그들은 이렇게 분파를 이루고 또 그 분파에서 다시 분파를 낳는 것이 우리를 타락시킬까봐 초조해 하고 그들 자신의 나약함 때문에 고뇌를 한다. 반대자는 다시 환호하며 그들의 때를 기다린다. 그들은 이들 스스로가 아주 작은 분파들로 나누어지게 되면 자신들의 시대가 될 것이라고 말한다. 어리석은 자가 아닌가! 그는 비록 가지들로 갈라져 있지만 우리 모두는 하나의 굳건한 뿌리로부터 나왔다는 것을 보지 못한다. … 그리고 우리가 말하는 이들 분파와 종파들이 더 좋은 결과를 낳을 것이라는 희망을 가질 수 있다(〈아레오파지티카〉:139~142쪽).

한 마디로 다양한 의견과 지식을 출판의 허가제는 억압하는 법이기 때문에 이는 폐지되어야 한다는 것이다. 그러면서 그는 다음과 같은 유명한 주장을 한다.

> … 나에게 어떤 자유들보다 양심에 따라 자유롭게 알고 말하고 주장할 수 있는 자유를 달라(〈아레오파지티카〉:148쪽).

지금까지의 밀턴의 주장을 요약해 본다. 〈아레오파지티카〉는 1643년 6월 의회가 만든 출판의 허가제 명령을 의회 스스로 폐기하도록 의회를 설득하는 글이다. 그의 글은 크게 세

부분으로 구성되어 있다. 첫 부분은 서론이고, 둘째 부분은 본론으로 허가제를 반대하는 네 가지 이유로 되어 있고, 셋째 부분은 결론으로 관용과 자유를 주장하는 내용이다. 지금까지 필자는 허가제에 대한 반대 논리 네 가지를 살펴보았다. 그것은 다음과 같다.

첫째로 허가명령은 영국이 종교개혁을 통해 부정하여온 로마의 교황주의자들이 고안한 반역사적 제도이다. 다시 말하면 허가명령의 역사적 뿌리는 세속적 권력을 장악하려는 가톨릭 고위성직자들의 음모를 영국의 고위성직자들이 답습한 반개혁적인 법이다.

둘째로는 허가명령은 우리의 서적에 대한 자유로운 접근을 방해하여 결국 지적 발전에 장애를 낳는다. 책 속에는 악(惡)이 있을 수 있기 때문에 서적은 출판되기 이전에 검열과 허가를 받아야 한다는 법은 인간의 지적 성장에 장애를 낳을 뿐이다. 그리고 이 세계는 선과 악이 병존하면서 대결하는 가운데 존재하게끔 인간은 상황지어져 있다는 원죄적 조건을 주장하면서, 그러나 인간은 그 속에서도 선을 선택할 수 있는 이성과 자율능력을 지니고 있다는 것이다. 따라서 검열과 허가는 필요없는 것이고 이는 책의 저자는 물론 독자도 모욕하는 것이라고 그는 주장한다.

셋째로는 허가명령은 실제로는 집행하기 불가능할 뿐만 아니라 혹 집행한다 하더라도 소기의 목적을 성취할 수 없다.

넷째로는 허가명령은 진리의 본질적 속성 및 원리와 배치된다. 진실과 허위를 공개적으로 대결하게 하는 것이 진리를 확보하는 최선의 길이다. 그래서 교리나 기타 다른 문제 등에 관한 견해의 차이에서 나온 종파나 교파를 두려워할 것이 아니라 이들이 진리를 낳는 샘이라는 사실을 인정해야 한다. 그렇기 때문에 출판의 허가명령은 폐지되어야 한다는 것이다.

4. 관용과 자유

밀턴은 허가와 검열을 반대하는 논리를 이와 같이 전개한 후 충고의 형식을 빌려 — 검열과 허가 대신 무엇을 추구해야 하는가 하는 문제에 대한 — 관용을 대안으로 제시한다.

관용에 대한 그의 입장은 이미 허가제를 반대하는 그의 논증에 함축되어 있다. 필자는 먼저 그의 관용론을 살펴본 후 이를 해석하고 평가하고자 한다. 관용에 대한 밀턴의 태도는 진지하기 그지없다. 그는 관용이란 가치를 예수님이 그의 제자에게 사랑과 평화를 전하신 말씀을 빼고는 가장 "온유하고 평화로 가득한 말"로 표현한다. 그는 이렇게 말한다(" "은 필자의 것임).

> 그렇다면, 만일 새로움을 추구하는 의견이나 혹은 관습적인 것과 부합하지 않는 의견을 억압하는 것이 그렇게 해로운 것이며 또 부당한 것이라면 무엇이 가장 좋은 조언이 될 것인가에 대한 이야기는 나의 몫이 아닐 것이다. 나는 단지 당신들의 영예로운 의원들 가운데 한 분으로부터 배운 바를

> 되풀이하고자 한다. 그는 올바른 귀족이었고 신앙심이 독실한 인사였다. 그는 브룩 경(Lord Brook)[19]이다. … 그는 죽음에 직면해서 내가 아는 것으로는 더할 수 없이 온유하고 생명력이 충만한 너무나 소중하고 영예로운 말을 당신들에게 남긴 사람이다. 예수님이 그의 제자에게 사랑과 평화를 전하신 그 말씀을 빼고는 나는 그의 말보다 더 온유하고 평화로 가득한 말을 읽은 적도 들은 적도 나의 기억에는 없다. 그는 거기에서 우리에게 그들의 양심의 최고의 지도자인 하나님의 명령에 따라 순수하게 살려는 것이 아무리 잘못 이해될지라도 "겸손과 인내를 갖고 경청하며 그리고 그들이 다소 우리와 다르다 할지라도 이를 관용"할 것을 권고하고 있다(〈아레오파지티카〉: 148~149쪽).

밀턴의 관용론을 구성하고 있는 논리적 근거는 몇 가지로 정리될 수 있다. 그 가운데 첫 번째는 그의 진리관이다. 그는 진리는 절대자 다음으로 강하기 때문에 허위와 공개적으로 싸우게 되면 반드시 승리한다고 믿는다. 때문에 허위에 대한 관용을 두려워할 필요가 없다는 것이다. 둘째로 그는 지금 우리가 소유하고 있는 진리란 원래 있었던 하나의 완전한 진리가 아니라 이들의 조각, 즉 파편화된 진리들일 뿐이라고 본다. 새로이 생긴 여러 종파 혹은 교파들은 저마다 이들 진리의 한

19) 브룩 경(Lord Brook : 1608~1643). 그는 상원의 의회파 지도자로 시민전쟁 중 전사하였다. 그는 영국인들의 많은 존경과 사랑을 받았다. 더욱 상세한 내용은 〈아레오파지티카〉 본문 148쪽 주 311) 참조.

조각을 지니고 있을 수 있다. 이런 조각들이 모여 하나의 완전한 진리를 구성할 것이다. 이런 이유로 이들 종파와 교파들은 관용되어야 한다는 것이 그의 주장이다.

그의 관용론의 세 번째 근거는 시대적 상황에 대한 그의 인식이다. 그는 당시 영국이 종교개혁의 첫 나팔소리를 전유럽으로 울려 보내도록 선택되었고 전시에만 양쪽의 문이 열리는 야누스의 문이 열려 있는 다시 말하면 논쟁—말에 의한 전쟁—을 필요로 하는 시대라고 인식한다. 즉, 진리의 발견을 위해 다양한 의견들의 자유로운 대결이 특별히 요청되는 시기라는 것이 밀턴의 시대인식이었다. 이런 자유로운 대결을 위해서 관용이 요구된다는 것이다. 여기서 아이디어의 자유롭고 공개적인 시장(*free and open market place of ideas*)이란 관념이 추론될 수 있다. 그의 다음과 같은 진술에서 우리는 이를 읽을 수 있다.

> …특별히 지금 이 시기는 쓰고 말하는 특권을 통해 논쟁이 되고 있는 문제에 대한 토론을 더욱 진전시키기에는 적절한 시기이다. 토론을 좋아하는 두 개의 얼굴을 가진 야누스(Janus)의 신전이 지금 아무 의미없이 열려 있는 것은 아닐 것이다. …진리와 허위가 맞붙어 논쟁을 하도록 하라. 누가 자유롭고 공개적인 대결에서 진리가 불리하게 되는 것을 본 일이 있는가. 진리의 논박이 허위를 억제하는 최선의 그리고 가장 확실한 방법이다(〈아레오파지티카〉:149~150쪽).

관용을 정당화하는 밀턴의 논리적인 축으로 필자가 주목할 필요가 있다고 강조하는 것은 그가 명시적으로 말하고 있지는 않지만 그는 진리의 발견을 위한 토론이 가능하기 위해서는 서로 다른 의견에 대한 관용이 필수적이라고 주장하였다는 점이다. 즉, 토론이란 서로간에 관용이 없이는 불가능하다는 것이다. 그의 이러한 관용론은 〈아레오파지티카〉 앞부분에서 논한 고대 그리스나 고대 로마에 대한 그의 언급으로부터도 추론되는 것이다. 이는 그의 관용론에는 고대 수사학의 전통을 이어받은 르네상스 휴머니스트의 인식이 자리하고 있다는 것을 말하는 것이다.

요컨대 그의 관용론은 이렇게 요약된다. 진리는 오시리스의 신화에서처럼 수없이 파편화되어 있다. 파편화되어 흩어져 있는 진리의 파편들을 다양한 종파들이 나누어 갖고 있다. 그들의 주장 모두가 하나님의 계시를 받은 것은 아니라 할지라도 그러나 한 조각의 진리는 갖고 있을 수 있다. 설사 그들의 주장 가운데 어떤 것이 허위라 할지라도 두려워할 필요가 없다. 왜냐하면 진리의 힘은 절대자 다음으로 강하기 때문에 자유로운 토론과정을 거치는 과정에서 진리는 살아남는다. 이러한 자유토론을 위해서는 서로 다른 의견에 대해 관용하는 것은 필수적이다. 이것이 밀턴의 논리이다. 그러나 이런 논리 외에 당시대의 상황이 요구하는 현실적인 이유가 있었던 것으로 해석되기도 한다. 그것은 당시 정통적인 것과 이단적인 것을 구분하는 주장, 즉 진실과 허위를 구분하여 허위는 통제되어야 한다는 주장—실은 출판허가를 정당화하는 이유의 하나가 이것이었는데 ― 은 왕당파와 기존의 고위성직자들이 소수파인 독립파 등을 허위로 몰아 그들의 지배체제를 존속시키려는 음모였다. 그리고 소수파였던 독립파 등 다양한 종파와 교파들은 반체제 세력으로 일종의 동맹을 맺고 다수파와 대결하고 있었다. 이런 대결과정에서 소수파의 생존전략으로 밀턴은 관용을 주장하였다는 것이다(Sirluck, 1959, pp. 169~170).

다시 말하지만 밀턴의 관용에 대한 호소는 간곡하다. 그러나 그의 관용론은 근원적인 것까지 포함하는 보편적 관용은 아니다. 분명히 그는 가톨릭은 관용의 대상에서 제외하고 있다. 이 문제는 그의 관용론을 어떻게 평가해야 할 것인가 하는 문제를 둘러싸고 논쟁을 낳았다. 이 문제에 대한 그의 언급은 다음과 같은 것이다.

> … 나는 천주학 교도(*popery*)나 공개적인 미신에 대해서도 관용을 베풀어야 한다는 것은 아니다. 가톨릭은 모든 다른 종교와 시민의 우선성을 말살하려 하기 때문에 근절되어야 한다. … 이들 또한 관용의 대상이 아니다. 독신(瀆神)이나 절대적인 악 그리고 신앙이나 관행에 대한 부정 또는 어떤 법도 허용할 가능성이 없는 신앙이나 도덕적 행위를 부정하는 것과 법 그 자체를 불법화하려는 것들은 관용의 대상이 아니다. 그러나 … 유사하고 가벼운 차이나 대수롭지 않은 차이가 수없이 많다 하더라도 그들이 성령의 통일성을 해하는 것이 아니라면 그리고 또 우리들 사이의 평화의 유대를 마련하고자 한다면 이런 차이는 관용되어야 한다는 것이다(〈아레오파지티카〉: 156~157쪽).

그가 관용의 대상으로 삼고 있는 것은 근원적인 차이가 아닌 가벼운 차이들이고 그리고 그들이 성령의 통일성을 해하는 것이 아니라면 또 평화를 유지하기 위해서는 이들은 관용되어야 한다는 것이다. 그는 또 기독교 교회도 경직된 하나의 교리에 의한 강제적 통일이 아니라 교리에서는 다소 차이가 있다하더라도 통일된 하나의 보편적 교회를 구성하는 것이 가능하다고 주장하면서 한쪽으로는 보수적인 극우로서 가톨릭 그리고 또 다른 쪽으로는 법 그 자체를 불법화하려는 개혁파의 급진좌파는 관용의 대상에서 제외하고 있는 것이다.

밀턴은 〈아레오파지티카〉에서 관용이란 말과 함께 자유(*liberty*)라는 말을 여러 곳에서 사용하고 있다. 무엇보다 〈아레오파지티카〉의 부제(副題)인 "허가없는 인쇄의 '자유'를 위하여"(For the Liberty of Unlicenc'd Printing) (' '는 필자의 것임)의 자유가 하나의 대표적인 예이다. 그는 또 무엇보다 생각한 대로 말하고 쓰는 '자유'를 달라고 소리높여 외쳤다. 간접적으로 '자유'를 의미하는 자율성 등과 같은 말도 여러 곳에서 사용되고 있다. 그러나 밀턴 연구가들은 그의 자유에 관한 관념은 〈아레오파지티카〉가 씌어질 당시에도 완전하게 그리고 체계적으로 정리된 것은 아니었다고 지적한다.[20] 그럼에도 불구하고 〈아레

---

20) 예로서 바커는 1645년 3월까지는 밀턴이 그의 자유에 관한 이론을 완전히 그리고 일관성있는 이론으로 발전시키지는 못했었다고 평가하고 있다. 그러나 개략적인 것은 〈아레오파지티카〉에 앞서 발표한 이혼에 관한 팸플릿에 포함되어 있었다. 결혼과 이혼에 관한 법은 고위성직자들이 구약과 신약에 있는 하나님의 의지를 잘못

오파지티카〉에서 밀턴이 자유를 주장했다는 것은 분명하다. 그러나 그의 '자유'란 개념은 현대의 방임주의적 자유주의자들이 사용하고 있는 의미의 '자유'가 아니었다는 것도 분명하다.

밀턴이 〈아레오파지티카〉에서 주장한 자유는 그의 관용론에서처럼 현대적 의미로서의 개인의 자유 혹은 자율성은 '아디아포라'(*adiaphora*) — 아무래도 좋은 문제들 — 의 경우에만 해당하는 것이었다. 여기서 '아디아포라'란 하나님이 적극적으로 명령 혹은 금지하지 않은 비근원적인 문제 — 예로서 결혼과 이혼 및 출판과 같은 문제가 그렇다고 밀턴은 주장하였다 — 에서는 개인의 양심에 따라 결정하는 자유가 허용되는 영역이다. 요컨대 그는 〈아레오파지티카〉에서 개인의 자유를 강력히 요구하고 있다. 그러나 밀턴이 〈아레오파지티카〉에서 주장한 자유에는 유보조항이 있었다. 그것은 첫째로 다시 말하지만 자유는 관용에서처럼 아무래도 좋은 문제인 아디아포라에 한정한다는 것이고, 둘째로는 자율적인 '절제'(*temperance*) 하의 자유라는 제한이다.

밀턴이 〈아레오파지티카〉에서 논한 자유는 두 종류로 나누어진다. 하나는 제2의 자연법 — 아담이 에덴의 동산에서 축출된 후의 자연법 — 에 따른 자유로 이러한 자유는 모든 인간

읽고 만든 법이라는 것이었다. 그리고 이는 근원적인 문제가 아니기 때문에 인간의 자유에 영역에 속한다는 것이 밀턴의 확고한 신념이었다. 이것이 바커의 평가이다. Arthur E. Barker, *Milton and the Puritan Dilemma*, The Univ. of Toronto Press, 1942, p. 98 참조.

이 동등하게 소유할 수 있는 자유이고, 다른 하나는 아담이 타락하지 않았다면 모든 인간이 소유할 수도 있었을 것이지만 그러나 지금은 오직 현자(賢者)와 기독교신자(信者)만이 소유할 수 있는 그런 자유이다. 이것이 바로 진정한 자연법적 자유인 것이다(Barker, p. 118). 그리고 교육제도가 군중이 아니라 고귀하고 고상한 젊은이들을 위한 것인 것처럼 크리스천의 자유는 현명하고 선한 귀족이나 향유하는 자유이다(Barker, p. 120). 그러나 밀턴은 독서의 자유가 모든 사람에게 허용되어야 한다고 보았다. 왜냐하면 이런 자유가 타락한 인간에게는 해악을 낳는다 하더라도 크리스천이고 진정한 인간에게는 선을 제공할 것이기 때문이다. 타락한 인간에게 미치는 해악이 두려워 진정한 크리스천에게 유익한 것을 막는 것은 옳지 않다는 것이다. 이런 이유로 그는 나쁜 책일지라도 '분별력있고 현명한' 독자에게는 많은 것을 주고 진정한 덕을 소유하게 만든다는 것이다. '악덕'이 현자에게는 생명력있는 '덕'을 획득하는 데 필요하다는 것이다. 그래서 밀턴은 하나님은 열 명의 배덕자(背德者)를 억제하는 것보다 한 명의 덕(德)성스러운 자가 더 덕스럽게 되고 완성되는 것을 더욱더 소중하게 여기신 것이 확실하다고 말한다(〈아레오파지티카〉: 92쪽). 요컨대 밀턴의 관용과 자유는 제한된 것이었다. 그의 관용론은 아디아포라에 한하여 적용되는 것으로 당시로서는 혁명적인 것이었지만 보편적인 것은 아니었다. 그의 자유론 역시 제한된 것이었다. 물론 그는 자유가 왜 보장되어야 하는가 하는 다양한 논리를 제시하고 있다. 그러나 그의 자유에는 '절제'라는 조건이 함축되어 있다. 또 그가 주장한 자유는 크리스천의 자유로 이해할 필요가 있다. 그리고 이러한 자유는 현자에게는 필수적인 것이지만 일반 대중에게는 해악을 낳을 수 있는 것이다. 요컨대 현자가 자유를 통해 얻을 수 있는 이익 때문에 비록 일반 대중에게는 해악을 낳는다 할지라도 자유는 보장되어야 한다는 것이다.

5. 평가와 해석 : 휴머니즘 그리고 공화주의

〈아레오파지티카〉에서 밀턴이 주장한 관용과 자유의 의미는 한 마디로 복합적이다. 이런 의미에서 그의 주장을 정치철학 혹은 사상적으로 자유방임주의(*libertarianism*)라고 단순하게 범주화하기는 어렵다. 즉, 그 속에는 다른 여러 사상들이 혼재되어 있다. 밀턴은 정치철학자나 사상가라기보다《실낙원》을 집필한 한 위대한 시인이었고 당시대의 시대적 문제를 열정적으로 논한 논객이었다.[21] 그렇다고 그가 그저 논객이었

21) 바커는 밀턴의 사상에 대해 다소 비판적으로 언급하고 있다. 즉, 밀턴은 논리적인 사상가가 아니었고 더구나 그의 글은 철학적 논문이 아니라 논쟁을 위한 것들이었다는 것이다. 당시 영국의 논객들은 문제가 되는 사항이면 무엇이든 논쟁의 대상으로 삼아 팸플릿을 내놓으면서 상대방의 주장을 반박하곤 하였다. 그리고 그들은 이러한 논쟁에서 승리하기 위해 온갖 이론을 그때그때 편의적으로 차용하곤 하였다는 것이다. 밀턴도 그런 논객이었다는 것이 바커의 평가이다. Arthur E. Barker, *Milton and the Puritan Di-*

을 뿐 정치철학이나 사상이 없는 인사였다는 말은 아니다. 또 그의 사상에는 초기의 글과 후기의 글을 비교할 때 많은 차이가 있음에도 불구하고 그의 사상에 일관성이 전혀 없다고 말할 수는 없다.

그는 기본적으로 르네상스적 휴머니즘(*humanism*)의 후예이었고 이의 연장선상에서 고대 로마의 귀족적 공화정을 이상으로 삼은 공화주의자였으며 그리고 퓨리턴(*puritan*)으로 독립파 교파에 속한 급진적인 청교도였다.[22] 그의 사상적 배경과 기저는 이렇게 다층적이다. 밀턴의 〈아레오파지티카〉에는 이들이 복합적으로 혼재되어 있다. 또 〈아레오파지티카〉는 밀턴의

---

lemma, The Univ. of Toronto Press, 1942, p. xix.

22) 많은 연구자들은 밀턴의 사상이 휴머니즘, 퓨리터니즘에 깊이 영향을 받았다고 주장한다. 예로서 맥컬럼(MacCallum)은 밀턴의 사상을 크리스천 인문주의와 퓨리터니즘에 크게 의존하고 있다고 지적한다(MacCallum, p. 333). 바커(A. Barker)도 퓨리터니즘과 크리스천 휴머니즘이 교차하면서 밀턴에게 영향을 주었다고 말한다. 그러나 그는 퓨리터니즘을 더욱 중요한 요소로 해석한다(Barker, pp. 63~120). 조지 세이빈(G. H. Sabine) 등은 밀턴을 해링턴(J. Harrington)과 같은 공화주의자로 기술하고 있다. 밀턴은 고대에 대한 예찬과 귀족적 공화정에 대한 이상화를 하였다는 점에서 특징을 지니고 있다고 말하면서, 그러나 밀턴은 정치이론가이기보다는 공화주의의 훌륭한 선전가였다고 평가하고 있다. George H. Sabine and Thomas L. Thorson, *A History of Political Theory*, 4th ed., Dryden Press, Hinsdale, Ill., 1973, pp. 469~470, 조지 세이빈 외, 성유보 외 역, 《정치사상사》 2(전면수정증보판), 한길사, 1996, 654쪽.

비교적 초기 산문으로 그의 정치적 입장이 명료하게 형성되기 이전의 글이다. 뿐만 아니라 〈아레오파지티카〉는 출판의 자유라는 특정한 주제에 관한 글이기 때문에 특히 공화주의(*republicanism*)와 같은 정치적 입장을 명시적으로 담을 수 있는 주제가 아니었을 것이라고 추론된다. 이런 한계에도 불구하고 〈아레오파지티카〉 속에는 그의 정치, 사회, 종교사상이 적어도 부분적으로는 함축되어 있다고 해석할 수 있다. 다시 말하면 〈아레오파지티카〉에는 휴머니즘과 공화주의 그리고 퓨리터니즘이 명시적 혹은 암묵적으로 함축되어 있다는 것이다.

이런 의미에서 〈아레오파지티카〉는 이들 인문주의와 공화주의 그리고 퓨리터니즘이라는 사상적인 맥락 속에서 해석되어야 한다. 그러나 그 동안 언론학에서의 〈아레오파지티카〉에 대한 해석은 흔히 위의 세 가지 가운데 인문주의와 공화주의는 물론 퓨리터니즘과 같은 사상적 맥락은 간과되곤 하였다. 그러면서 오직 자유주의의 경전으로서만 해석되었고 결과적으로 과장과 왜곡이 확대재생산되었다. 물론 〈아레오파지티카〉와 같은 출판의 허가라는 세속적인 문제에 관한 글이 꼭 사상적인 아이디어만의 산물이라고 생각하는 것은 너무 이상적이고 관념적인 사고일 수 있다. 이런 의미에서 〈아레오파지티카〉도 현실적 및 당파적 이해가 반영된 현실의 산물로서 그 속에는 서로 갈등하고 모순되는 일관성이 결핍된 규범적 아이디어들이 있을 수 있다. 그리하여 어떤 경우는 서로 모순되는 아이디어들이 혼란스럽게 혼재되어 있어 그 주된 사상이 무엇인지 말하기 어려운 경우가 있다. 그러나 다시 말하는 것이지만 자세히 검토해 보면 〈아레오파지티카〉 속에는 주된 사상적 틀이 명시적 혹은 암묵적으로 기저해 있으며 그것은 인문주의, 공화주의 그리고 퓨리터니즘이라고 할 수 있다. 필자는 그 동안 언론학 분야에서는 간과되어온 인문주의와 공화주의적 맥락 속에서 〈아레오파지티카〉를 해석·평가하고자 한다.[23]

1) 휴머니즘과 관용

〈아레오파지티카〉는 종교적 불관용 시대에 관용을 주장한 역사적 문헌의 하나이다. 르네상스가 끝나는 시대, 즉 밀턴의 시대는 종교적 불관용의 시대였다. 정치적으로도 마찬가지였다. 그 시대 밀턴의 조국 영국에서는 한 명의 왕은 왕위에서 축출되고 또 한 명의 왕은 교수대에서 목을 잘렸다. 영국의 내란과 마녀사냥, 재침례파에 대한 대규모 탄압 등은 모두 종교적 폭력들이었다. 또 이들 16~17세기의 종교적 폭력은 어느 한 세력만의 독점물이 아니었다. 이런 폭력은 신·구교 모두의 정책이었다. 다시 말하면 로마 가톨릭만이 이교를 범죄시하는 세력은 아니었으며 루터(Luther), 쯔빙글리(Zwingli), 칼뱅(Calvin) 등 모두가 이단이나 이교도에 가혹하였다는 것은

23) 이 글에서 필자는 퓨리터니즘적 측면은 언급을 최소화하였다. 그 이유는 퓨리터니즘적 해석은 별도의 논문으로 삼아야 할 만큼 복잡한 것으로 평가되기 때문이었다. 이런 이유로 이 글은 휴머니즘과 공화주의라는 항목만을 설정한 후 논의하였다.

역사에 충분히 기록되어 있다.

그러나 16~17세기가 전적으로 불관용적인 것만은 아니었다. 이 시대에도 온건한 목소리가 있었다. 그들 가운데 가장 대표적인 것이 휴머니스트들이었다. 이들 휴머니스트들은 다음과 같은 특징적 성격을 지니고 있었다. 그것은 첫째로 그들은 폭력에 의한 종교적 통일에 비판적이었다. 이들은 기독교의 일치와 통일은 강제가 아닌 방법, 즉 설득에 의해 성취되어야 한다고 믿었다. 둘째로 그들은 신앙에서 근원적인 것과 아디아포라(*adiaphora*)를 구별하여 반응하였다. 즉, 근원적인 차이는 관용될 수 없지만 이들 외의 다른 문제들은 "아무래도 좋은 것"으로 관용의 대상으로 삼았다. 그들은 이러한 전략을 통해 종교개혁으로 분열된 기독교세계를 통일하려고 하였다. 셋째로 휴머니스트들은 교의(*doctrine*)가 아니라 윤리(*ethics*)를 강조하면서 이를 기독교정신의 핵심으로 믿었다. 따라서 그들은 교의를 어기는 것보다 도덕률을 어기는 것을 더욱 심각한 것으로 간주하였다. 이러한 태도는 이교도에 대한 폭력과 억압을 휴머니스트들은 반대하였다는 것을 의미하는 것이다.

이처럼 당시의 휴머니스트, 즉 인문주의자들은 종교적 문제에 대해 관용적이었다. 그런데 사실 인문주의의 관용은 고대 수사학에 내재해온 기본적인 가치였다. 다시 말하면 휴머니스트의 관용이란 아이디어는 고대 수사학의 전통을 이어받은 것이라는 것이다. 수사학의 대화(*conversation*)에서 지켜야 하는 예절(*decorum*)의 하나였다. 수사학에서 논쟁적인 문제의 양면을 다같이 논의하는 것, 합의의 결과를 진리로 받아들이는 인식론적 입장은 모두 관용을 필수적으로 필요로 하는 입장이다. 그래서 이러한 관용은 키케로(Cicero)의 훈계(*sermo*)의 방법에서 강조된 가치였다. 이처럼 휴머니스트의 관용은 고전적 수사학의 관용이었다. 폭력이 아니라 설득에 의해 통일을 추구하는 휴머니스트의 전통은 설득을 강조하는 수사학의 전통을 이어받은 것이었다. 비본질적인 문제에 대해서는 회의적인 태도를 인정하고 관용을 허용하면서 교의가 아니라 윤리적 삶을 설득을 통해 강조하는 수사학의 전통이 휴머니스트의 전통으로 이어진 것이었다.

물론 수사학만이 휴머니스트 관용의 유일한 원천은 아니다. 양심의 불가침성과 같은 다른 원리도 관용을 부분적으로 설명할 수 있다. 그럼에도 불구하고 고전적 수사학은 관용을 정당화하는 휴머니스트 논리의 주된 뿌리였다.

종교적 문제와 관련하여 이와 같은 휴머니스트의 관용은 두 가지로 나누어진다. 첫 번째 종류의 관용은 묵인(*sufferance*)이다. 예로서 설득을 통해 이단을 변화시킬 수 있다는 전망을 갖고 인내하면서 기다리는 것 혹은 이들을 탄압하면 피를 흘리게 될 것이기 때문에 이를 피하기 위해서 묵인하는 관용이다. 다시 말하지만 이것은 인내를 의미한다. 때문에 이런 휴머니스트의 관용, 즉 묵인은 이단을 도덕적으로까지 인정하는 것은 아니다. 단지 현실적으로 그리고 전략적 및 공리적인 이유에서 관용하는 것이다.

둘째는 의혹이 가는 개인이나 집단을 교회의 완전한 구성원으로 수용하는 태도이다. 17세기 후반 이런 류의 관용은 포용

(*comprehension*)으로 불렸는데 이는 근원적인 것에 대해서는 의견을 같이하지만 사소한, 즉 비근원적인 문제에 대해서는 이견을 갖고 있다 하더라도 이를 포용하는 입장이다. 휴머니스트들은 크리스천의 통일을 추구했다. 그러나 이러한 관용정책은 두터운(*thick*) 통일이 아니라 얇은(*thin*) 통일을 추구하는 것이다.

밀턴의 관용론을 평가하기 위해서 관용론의 역사를 먼저 살펴본다(Remer, pp. 1~41).

이 시대 관용론의 체계를 구축했다고 평가되는 휴머니스트는 에라스무스(D. Erasmus : 1466~1536)이다. 그는 종교적 관용의 원천을 수사학에 두면서 설교(*preaching*)와 대화(*conversation*)의 경우 관용이 필수적임을 주장하고 있다. 설교의 경우 인내는 필수적인데 왜냐하면 이단자가 그의 설득을 따르지 않을 때 그는 이를 참아야 하기 때문이다. 이는 설교자가 청중에 적응해야 함을 의미하는 것이다. 다시 말하지만 고대 수사학은 이런 인내를 예절(*decorum*)이라는 것 속에 포함시키고 있다. 그러나 이런 경우의 관용이란 설교자는 이교도의 의견을 변화시키기 위해 인내하는 것이지 이해 혹은 찬성해서가 아니다. 이는 소극적인 차원에서의 관용이다. 그러나 적극적인 차원의 관용이 있다. 이는 대화의 경우 한 대화자가 진리에 도달하기 위해 다른 사람과 토론하는 과정에 필요한 관용이다. 대화는 어느 누구도 절대적 확실성을 주장하지 않는 것을 전제로 요구한다. 그리고 대화에는 설교와 달리 말하는 자와 듣는 자가 따로 있는 것이 아니다. 대화에는 서열이 없다.

대화나 토론의 경우 그것이 성공적이기 위해서는 상호간의 존중, 즉 관용이 필요하다. 그러나 에라스무스는 이러한 관용을 모든 문제 모든 사람에게 적용할 수 있다고 주장하지는 않는다. 그는 근본원리에 대한 토론은 일반인에게는 허용하지 않는다. 단지 중요하지 않고 근원적인 문제가 아닌 경우에만 일반인의 참여는 허용된다. 근본원리에 대한 토론은 오직 제한된 학자들만의 것으로 제한한다. 모든 문제에 대한 모든 사람들이 이러한 관용의 대상은 아니라는 것이다.

관용사상의 역사를 볼 때 16세기 전반기는 대체로 종교적 관용 문제는 오로지 크리스천 내에서의 그들의 상이한 교파간에 서로 어디까지 관용해야 하는가 하는 것이 주된 문제였다. 그러나 그 후 관용은 기독교라는 경계를 넘어서야 한다는 주장이 나온다. 이런 점에서 최초로 현대적 접근을 한 사람은 보댕(Jean Bodin : 1530~1596)이었다. 그는 관용의 범위를 확대하고 그 정당화 논리를 양심으로부터 주장하였다. 그는 진지한 신앙은 침해될 수 없다고 주장하면서 비기독교도 진리를 공유하고 있다는 논거에서 이들에 대한 관용을 주장하였다. 물론 그에게도 예외는 있었다. 그것은 무신앙이다. 보댕은 무신앙은 사회에 위해할 뿐만 아니라 진실한 양심을 가질 수 없는 자라고 규정하면서 관용의 대상에서 제외하였다.

보댕이 양심의 자유를 주장하였지만 그러나 이러한 것을 이론으로 발전시킨 사람은 로크(John Locke : 1632~1704)이다. 그러나 로크는 보댕이나 다른 휴머니스트들과 차이가 있다. 그는 양심의 자유를 자연권적인, 즉 전(前) 정치적인 것이며 개인적인 것으로 간주하였다. 로크의 관용론은 후에 자유주의의 기초를 제공한 이론이다. 그러나 로크도 관용에 대한 휴머니스트의 한계를 완전히 극복한 것은 아니었다. 로크도 가톨릭은 관용의 대상에서 제외한 것이 하나의 예이다. 그의 관용론에도 휴머니스트의 다양한 이론들이 혼재되어 있다. 그러나 베일(P. Bayle)의 경우는 다르다. 로크와 달리 그는 종교에 관한 한 알 수 있는 것이 없다는 회의론을 주장한다. 그럼에도 불구하고 홉스가 회의론을 종교에 대한 절대자의 통제 근거로 사용하고 있는 데 반하여, 베일은 그의 회의론을 종교적인 자유의 논거로 사용한다. 베일의 급진적 회의론은 양심에 대한 개인의 권리를 주장하였다. 왜냐하면 어떤 사람의 신앙도 다른 사람의 것보다 더 객관적으로 보일 수 있는 것이 아니기 때문이다. 베일은 어떤 사람이든 그의 양심의 자유를 지지한다. 단 그가 무신론자가 아닌 한 그렇다. 베일의 종교적 회의론과 개인주의는 결국 휴머니스트의 관용론이 자유주의적인 이론으로 진화하면서 서구 자유사회에서 승리를 하게 되었다.

레메르는 이렇게 휴머니스트의 관용론을 회고하면서 신앙에 대한 휴머니스트의 관용론이 아이디어의 시장이라는 세속적인 자유언론으로 전환되었고 그 단초가 〈아레오파지티카〉에서 발견된다고 주장한다(Remer, p. 12). 관용론의 진화과정에 비추어 볼 때 밀턴이 〈아레오파지티카〉에서 주장한 관용을 한 마디로 평가하기는 어렵다. 단지 그의 관용론에는 전환기 혹은 과도기적 사유가 담겨 있다고 필자는 해석한다. 다시 말하면 그의 주장은 에라스무스적인 관용과 — 적극적 관용을 포함하여—적어도 보댕의 사유까지는 포함하고 있다고 볼 수 있다. 그러나 베일의 종교적 회의론과 개인주의까지 포함하는 것이라고 평가하기는 어렵다. 밀턴은 진리의 발견을 위해 관용이 필요하다고 주장하면서도 전략적이 아니라 원칙적인 관용을 주장한 것은 아니었다.

요컨대 밀턴의 관용론은 수사학의 전통을 이어받은 휴머니스트의 관용이론 그것이라고 평가할 수 있다. 이렇게 평가하는 이유는 첫째로 밀턴은 근원적인 문제와 아디아포라를 구분한 후 후자만을 관용의 대상으로 삼고 있다는 점이다. 다시 말하지만 이러한 주장은 휴머니스트의 관용론과 같은 것이다. 밀턴이 가톨릭을 관용에서 제외한 이유의 하나는 가톨릭의 교회정체, 교리 그리고 실천행위 등이 성서의 내용과는 다르다는 청교도적 성서주의 입장에 따른 것으로, 이러한 차이는 근원적인 차이로 생각한 때문이었다. 다음 둘째로 그는 보편적이며 통일된 하나의 기독교세계—이 세계는 완전한 진리로 구성된 낙원이다—를 폭력이라는 힘이 아니라 평화적인 설득에 의해 추구되어야 한다고 하면서 "약하고 오도된 자들을 바로잡고 다시 복귀시키기 위해서는 자비롭고 동정심이 있는 모든 수단"을 사용하여야 한다고 주장하였다. 이는 곧 수사학적 전통을 지닌 휴머니스트의 주장이었다. 셋째로 밀턴은 에라스무스와 같은 휴머니스트와 마찬가지로 근원적인 문제에 대한 논의는 오직 제한된 엘리트에게만 허용되어야 한다고 주장한 바 있는데—이러한 주장은 후에 논의하게 될 공화주의적 입장이기도 하지만—이것은 역시 휴머니스트의 입장과 같은 것이라고 해석된다. 밀턴의 〈아레오파지티카〉에 이런 르네상스적 휴머니즘의 전통이 자리하고 있다는 사실은 〈아레오파지티카〉의 주장이 개인주의적인 고전적 자유주의 혹은 자유방임주의적인 것으로 해석하기에는 한계가 있다는 것을 지시하는 것이기도 하다. 적어도 〈아레오파지티카〉에서의 밀턴의 주장은 그렇다.

2) 공화주의와 자유

언론학에서는 밀턴을 고전적 자유주의자(*libertarian*)로 범주화하지만 정치사상사는 그를 공화주의자(*republican*)로 분류한다. 밀턴을 휴머니즘의 후예라고 할 때 그를 공화주의자로 범주화하는 것은 이상한 일이 아니다. 왜냐하면 공화주의란 휴머니스트들의 정치사상이었기 때문이다. 우리는 〈아레오파지티카〉의 내용 가운데 상호 갈등적인 언급에 — 출판의 자유와 동시에 이의 규제를 주장하는 — 접하게 될 때 당혹감을 느끼게 된다. 또 후에 그가 크롬웰 정권하에서 출판검열관 역할을 담당하였다는 사실에 대해서도 마찬가지이다. 물론 이런 모순된 사실들을 일종의 신념과 행동의 불일치로 간주할 수도 있다. 또는 실천과 이론 사이의 괴리로 이해할 수도 있다. 그러나 필자는 밀턴의 주장을 고전적 자유주의자의 주장이라기보다 휴머니스트 그리고 공화주의자의 주장으로 해석할 때 모순된 것처럼 보이는 밀턴의 주장은 그렇게 놀랄 일은 아니라고 해석한다. 휴머니즘과 공화주의라는 사상이 이를 설명해 주고 있기 때문이다.

밀턴의 휴머니스트로서의 징후는 명확하다. 그러나 〈아레오파지티카〉에서 그의 공화주의적 징후는 그렇게 분명하게 드러나 있다고 말하기 어렵다. 왜냐하면 공화주의라는 정치이론 자체가 그렇게 명료한 이론이 아닐 뿐만 아니라 〈아레오파지티카〉는 그 주제 자체가 정치적인 것이 아니었고 — 협의의 — 또 시기적으로도 그의 공화주의적 입장이 확실하게 형성되기 이전에 씌어진 글이기 때문이다.[24] 그러나 그는 르네상스 휴머니스트의 후예로서 공화주의적 전제는 그의 글 밑바탕에 흐르고 있다고 해석된다. 먼저 공화주의의 의미를 살펴본다.

공화주의 전통은 고대 로마공화정의 정치사상적 지표였던 키케로의 정치사상과 마키아벨리 그리고 르네상스 시대 북 이탈리아의 공화국들의 저술가들 그리고 영국 시민전쟁기의 해링턴(J. Harrington) 등의 커먼웰스(*commonwealth*) 론자들의 정치사상을 의미하는 것이다(Pettit, p. 5).

공화주의란 공화정이라는 정치체제에 관한 이데올로기이다. 그리고 공화정이란 자의적인 권력이 아니라 법이 지배하는 정부를 의미한다. 이를 위해 공화주의는 법의 지배, 시민적 덕

24) 〈아레오파지티카〉가 씌어진 것은 1644년으로 이 글을 계기로 밀턴이 이념적으로 독립파로 기울게 되었다고 밀턴 연구가들은 평가하고 있다. 그가 공화주의적 색채를 분명히 한 것은 국왕 찰스의 처형을 옹호한 1649년의 《국왕과 행정관의 재임권》(*Tenure of Kings and Magistrates*) 및 1651년의 《영국인민옹호론》(*Defensio pro populo Anglicano*) 등이 발표되면서부터라고 본다.

성, 소수와 다수 간의 견제와 균형, 선거에 의한 권력의 교체 등을 정치원리로 내세운다. 또 공화주의는 인민을 권력의 위탁자(*truster*), 국가를 수탁자(*trustee*)로 규정함으로서 국가와 인민 간의 관계를 필연적인 적대관계로 전제하지 않는다.

공화주의와 고전적 자유주의는 상호 공유하는 부분이 있다. 그러나 양자가 동일한 것은 아니다. 고전적 자유주의의 자유란 주로 외적 간섭의 부재라는 소극적 자유를 의미하는 것이었다. 동시에 자유의 주체는 개인이고 공동체는 추상화되어 그저 명목적인 존재일 뿐이다. 인간은 자족적이며 독립적인 개인이다. 그러나 공화주의는 이러한 개인주의 패러다임을 뒤집는다. 공화주의에서 자유의 주체는 국가—도시국가—라는 공동체이다. 이런 의미에서 공화주의는 공동체주의(*communitarianism*)와 공유하는 부분이 있다(Sandel, pp. 1~11). 즉, 공화주의가 궁극적인 목표로 삼는 것은 공동체의 자유와 독립이다. 공화주의는 아리스토텔레스의 "인간은 정치적 동물이다"라는 명제를 받아들인다. 이런 의미에서 공화주의가 아리스토텔레스적이라면 자유주의는 칸트적이다. 물론 공화주의도 자유주의처럼 '외적 간섭의 부재'라는 소극적 자유를 중요한 가치로 간주한다. 그러나 공화주의적 자유는 그것이 전부가 아니다. 공화주의는 자유를 소극적 자유로만 파악하지 않는다.

공화주의적 자유란 이런 의미에서 버린(I. Berlin)이 말한 소극적 자유도 아니고 적극적 자유도 아니다. 공화주의 이론의 비조인 마키아벨리는 "어떤 결정이 내려지기 전에 모든 문제의 양쪽 측면을 경청할 수 있도록 하기 위해 그리고 공공적 선을 위한 방책을 제안할 일반적 자유와 토론의 자유를 옹호했다"(G. H. Sabine, T. L. Thorson, p. 325, 성유보, 465쪽). 영국 공화주의의 선구자인 해링턴(James Harrington)은 모든 시민적 자유는 양심과 신앙의 자유로부터 출발한다고 믿고 있었다. 따라서 양심의 자유 없이는 시민적 자유가 완전해질 수 없고 시민적 자유 없이는 공평한 공화국이 실현될 수 없다는 것이다(김영한, 237쪽). 물론 이들이 공화주의적 자유 전부를 설명하는 것은 아니다.

페티트(P. Pettit)는 공화주의적 자유와 고전적 자유를 비교하면서 공화주의의 자유를 비지배적 혹은 비패권적인 상태를 의미하는 것으로 정의하려고 한다(Pettit, pp. 17~79). 그의 주장은 이런 것이다. 노예와 그 주인의 관계는 지배관계이다. 그러나 주인이 관대하여 노예에게 간섭을 하지 않을 수도 있다. 이 경우 노예는 소극적 자유 상태에 있다 — 논쟁의 여지는 있지만 — 고 할 수 있다. 그러나 그것은 진정한 자유가 아니다. 지배 혹은 패권적 관계의 부재와 외적 간섭의 부재 양자 모두가 전제될 때 공화주의는 이를 자유로 파악한다. 공화주의의 자유란 지배당하지 않은 상태 — 노예처럼 — 로 자율적이고 독립된 상태를 의미하는 것이다(Pettit, p. 22). 따라서 공화주의는 고전적 자유주의처럼 시민들이 타자를 상호 악으로 간주하면서 부정함으로써 자유를 확보하려는 것이 아니라 공화주의는 타자의 존재를 인정하고 아리스토텔레스의 인간관을 전제로서 수용한다. 다시 말하면 고전적 자유주의는 타자와의 관계를 무화(無化)시킴으로써 자유를 획득하려는 접근방식인데 반하여 공화주의는 타자와의 관계를 적극적으로 수용하면서 타자가 자의적으로 간섭하는 것은 허용하지 않지만 법적 절차에 의한 간섭은 상호 허용하는 정부구성을 주장하는 이데올로기이다.

요컨대 고전적 자유주의의 자유가 개인주의적 패러다임 속에서 개인의 권리 중심의 사유라면 공화주의적 자유는 권리가 아니라 덕성과 관련된 것이다. 즉, 시민의 덕성이 공화국의 안정을 낳으며 이러한 공화국의 안정이 시민의 자유를 보장한다는 것이다. 때문에 공화주의적 자유는 개인의 자유와 함께 공동체, 즉 공화국의 독립과 자치정부라는 자유 모두에 그 초점이 주어진 것이다. 또 공화주의 자유관의 핵심은 지배 혹은 패권적 관계의 존재여부의 문제로 이는 곧 자의적 권력의 강제가 있느냐 없느냐 하는 것을 의미한다. 공화주의적 자유란 또 나의 자유가 타자로부터의 단절에서 확보되는 것이 아니라 타자와 나의 일치 속에서 획득될 수 있는 것이다. 이는 나의 규범과 내가 속한 공동체의 규범 간에 완전한 일치가 이루어진 상태를 의미하는 가장 최고수준의 자유를 의미하는 것이다. 〈아레오파지티카〉와 관련하여 또 한 가지 주목할 필요가 있는 공화주의의 원리는 마키아벨리는 물론 해링턴이 주장한 대로 공화국은 다수 인민을 기반으로 하되 소수가 지도하는 국가라는 점이다. 공화주의는 자유를 희생하지 않으면서 무능력한 사람들이 중요한 결정을 하지 않도록 정부를 구성하려 한다. 이를 위해 혼합정부(*mixed government*)라는 아이디어가 등장한다. 이는 다수와 소수 간의 균형을 유지하기 위한 것이다. 이러한 균형과 견제는 덕성과 능력을 지닌 소수가 국가를 관할하지만 다수가 그들 소수를 감독하는 것을 의미한다. 즉, 다수는 그들 스스로는 관할직을 담당할 만한 능력이 없지만 그들은 이들 소수의 유·무능을 판별할 수는 있다는 전제를 하고 있다. 즉, 그들 스스로는 법을 만들거나 논의할 능력이 없지만 그러나 다른 사람들의 제안에 대해서는 능력있는 판사들이라는 것이다(Pocock, pp. 253, 129, 254~255, 128~135, Shapiro, p. 438, 김영한, 225쪽). 정책은 일부의 선택된 소수가 수립하지만 그의 채택여부는 다수인 인민들이 결정하는 체제가 공화주의 체제이다.

공화주의와 고전적 자유주의의 자유를 이렇게 해석할 때 밀턴이 〈아레오파지티카〉에서 주장한 자유는 과연 어떤 자유인가? 밀턴이 주장한 자유는 개인의 권리로서의 자유인가 아니면 공동체의 선(善)으로서의 자유인가? 그의 자유는 버린의 소극적 자유나 적극적 자유 가운데 어느 하나인가 아니면 어떤 다른 종류의 자유인가? 이들 질문에 대한 대답에 따라 우리는 언론의 고전적 자유이론가로서의 밀턴의 위상을 가늠할 수 있다.

〈아레오파지티카〉는 출판의 허가명령에 반대하는 글이다. 그리고 이를 반대하는 여러 가지 이유들—네 가지—을 관통하는 하나의 주제가 있다면, 그것은 기본적으로 그러한 법이 새로운 국가로서의 공화국과 교회의 건설을 방해하고 있다는 것이 밀턴의 인식이라고 필자는 읽는다. 개인의 권리 같은 것이 주된 주제가 아니다. 그는 또 "종교개혁의 첫 나팔소리가 울려나와 전 유럽으로 울려 퍼지게끔" 선택되었던 나라가 영국이고(〈아레오파지티카〉:135쪽), "하나님은 … 그의 교회에 하나의 새롭고 위대한 시대 심지어 개혁 그 자체에 대한 개혁의 시작까지 선언하신" 시대가 그 시대라고 그는 부르짖는다(〈아레오파지티카〉:136쪽). 이런 나라 이런 시대에 출판의 허가법은 반역사적인 것으로 이런 명령은 "개혁의 첫 걸음을 차단하고 방해하는 일 외에 다른 것은 아무것도 하지 못했다"라고 단언한다(〈아레오파지티카〉:55쪽). 밀턴이 강조한 것은 이렇게 개인보다는 국가공동체이고 역사이다. 이러한 사실은 여러 곳에서 볼 수 있다. 위에서 인용한 언급 외에도 그는 〈아레오파지티카〉 서론에서 허가제를 반대하는 이유를 "진리와 학문 그리고 국가를 위해 더욱 바람직한 일"이라고 확신하고 있기 때문이라고 말하고 있다(〈아레오파지티카〉:23쪽). 그는 여러 곳에서 국가공동체의 자유와 독립을 내세우면서 자유를 주창하고 있다. 그가 궁극적으로 추구한 새로운 국가 혹은 사회질서는 공화주의적인 것이었다. 즉, 〈아레오파지티카〉가 집필될 당시 밀턴이 선호한 국가체제는 공화국이었고 그리고 출판의 자유는 새로운 사회건설을 추구하는 개혁의 수단으로 간주되었던 것이다.

요컨대 〈아레오파지티카〉는 기본적으로 출판의 자유를 진리의 발견에 그리고 진리로 충만한 새로운 사회를 건설하는데 필수적인 조건으로 인식한다. 즉, 출판의 자유를 정당화하는 밀턴의 논리는 '진리발견'이고 '신성한 공동체'(*holy commu-*

nity)의 건설이다. 종교적으로는 그가 궁극적으로 추구하는 목표는 진리를 회복하여 진리로 충만한 하나님의 나라를 건설하는 것이다(Baker, p. xxi). 그는 영국의 청교도혁명, 즉 개혁(*Reformation*)을 새로운 국가건설을 위한 투쟁으로 인식하였다. 이렇게 보면 그가 주장하는 자유란 개인의 자기완성(*self-fulfilment*)이나 자유주의에서 말하는 개인의 권리를 위한 것이 아니다. 다시 말하는 것이지만 그의 자유는 새로운 국가 및 종교공동체를 위한 것이다. 앞서 언급한 바 있지만 공화주의의 기본가치의 하나는 공동체의 독립과 자율성이다. 밀턴의 진술은 이런 의미에서 공화주의의 이데올로기를 반영하는 것이라고 필자는 해석한다.

〈아레오파지티카〉를 향한 그의 웅변은 대단히 열정적이다. 그러나 그는 결코 종교나 언론의 아나키적 자유의 면허장을 요구한 것이 아니었다. 즉, 그는 출판의 자유 혹은 지적인 탐구의 자유를 강력하게 주장하면서 동시에 어떤 규제—그것은 개인의 자율적인 규제만이 아니다—를 인정하고 있다. 규제—해석에 따라서는 사전·사후 모두를 포함한—를 인정한 그의 주장은 다음과 같은 구절에서 발견된다.

> 나는 교회와 국가가 최대의 관심을 갖고 수행하는 과업으로서 얼마나 많은 서적들이 인간과 서적 그 자체의 품위를 떨어뜨리는가를 주의깊게 지켜보면서 그에 따라 이를 제한하거나 가두고 그리고 그들이 악성인 경우에는 가장 날카로운 정의의 판결을 내려야 한다는 것을 부정하지 않는다(〈아레

오파지티카〉:29쪽).[25]

그는 또 이렇게 말한다.

> 그들이 해악적이거나 명예훼손의 것이라면 분서와 강제집행관이 이를 처리하는 것이 가장 시의적절하고 이를 교정하고 예방하는 좋은 방법일 것이다(〈아레오파지티카〉:163쪽).

위의 언급을 보면 밀턴은 출판물에 대한 사후 규제는 물론 사전 검열도 인정한 것이 분명하다. 그렇다면 이는 그의 다른 주장들과 모순된 것으로 읽힐 수 있다. 이 구절을 염두에 두고 〈아레오파지티카〉를 주의깊게 읽어보면 그가 주장한 것은 자유방임적인 표현의 자유가 아니라는 것을 알게 된다. 또 그가 전적으로 출판에 대한 법적인 규제를 반대한 것도 아니라는 것을 확인할 수 있다. 그렇다면 그가 확실하게 반대한 것은 단지 법을 빙자한 고위성직자 등의 자의적인 권력이었을 뿐이라는 이야기까지 가능하다. 이러한 해석은 밀턴의 주장을 지나치게 폄하하는 것일 수도 있지만, 전혀 타당하지 않은 평가는 아니다. 다시 말하면 밀턴의 주장은 법 자체를 무조건

25) 당시 이러한 출판물에 대한 책임추궁은 엄격하였다. 출판물이 일단 유죄판결을 받으면 그 출판물은 모두 회수—이미 보급된 것까지 포함하여—되어 불태워지고, 뿐만 아니라 저자나 인쇄인의 귀나 코를 자르는 가혹한 형벌을 가하였다. Sirluck, 1959, p. 569 n. 305에 좀더 상세한 내용이 있다.

반대한 것은 아니고 법으로는 규제 불가능한 또 규제해서는 안되는 특정한 출판과 독서행위의 영역 — 출판과 독서와 관련된 모든 것이 아니다 — 에 대한 법의 통제에 반대한 것이다. 좀더 구체적으로 말하자면 밀턴이 문제를 삼으면서 반대를 한 것은 출판물의 사전 검열과 허가제를 담은 1643년의 면허령이지 출판과 관련된 모든 법령은 아니었다는 것이다. 실제로 그는 1642년의 서명법은 인정하였다. 또 그는 위에서 인용한 바와 같이 "인간과 서적 그 자체의 품위를 떨어뜨리는 것"은 정의의 심판을 받아야 하며 "해악적이거나 명예훼손의 것이라면 분서와 강제집행관이 이를 처리"하는 것이 좋다고 인정한다.

그러면 밀턴이 〈아레오파지티카〉에서 주장한 자유는 어떤 것인가 하는 문제가 제기된다. 그것은 '지적 탐구의 자유'이고 '기독교적 자유'(*christian liberties*)였다고 말할 수 있다. 때문에 밀턴이 반대한 것은 이런 '지적 탐구의 자유'와 '기독교적 자유'를 억압하게 되는 허가와 검열을 반대한 것이다. 밀턴은 이들 '지적 탐구의 자유'와 '기독교적 자유'는 오직 절대자인 하나님만이 규제할 수 있는 자유라고 믿었다. 그런데 고위성직자들은 하나님의 이름을 팔아 이러한 자유를 억압한다는 것이 밀턴의 인식이다.

여기서 한 가지 필자가 특별히 지적하고자 하는 문제는 밀턴이 '인쇄 출판' 문제와 '지적 탐구의 자유' 및 '기독교적 자유' 문제 간에 등식관계, 즉 전자의 문제가 곧 후자 문제라는 식의 전제를 하지 않았을 수 있다는 추론이다. 다시 말하면 밀턴에게 '인쇄 출판' 문제는 '지적 탐구의 자유' 및 '기독교적 자유'를 위한 것이고 다시 '지적 탐구의 자유' 및 '기독교적 자유' 문제는 '신성공동체'를 위한 자유라는 것이다. 이렇게 보면 밀턴의 〈아레오파지티카〉에서의 주장은 밀턴의 말대로 개혁(*Reformation*)을 궁극적인 목표로 한 것이고 출판이나 지적 탐구의 문제는 하위의 문제들이다. 그렇다면 밀턴의 모순된 진술들은 더욱 큰 맥락 속에서는 모순된 것이 아닐 수 있다.

밀턴은 또 사람의 통치, 즉 인치(人治)가 아니라 법의 규제, 즉 법치(法治)를 주장하였지만, 출판의 문제는 법으로 해결할 수 있는 문제가 아니라고 주장한 언급은 여러 곳에서 발견된다. 먼저 출판의 문제는 대부분 — 그가 규제를 주장한 부분은 제외하고 있기 때문에 — 면허령이라는 법으로 해결할 수 있는 문제가 아니라는 진술은 앞서 〈아레오파지티카〉의 주장들 가운데 세 번째 반대 이유, '허가제의 부작용' 부분에서 충분히 인용된 바 있다. 그러나 더 부연하면 다음과 같은 진술들이 있다.

> … 악(惡)의 교의는 책이 아니라 교사의 지도에 의한 것이기 때문에 책이 없어도 교사는 이를 전파할 수 있기 때문에, 이는 금지할 수 있는 범위 안에 있는 것이 아니다. 나는 허가증이라는 기만적인 계획이 무모하고 불가능한 수많은 일 중의 하나가 아니라는 말을 할 수가 없다. 그래서 나는 이렇게 얼마든지 기만할 수 있는 일을 허가제로 방지할 수 있다고 생각하는 사람은 공원의 문을 닫아버림으로써 까마귀들을 가두어버렸다고 생각하는 그런 용감한 사람으로 비유하지 않을 수 없다(〈아레오파지티카〉:79쪽).

요컨대 밀턴은 출판에 관한 한 법적 규제의 대상이 될 수 있는 부분은 대단히 제한되어 있지만 출판의 아나키적 자유, 즉 자유방임주의를 주장한 것은 아니다.

다음으로 〈아레오파지티카〉에 담겨 있는 주요한 공화주의적 징후는 흔히 그의 엘리티즘의 표현이라고 평가되는 주장이다. 그는 책이 우리에게 많은 이익을 주지만 그것은 밀턴 자신과 같은 일부의 '분별력있고 현명한' 식자(識者)에게 해당한다는 언급이다. 그는 이렇게 말한다(' ' 표시는 필자의 것임).

> … 그것이 선한 지식이든 악한 지식이든 모든 지식은 순수한 것이다. 지식 그 자체는 부정한 것일 수 없다. '만일 의지와 양심이 오염되지 않았다면' 결국 책도 마찬가지이다. 책도 고기나 음식과 같은 것이다. … 좋지 않은 위(胃)에 좋은 고기란 좋지 않은 고기와 아무런 차이가 없고 최선의 책이라도 좋지 못한 정신에게는 악의 기회가 되지 않는 것이 아니다. … 나쁜 책일지라도 '분별력있고 현명한' 독자에게는 많은 것을 발견하게 하고 논박하게 하며 미리 경계하고 설명해 주는 것이 있다는 것이다(〈아레오파지티카〉:63~64쪽).

〈아레오파지티카〉에서의 또 다른 공화주의적 징후는 공화주의의 시민적 덕성(*civic virtue*)을 주장한 구절에서 발견된다. 그는 모든 시민들이 '분별력있고 현명한' 존재라고 생각하지는 않는다. 그러나 그는 모든 시민들이 현자가 되기 위해 의회파의 본거지였던 런던을 개혁의 성지, 자유의 대저택으로 규정한 후 런던의 시민들은 등불을 밝히고 지식을 탐구하고 있다고 주장한다. 다시 말하면 그는 영국인은 자유의식(*free consciences*)과 크리스천의 자유들(*Christian liberties*)을 지닌 현명하고 고귀한 희망과 목적을 지니고 진리와 자유를 추구하는 그러면서도 로마인의 겸허함과 용기를 지녀 피루스(*Pyrrhus*)[26]가 외친 행복한 교회와 왕국을 만들 수 있는 위대한 에피로스 국민(Epirots)처럼 되려고 한다고 자부하면서, 그런데 허가명령은 이에 장애가 된다는 것이다(〈아레오파지티카〉:136~139쪽). 혹자는 이를 밀턴이 영국인으로서의 민족주의적 자부심을 말하는 것으로 해석하기도 하지만 그러나 단순히 민족주의적 표현으로만 해석할 필요는 없다. 그보다 그가 부르짖은 것은 공화주의의 시민적 덕성이라고 이해된다. 즉, 그는 자신의 공화국을 수호하기 위해 자발적 시민군으로서 참여하는 시민, 개인의 에고(*ego*)가 아니라 공공선에 자신을 바치는 시민적 덕성을 주창했는데 이는 중요한 공화주의적 징후인 것이다.

그러나 그는 대중 일반이 그런 시민적 덕성을 성취했다고 보지는 않았으며 따라서 대중을 그렇게 높이 평가하지 않았다. 그래서 세이빈은 밀턴에게 '인민'(*people*)이란 그때까지만 하더라도 엘리트에 의해 인도되는 하나의 공동체에 불과할 뿐 천부의 권리를 부여받은 평등한 개개인들의 집합체는 아니었다고 해석한다(Sabine, p. 476, 성유보, 663쪽). 때문에 그의 "나에게 어떤 자유들보다 양심에 따라 자유롭게 알고 말하고 주

26) 피루스(Pyrrhus : B. C. 318경~272). 에피루스(Epirus) 왕국의 왕. 더욱 상세한 내용은 〈아레오파지티카〉 본문 139쪽 주 293) 참조.

장할 수 있는 자유를 달라"(〈아레오파지티카〉:148쪽)는 주장은 밀턴이 언론의 자유를 주창한 대표적인 슬로건으로서 언론학에서 가장 흔히 인용되는 구절이지만, 여기서 '나'란 일반 대중이 아니다. 여기서 '나'란 밀턴 자신을 지칭한 것이다. 그러나 좀더 나아가 이는 그의 선민의식, 즉 엘리트주의를 말하는 것으로 해석될 수도 있다. 다시 말하면 '나'란 밀턴 자신이고, 공화주의에서 말하는 국가관할 능력을 지닌 소수의 현자 가운데 하나인 것이다. 요컨대 밀턴이 〈아레오파지티카〉에서 보이고 있는 이른바 엘리티즘이라는 것은 고전적 자유주의자로서는 모순되는 진술이지만 공화주의적 진술로서는 그리 놀랄 일이 아니다.[27]

다시 말하면 공화주의자는 정치 사회공동체의 안전을 지향하는 반면 자유주의자는 개인의 권리를 강조하면서 이러한 공동체를 추상화하였다고 할 때, 밀턴의 주장에는 이들 양자가 공존하고 있다. 그러나 전체적으로 볼 때 〈아레오파지티카〉는 전자 — 신성 국가라는 종교 및 정치공동체 — 에 훨씬 더 비중을 둔 것이다. 사실 〈아레오파지티카〉에서 거론되는 개인이란 고도에 외로이 사는 로빈슨 크루소가 아니다. 그리고 그 글 어느 구절에도 이런 개인의 이기적 목적을 위해 자유가 정당화된다는 이야기는 없다. 밀턴의 자유논리는 '진리발견'이다.

---

27) 켄달 등 밀턴 연구자들은 여기서 '나'란 밀턴 자신을 의미하는 대명사로 해석한다. 그들은 이를 '반자유주의'적 진술이라고 하였지만, 이는 '반자유주의'적이라기보다 '공화주의'적 진술이라고 부르는 것이 온당할 것으로 보인다. Kendall, p. 475 참조.

이러한 논리는 고전적 자유주의의 논리가 될 수도 있으며 그렇지 않을 수도 있다. 다시 말하면 '진리발견'이라는 정당화 논리는 반드시 자유주의자들만의 논리는 아니라는 것이다. 즉, '진리발견'이라는 논리는 공동체론자나 공화주의자들도 의존하는 자유의 논리이기도 하다. 더구나 밀턴의 시대는 아직 고전적 자유주의가 정치이론으로서 구체화되기 이전이었다는 역사적 사실은 그를 공화주의로 해석해야 하는 또 다른 차원의 이유를 제공하고 있다.

한 가지 더 여기서 〈아레오파지티카〉의 공화주의적 징후로 해석할 수도 있는 밀턴의 주장이 있다. 그것은 '아이디어의 자유롭고 공개적인 시장'이란 공개장 관념이다. 후세의 자유주의적 해석은 밀턴의 "진리가 절대자 다음으로 강하다"는 믿음 그리고 "진리와 허위가 공개적으로 논쟁을 하게 되면 진리가 승리하게 되며" 따라서 이런 "진리와 허위 간의 논쟁이 허위를 억제하는 가장 확실한 방법이다"(〈아레오파지티카〉:150~152쪽)라는 주장으로부터 이 공개장의 개념을 도출한다(Siebert, 1956, pp. 44~45). 그러나 공개장 개념이 도출될 수 있는 또 다른 진술이 있다. 그것은 다음과 같은 것이다(" "는 필자의 것임).

> 한 도시가 포위당하고 봉쇄된 경우… 사방에서 습격을 당하고 방어하려는 전투와 전쟁이 성벽까지 접근했으며 근교 진지에서도 벌어지고 있다는 소문이 난 경우, 그런 경우 다른 때와는 달리 "더 많은 사람들이 모두 일어나 시정되어야 할

가장 중요한 문제들을 면밀히 검토하면서 토의하고 사고하고 읽고 새로운 것을 생각해내고 대화를 나누는데, 진기하고 감탄할 만한 일은 전에는 이야기되거나 씌어진 일이 없는 것까지 논의를 한다는 사실이다". … 이로부터 그들의 진정한 용맹성과 적에 대한 확실한 자신감이 나오는 것이다. 우리들에게 이와 같은 위대한 정신이 결코 적지 않은데 그것은 마치 로마가 한니발(Hannibal)에 의해 철저하게 포위되었을 때 로마 시민들이 한니발로 하여금 그의 군대를 진주시켰던 땅의 한 조각도 쉽게 점령할 수 없게 만들었던 그런 정신과 같은 것이다(〈아레오파지티카〉: 142~143쪽).

위의 인용은 물론 공개적인 토론의 이익을 말하는 것이다. 그러나 필자가 이 구절을 통해 상기하게 되는 것은 마키아벨리의 "어떤 결정이 내려지기 전에 모든 문제의 양쪽 측면을 경청할 수 있도록 그리고 공공적 선을 위한 방책을 제안할 일반적 자유와 토론의 자유"(Sabine, p. 325, 성유보, 465쪽)라는 말이다. 요컨대 밀턴이 주장한 공개적 토론은 공화주의적 정부에서도 필수적인 요소이다. 그렇다면 밀턴의 공개적인 토론이란 공동체의 자유와 독립을 위해서 요청되었다고 할 수도 있다. 밀턴의 '의견의 자유롭고 공개적 토론장' 혹은 '시장'으로 대표되는 자유가 마키아벨리의 자유와 어떻게 다른가 하는 문제는 그렇게 쉽사리 답할 수 있는 것이 아니다. 여기서 필자는 밀턴이 주장한 "진리와 허위가 대결하는 공개장"이 순전히 고전적 자유주의의 자유방임주의적 시장을 의미한 것인가 아니면 마키아벨리 또는 공화주의적 공개장을 포함한 것인가

하는 문제는 좀더 해명되어야 할 문제라고 생각한다.

결론적으로 밀턴의 〈아레오파지티카〉에서 공화주의적 징후를 상당한 정도로 읽을 수 있다고 필자는 평가한다. 공화주의의 국가공동체에 대한 지향성, 법에 의한 통치, 공공선을 위한 시민의 덕성, 소수와 다수 간의 균형과 견제에 의한 반패권적 자유사상 등 이들 모두를 〈아레오파지티카〉에서 읽을 수 있다고 필자는 해석한다.

6. 요약 및 결어

〈아레오파지티카〉는 밀턴의 저술 가운데 가장 널리 알려진 글이다. 저술 당시에는 별로 주목을 받지 못했지만 이 저술은 밀(J. S. Mill)의 《자유론》(*On Liberty*)과 더불어 영어권에서 표현의 자유에 관한 고전적 문헌이 되었다. 이러한 〈아레오파지티카〉가 구체적으로 요구한 것은 의회가 출판의 허가명령을 폐기하는 것이었다. 그의 주장은 서론, 본론 그리고 결론 세 부분으로 구성되어 있다. 서론에서 그는 의회에 대해 찬사와 기대를 표시하면서 그가 〈아레오파지티카〉를 쓰는 이유가 공공의 이익을 위하기 때문이라고 말한다. 본론은 허가제를 반대하는 네 가지 이유를 제시하고, 결론은 관용과 자유를 요구하는 내용이다.

본론에서 논한 그의 허가제 반대논리는 다음과 같다. 첫째로 허가명령은 로마의 교황주의자들이 고안한 반역사적 제도이다. 즉, 지난날 세속적 권력을 장악하려는 가톨릭 고위성직자들이 검열과 허가제를 고안해 냈는데 이를 영국의 고위성직자들이 모방해서 만들어낸 법이 허가명령이고 이는 반개혁적인 법이라는 것이다. 둘째로는 출판의 검열과 허가제는 서적에 대한 자유로운 접근을 방해하여 지적 발전을 저해한다. 이 세계에는 선과 악은 구별하기 어려울 정도로 서로 섞여 있다. 그러나 인간은 선을 선택할 수 있는 이성과 자율능력을 지니고 있다. 따라서 서적 안에 악의 내용이 있다 하더라도 검열과 허가는 필요없는 것이고 허가와 검열은 책의 저자는 물론 독자도 모욕하는 것이라고 그는 주장한다. 셋째로는 허가명령은 소기의 목적을 성취할 수 없다는 것이다. 넷째로는 허가명령은 진리의 본질적 속성 및 원리와 배치된다. 진실과 허위의 공개장에서의 대결이 진리를 확보하는 최선의 길이다. 그래서 교리나 기타 다른 문제 등에 관한 견해의 차이에서 나온 종파나 교파를 두려워할 것이 아니라 이들이 진리를 낳는 샘으로 간주하여야 한다는 것이다. 그렇기 때문에 출판의 허가명령은 폐지되어야 한다는 것이다.

밀턴은 허가와 검열을 반대하는 논리를 이와 같이 제시한 후 결론부분에서 검열과 허가 대신 관용을 주장한다. 기본적으로 밀턴의 관용론은 고대 수사학의 전통을 이어받은 휴머니스트의 관용이론을 계승한 것으로 평가된다. 그는 관용을 주장하면서도 가톨릭은 제외하고 있다. 왜냐하면 가톨릭은 청교도와 근원적으로 다르기 때문이다. 에라스무스나 그 이후의 휴머니스트의 관용론도 관용의 대상을 근원적인 차이가 아닌 아디아포라로 제한하고 있다는 점에서 밀턴과 휴머니스트 간에 동질성이 있다. 또 그의 관용론은 관용 그 자체가 목적인 보편적인 관용론이 아니라 미래에 보편적 교회를 성취할 수 있을 때까지 인내하고 묵인하는 전략적인 것이다. 이와 같은 평가는 밀턴의 주장을 개인주의적인 고전적 자유주의 혹은 자유방임주의적인 관용으로 해석하기에는 한계가 있다는 것을 의미한다. 적어도 〈아레오파지티카〉에서 밀턴의 주장은 그렇다.

그의 자유라는 관념도 마찬가지이다. 밀턴은 분명히 현대적인 표현의 자유이론에 한 초석을 놓았다. 그는 진리와 허위가 토론을 통해 자유롭게 대결할 때에는 진리가 허위를 이길 것이라는 지적 자유주의에 대한 신념을 피력했다. 그는 이 땅 위에서 온갖 주장들이 자유롭게 떠들도록 내버려 두어도 상관없다고 말한다. 왜냐하면 진리는 절대자 다음으로 강하기 때문이다. 그래서 허위를 억제하는 최선의 방법은 진리와 허위가 공개적으로 자유롭게 대결하게 하는 것이라고 그는 주장한다.

그는 교파간의 차이와 다양성을 혼란이 아니라 새로운 진리와 세계를 획득하는 생산적 과정의 하나로 인식한 낙관론을 펼친다. 밀턴의 주장 기저에는 그의 기독교적 진리관 그리고 인간의 이성에 대한 믿음이 자리하고 있다. 그의 청교도적 정신은 하나님의 절대적 진리를 성경 안에서 발견할 수 있다는 믿음 그리고 또 하나님이 절제라는 규범과 함께 이성이라는 선택능력을 인간에게 부여하였다는 자연법적 신념을 갖게끔 한 것이었다. 그는 당대의 논객들 가운데 그 누구보다도 더 인간의 이성 능력을 신뢰하였다는 점에서 자유주의적이었다고 평가된다.

그러나 그의 자유는 아나키적 혹은 자유방임주의적인 것은 아니었다. 밀턴의 자유는 두 가지 측면에서 제한된 자유였다. 첫째로는 밀턴이 〈아레오파지티카〉에서 주장한 자유는 크리스천 자유(*christian liberty*)이다. 크리스천의 자유는 현자를 위한 자유이다(Barker, p. 120). 그러면서도 밀턴은 이 자유가 모두에게 허용되어야 한다고 믿었다. 그러나 그 이유는 현대의 표현의 자유이론에서처럼 자유가 누구에게나 이익을 주기 때문이 아니다. 자유가 악덕을 낳을 수 있지만 현자에게는 악덕이 악덕이 안되며 악덕은 오히려 진정한 덕을 알게 한다. 밀턴은 이처럼 자유가 현자에게 주는 이익을 중요하게 여겼다. 그래서 밀턴은 순수한 자에게는 모든 것이 순수해진다고 보았다. 또 하나님은 열 명의 배덕자(背德子)를 억제하는 것보다 한 명의 덕(德)성스러운 자가 더 발전하는 것을 더욱더 소중하게 여기셨다고 말하면서 이 한 명을 위해 자유를 요청한 것이다.

둘째로 그것은 절제(*temperance*)라는 규범이다. 자유란 이성이 전제되는 자유이고, 이성이란 선택하는 능력이지만, 절제라는 규범의 지배하에 있는 것이다. 그래서 그는 "하나님이 단지 절제의 규칙을 제외하고는 … 정신을 위한 양식에서도 육체의 양식을 결정하실 때와 마찬가지로 그 종류와 양을 사람들이 자율적으로 결정하도록 하셨다"고 생각한다고 말한 것이다(〈아레오파지티카〉:65쪽). 이는 밀턴이 말한 자유가 무조건적인 자유가 아니라 조건이 — 절제란 — 붙은 자유이고 이성이란 선택하는 능력이지만 절제가 전제된 선택을 의미하는 것이었다.

밀턴이 〈아레오파지티카〉에서 주장한 이러한 자유는 공화주의적 자유와 가족적 유사성을 지니고 있다고 필자는 평가한다. 여기서 말하는 공화주의의 자유란 역사적으로 볼 때 북이탈리아의 피렌체 등 도시국가의 독립을 의미하는 것이었다. 이러한 자유는 르네상스 시대 이래 휴머니스트들의 도덕 및 정치철학에 기초한 것이었다. 좋게 평가한다면 이는 소극적·적극적 자유 모두를 포괄하는 것이지만, 그보다는 자유가 소극적·적극적으로 개념화되기 이전, 다시 말하면 자유주의가 휴머니즘의 장막 안에 포섭된 채 아직 세분화되기 이전, 즉 자유주의가 이데올로기가 되기 이전단계의 자유라고 할 수 있다. 다시 말하면 이는 자유주의의 자유가 아니라 휴머니즘의 자유라는 것이다.

요컨대 공화주의의 자유란 타자와의 얽힘을—이로부터 발생하는 간섭을—악으로 간주하는 소극적 자유가 아니다. 로빈슨 크루소의 자유가 아니다. 타자와 함께 더불어 살면서 그 속에서 나의 자율성을 유지하는 것이다. 이는 어느 일방의 패권적 간섭이 아니라 서로 평등한 간섭을 인정하는, 그리하여 간섭이 간섭이 아닌 상태를 의미하는 것으로, 이러한 인식은 아리스토텔레스의 "인간은 정치적 동물"이라는 명제를 전제로 받아들이고 있음을 의미한다. 공화주의적 자유란 이기적인 자아가 아니라 공동선을 추구하는 자아를 전제로 한다. 그런 의미에서 공화주의적 자유 관념에 포괄되어 있는 자아란 단독자로서의 자아가 아니다. 한 마디로 이러한 자유관념 속에서는 자아란 요소는 핵심적인 개념이 아니다. 왜냐하면 자아와 타자는 동일한 것이며 그리고 자아와 그가 속한 공동체는 일치하는 것이기 때문이다. 이런 의미에서 공화주의적 자유란 개인의 자유와 공동체의 자유가 일치하는 상태이다. 때문에 공화주의적 자유론은 개인의 자유가 아니라 공화국의 독립과 자치정부라는 공동체의 자유에 초점이 주어진다.

공화주의적 자유는 비지배(*non-mastery*) 혹은 비패권(*non-domination*)이라고 개념화할 수 있다. 즉, 공화주의의 자유란 반패권주의를 의미한다. 타자를 무화(*negation*)함으로써 가능한 자유가 아니라 패권을 억제함으로써 향유하는 자유가 공화주의적 자유이다. 비패권으로서의 자유는 타자의 부재를 전제로 하는 나만의 자유가 아니다. 밀턴이 주장한 기독교적 자유(*christian liberty*)에는 이런 공화주의가 전제되어 있다.

죽은 자의 말은 살아 있는 자의 장(腸) 속에서 수정되는 것이다. 밀턴의 글은 17세기 대서양 양안 — 미국과 프랑스 — 의 혁명에서 이데올로그들에 의해 자유주의의 경전이 되었다. 그의 글에 대한 오독과 과장이 있었다는 것은 분명하다. 그러나 아이러니컬하게도 그 이유 때문에 그의 글은 아직도 생명력을 지니고 있다. 밀턴은 정치철학자나 이데올로기 전문가가 아니다. 그는 시인이었고 논객이었다. 이런 의미에서 그의 영향은 이론적이라기보다 이미지적인 것이었다. 이와 관련하여 유아기 미국에서의 그의 영향을 오늘의 연구자들은 이렇게 말한다.

> 당시 미국은 그의 지적인 이론은 물론 감성적인 상징(*symbol*)을 필요로 하였다. 밀턴은 이들 양자를 공급하였다. 그러나 그의 이미지적인 영향은 그가 제시한 이론보다 더 중요한 것이었다. 그의 《실낙원》은 혁명을 위한 선전의 도구가 되었고 미국인들에게 이미지와 상징—어떤 주장을 논리적으로는 정당화할 수 없는 경우라 하더라도—을 그의 수사를 통해 제공하였다(T. Davies, pp. 256~257).

그의 〈아레오파지티카〉에 대해서도 동일한 이야기가 적용될 수 있다고 필자는 평가한다. 〈아레오파지티카〉는 논리적으로는 꼭 표현의 자유를 자유방임주의적 입장에서 주장한 글은 아니다. 그러나 역사의 진화과정에서 그렇게 해석되었고 또 그렇게 봉사하였다. 이론적으로는 고전적 자유주의의 경전이 되기에는 부족하다 할지라도 이미지적으로는 그러했다. 그의 휴머니스트적이고 공화주의적인 관용과 자유가 17~18세기를 거치면서 고전적 자유주의의 관용과 자유로 변화된 것이다. 무엇이 그리고 어떻게 해서 오늘날 우리가 밀턴의 〈아레오파지티카〉를 언론의 고전적 자유주의 혹은 자유방임주의의 경전으로 읽게끔 되었는가 하는 문제는 해명을 요구하는 또 다른 언론학 연구의 과제이다.

■ 참고문헌

김영한, 《르네상스 휴머니즘과 유토피아니즘》, 탐구당, 1989.
박상익, "아레오파지티카와 밀턴의 '자유'," 《전주우석대학교 논문집》, 제13집, 1991, pp. 219~235.
박상익, "아레오파지티카와 밀턴의 민족주의," 《역사학보》, 제148집, 1985, pp. 45~77.
박종숙 역, 《종교개혁 사상입문》, 성광문화사, 1992.
신용석 역, 《영국사》, 기린원, 1988.
신송종 역, 《신학사전》, 엠마오, 1986.
이동섭, 《영국의 종교개혁》, 수서원, 1990.
이종우, "밀턴의 아레오파지티카," 《사회비평》, 제16호, 1996, pp. 277~301.
장용·박권상 역, 《매스컴론》, 을유문화사, 1963.
진원숙 역, 《르네상스의 사상과 그 원인》, 계명대학교 출판부, 1994.
임희완, 《영국혁명의 수평파운동》, 민음사, 1988.
임희완 역, 《청교도혁명에서 명예혁명까지》, 삼문, 1986.

Altschull, J. H., *From Milton to McLuhan*, Longman, 1990, 양승목 역, 《현대언론사상사》, 나남, 1993.
Barker, A., *Milton and the Puritan Dilemma*, The Univ. of Toronto Press, 1942.
Brown, Cedric C., *John Milton, A Literary Life*, Macmillan, London, 1995.
Bush, D., *John Milton*, Macmillan, New York, 1964.
Canavan, F., "John Milton and Freedom of Expression," *Interpretation* 7, 1978.
——, "Freedom of Speech and Press : For What Purpose,"

American Journal of Jurisprudence 16, 95., 1971.

Davies, T., "Borrowed Language : 'Milton, Jefferson, Mirabeau' in Milton and Republicanism," edited by Armitage, David, Himy, Armand, Skinner, Quentin, Cambridge Univ. Press, Cambridge, 1995.

Fallon, R. T., *Milton in Government*, The Pennsylvania State Univ. Press, Pennsylvania, 1993.

Haller, W., *Liberty and Reformation in the Puritan Revolution*, Columbia Univ. Press, New York, 1955.

Hutchinson, F. E., *Milton and the English Mind*, Hodder & Stoughton, London, 1946.

Hunter, *A Milton Encyclopedia*, ed. by Hunter, Associated Univ. Press, London, 1978, pp. 71~74.

Keightley, T., *Life, Opinion, and Writings*, Chapman And Hall, London, 1855.

Kendall, W., "How to read Milton's 'Areopagitica'," *Journal of Politics*, Vol. 22, 1960, pp. 439~473.

Levy, L. W., *Emergence of a Free Press*, Oxford Univ. Press, 1985.

Loewenstein, *Milton and the Drama of History*, Cambridge Univ. Press, Cambridge, 1990.

MacCallum, H. R., "John Milton," *Encyclopedia of Philosophy*, Vol. 5, Macmillan, 1978, pp. 332~335.

Milton, John, *Areopagitica*, 1644.

ed. by John W. Hales, Oxford Univ. Press, London, 1875.

ed. by Ernest Sirluck, *Complete Prose Works of John Milton*, Vol. II, Yale Univ. Press, New Haven, 1959.

ed. by Laura E. Lockwood, *Selected Essays of Education, Areopagitica, The Commonwealth by John Milton*, Houghton

Mifflin Company, Boston, 1911.

ed. by Charles E. Eliot, *Areopagitica* in The Harvard Classics, Collier & Son, 1961.

Pettit, Philip, *Republicanism*, Oxford Univ. Press, New York. 1997.

Pocock, J. G. A., *The Machiavellian Moment : Florentine Political Thought and the Atlantic Republican Tradition*, Princeton Univ. Press, Princeton, 1975.

Remer, G., *Humanism and the Rhetoric of Toleration*, The Pennsylvania State Univ. Press, 1996.

Sabine, George H., Thorson, Thomas L., *A History of Political Theory*, 4th ed., Dryden Press, Hinsdale, Ill, 1973, 성유보·차남희 역, 《정치사상사》, 1·2, 한길사, 1983.

Shapiro, Ian, "J. G. A Pocock's Republicanism and Political Theory," in *Critical Review*, Summer 1990, pp. 433~471.

Shawcross, J. T., *John Milton, The Self and the World*, The Univ. Press of Kentucky, Lexington, 1993.

Siebert, E., *Four Theories of The Press*, Univ. of Illinois Press, Urbana, 1963, 강대인 역, 《언론의 4이론》, 나남, 1991.

Sirluck, E., "Milton's Political Thought : The First Cycle," *Modern Philology*, Vol. 61, 1964, pp. 209~224.

——, *Complete Prose Works of John Milton*, Vol. II, Yale Univ. Press, New Haven, 1959.

Skinner, Quentin, *The Foundations of Modern Political Thought*, Vol. I, II, Cambridge Univ. Press, Cambridge, 1978.

존 밀턴의 주요 연표

1608년 12월 9일 런던에서 출생.

1620년(경) 성 바울 학교(St. Paul's School) 입학.

1625년 2월 12일 캠브리지(Cambridge)의 크라이스트 대학(Christ's College) 입학.

1629년 3월 26일 문학 학사 학위 획득.

1632년 7월 3일 문학 석사 학위 획득.

1632년~1638년 사이 6년간 그의 부친의 별장 호톤(Horton)에서 지내면서 저술.

1638년 4월부터 1639년 7/8월경까지 르네상스의 발원지 이탈리아 등 유럽 대륙 여행.

1639년 런던으로 이주.

1639년~1647년 런던에서 그의 조카 등 소년들의 가정교사 생활하면서 저술작업.

1643년 6월 메리 포웰(Mary Powell)과 결혼.

1649년 3월 크롬웰 정부의 국가위원회 소속 라틴어 서기로 임명. 국왕 찰스 1세 처형을 정당화한 〈왕과 행정관의 신분보장권〉(Tenure of Kings and Magistrates) 발표.

1652년 시력 완전상실.

1652년 5월과 10월 사이 부인 메리 밀턴(Mary Milton) 사망.

1657년 캐서린 우드코크(Katherine Woodcock)와 재혼.

1658년 3월 두 번째 부인 캐서린 사망.

1658년 《실낙원》(*Paradise Lost*) 집필시작.

1660년 3월 왕정복고에 따라 국가위원회 서기직에서 추방.

1660년 5월 7일 은둔.

1660년 12월 혹은 8월 투옥.

1663년 2월 엘리자베스 멘슐(Elizabeth Minshull)과 세 번째 결혼.

1667년 《실낙원》(*Paradise Lost*) 출간.

1671년 《복낙원》(*Paradise Regained*) 출간.

1674년 11월 8일 향년 66세로 서거.

존 밀턴의 주요 저술

1641년 5월 〈종교개혁에 관하여〉(Of Reformation) : 영국국교회의 주교와 같은 고위성직제도에 반대하는 밀턴의 첫 번째 산문책자이다.

1641년 6(7)월 〈고위성직 감독제에 관하여〉(Of Prelatical Episcopacy) : 1640년 2월, 조셉 홀(Josep Hall) 주교는 윌리엄 로드(William Laud) 추기경의 요청에 의해 고위성직은 신권이라는 주장을 담은 "Episcopacie by Divine Asserted"란 글을 발표하여, 당시 커다란 논쟁을 일으켰다. 이 과정에서 조셉 홀 주교의 요청을 받아 고위성직제를 옹호한 아르마그(Armagh) 추기경 제임스 우셔(James Ussher)의 글에 대한 반론으로 씌어진 글이다. 고위성직제도에 반대하는 밀턴의 두 번째 산문이다.

1641년 7월 〈비평〉(Animadversions) : 스멕팀누우스(Smectymnuus)에 반대하는 항변에 대한 비평으로, 교회의 규율과 관계된 개혁에 관하여 항변 답변의 형식으로 되어 있다. 밀턴은 여기에서도 언론의 자유를 포함한 표현의 자유를 주장하고 있다. 이러한 주장이 후에 〈아레오파지티카〉에서 발전된 것이다.

1642년 2월 〈교회정부의 이성〉(Reason of Church-Government) : 고위성직제에 반대한 밀턴의 다섯 팸플릿 가운데 가장 긴 것이며, 오늘날 가장 많이 인용되는 글이다. 이 글은 몇 가지 특징을 갖고 있다. 첫째 밀턴 자신에 대한 이야기가 상당히 진술되고 있고, 둘째 시론(詩論)과 시인으로서의 밀턴 자신의 야망을 진술하고 있으며, 셋째 왕정복고 때까지 그의 공직생활과 관련된 심경을 말하고 있다. 이 글의 형식은 부분적으로는 〈아레오파지티카〉와 마찬가지로 연설형식을 취하고 있다. 위의 〈종교개혁에 관하여〉(Of Reformation)에서는 고위성직자들의 전제적 통치의 역사를 열거하면서 이에 반대하고 있는 데 반하여, 〈교회정부의 이성〉은 이성과 성경에 근거하여 고위성직제를 반대하고 있다.

1642년 4월 〈변명 등〉(An Apology, & C.) : 원제는 "An Apology Against A Pamphlet Call'd A Modest Confutation of the Animadversions upon the Remonstrant Against Smectymnuus, etc."인데, 긴 제목을 부칠 수 없어 인쇄인이 줄여서 "변명 등"으로 부친 것이다. 고위성직제 반대를 주제로 한 밀턴의 다섯 번째이자 마지막 팸플릿이다.

1643년 8월 〈이혼의 교의와 규율〉(Doctrine and Discipline of Divorce) : 이 팸플릿은 모두 4개 판이 있으나, 보통 초판과 제2판으로 나눈다. 3판과 4판은 2판과 큰 차이가 없어 동일판으로 간주한다. 혼인이나 이혼은 각 개인들의 자유로서 교회가 관여할 문제가 아니라는 주장이 담긴 책자이다. 이러한 주장은 당시 장로파에게 비판을 받고 이 책자가 허가없이 인쇄되었다고 해서 출판조합(Stationer's company)의 조사를 받아야 했다. 밀턴은 이를 계기로 〈아레오파지티카〉를 집필하게 된다.

1644년 6월 〈교육론〉(Of Education) : 가정교사 경험과 기독교적 휴머니즘에 기초한 밀턴의 교육개혁론이다. 이 글은 성 바울 학교(St. Paul's School)의 교장으로 당시 영국의 교육개혁을 주창하였던 사무엘 해트리브(Samuel Hartib)의 요청에 의해 작성된 것이다. 그는 교육의 내용과 함께 건물이나 운동장과 같은 교육시설에 대해서도 언급하고 있다. 이 글은 표지도 없는 8페이지의 비교적 짧은 글이다.

1644년 7월 〈이혼에 관한 '마틴 부셔의 판단'에 관하여〉(The Judgement of Martin Bucer) : 밀턴의 이혼론을 지지하는 이론으로서 마틴 부셔의 글을 옮겨놓은 것이다.

1644년 11월 〈아레오파지티카〉(Areopagitica)

1645년 3월 〈4현조화〉(四鉉調和, Tetrachordon) : 이 제목은 고대 그리스의 4음계를 의미한다. 이러한 제목을 택한 이유는 결혼과 이혼문제를 언급한 4곳의 성경 구절들의 조화로운 종합을 의도한 것으로 해석된다. 이 글에서 밀턴은 성경을 인용하여 그의 〈이혼의 교의와 규율〉을 옹호한다.

〈처벌의 장소 혹은 도구〉(Colasterion) : 이 제목은 그리스어로 처벌장소 혹은 처벌도구라는 말이다. 밀턴의 이혼론 비판에 대한 반론이다.

1649년 2월 〈왕과 행정관의 신분보장권〉(The Tenure of Kings and Magistrates) : 전제군주나 사악한 군주에 대해 합법적으로 할 수 있는 것은 무엇인가에 대한 글이다.

1649년 10월 〈우상타파론〉(Eikonoklastes) : 〈에이콘 바실리케〉(Eikon Basilike)라는 팸플릿에 대해 의회를 대신한 밀턴의 반론들의 묶음이다. 〈에이콘 바실리케〉는 처형당한 찰스 1세가 1647년 의회와의 갈등이 시작된 때부터 내란에서 패배한 후 개리스부르크 성(Garisbrook Castle)에 유폐될 때까지 있었던 문제들에 대한 찰스 1세 자신의 기록에 기초하여 존 고든(John Gauden)이 저술한 책자로 그가 처형된 1649년 말까지 모두 35판 이상이 발행되었다. 이 책자는 재판과정에서 보인 찰스 1세의 당당한 자세와 함께 크게 영향을 미쳐 그에게 순교자의 이미지를 안겨주었다. 밀턴은 그 동안 있었던 정치적·종교적 사건 하나하나를 검토, 비판하면서 〈에이콘 바실리케〉의 내용을 반박하고 있다.

1651년 2월 〈영국인의 변명〉(A Defence of the People of England) : 1649년 11월 나온 영국 의회파의 찰스 1세 처형을 비판한 왕당파로 당시 유럽의 저명한 라틴어 학자 살마시우스(Salmasius)의 글에 대한 반론으로 크롬웰 정부의 요청으로 작성된 것임.

1654년 5월 〈영국인의 두 번째 변명〉(A Second Defence of The English People) : 찰스 1세의 처형을 정당화한 의회파를 옹호한 두 번째 글. 이 글은 〈아레오파지티카〉와 쌍벽을 이루는 산문으로 평가되고 있다.

1660년 2(4)월 〈자유공영국〉(A Free Commonwealth) : 원제는 "The Readie and Easie Way to Establish a Free Commonwealth"임. 이 글을 쓸 당시는 공화국 말기로, 왕정복고를 눈앞에 두고 공화정에 대한 열정과 공화주의 정치철학을 담고 있다. 여기서 밀턴은 고대 유대인의 평의회(Sanhedrin), 아테네의 아레오파거스(Areopagus), 로마의 원로원(Senate), 베네치아 공화정(Venetian Republic)을 언급하고 있다. 그는 능력있고 갱생한 소수의 기독교도가 공영국가를 부활시킬 수 있다고 주장한다.

1670년 〈영국의 역사〉(History of Britain)

1673년 〈진정한 종교, 이단, 종파에 관하여〉(Of True Religion, Heresy, Schism)

---

* 이 목록은 산문으로 — 《실낙원》과 《복낙원》 제외 — 써럭의 *Complete Prose Works of John Milton*에 실린 목록과 록우드의 *Selected Essays*에 실린 밀턴의 주요 저술 목록표에서 취합, 재정리한 것이다. 〈아레오파지티카〉의 내용 및 밀턴의 언론 및 정치사상을 이해 평가하는 데 직·간접으로 관련된 산문을 선택하였다.

찾아보기

(용 어)

ㄱ

ㄴ · ㄷ

ㄹ

ㅁ

ㅂ

ㅅ

ㅇ

ㅈ

ㅊ

ㅋ · ㅌ

ㅍ

찾아보기

(인명 · 지명)

ㅇ

ㅈ

ㅎ